edition suhrkamp 2761

Mit seinem Buch *Postdemokratie* sorgte Colin Crouch 2008 in Deutschland für Furore. In seiner so pointierten wie scharfsinnigen Analyse konstatierte er, dass die Demokratie in den westlichen Gesellschaften im Begriff sei, zur bloßen Hülle zu werden: demokratische Wahlen und Institutionen würden zwar aufrechterhalten, politische Entscheidungen jedoch de facto in den Chefetagen der Wirtschaft getroffen.

Was damals als Warnung, als negative Utopie zu lesen war, erscheint heute – nach der Finanzkrise von 2008, der darauf folgenden Eurokrise, dem beispiellosen Aufstieg der sozialen Medien und des Rechtspopulismus – in einem neuen Licht: Wie ist es mittlerweile um die Institutionen bestellt, die den Fortbestand der Demokratie zu garantieren scheinen? Wie gut haben verschiedene Demokratien die Corona-Pandemie bewältigt? Und welche Rolle spielen feministische Forderungen im Kampf gegen die Postdemokratie? Crouch liefert eine aktuelle Bestandsaufnahme seiner Thesen und zeigt zugleich, wie wir dem demokratischen Erosionsprozess entgegentreten können.

Colin Crouch, geboren 1944, lehrte bis zu seiner Emeritierung Governance and Public Management an der Warwick Business School. Für sein Buch *Das befremdliche Überleben des Neoliberalismus* erhielt Crouch 2012 den Preis »Das politische Buch« der Friedrich-Ebert-Stiftung.

Colin Crouch

Postdemokratie revisited

Aus dem Englischen von Frank Jakubzik

Suhrkamp

Die englische Originalausgabe erschien 2020 unter dem Titel *Post-Democracy After the Crises* bei Polity (Cambridge).

2. Auflage 2024

Erste Auflage 2021
edition suhrkamp 2761

Satz: Satz-Offizin Hümmer GmbH, Waldbüttelbrunn
Druck: C.H. Beck, Nördlingen
Umschlag gestaltet nach einem Konzept
von Willy Fleckhaus: Rolf Staudt
Printed in Germany
ISBN 978-3-518-12761-2

Suhrkamp Verlag AG
Torstraße 44, 10119 Berlin
info@suhrkamp.de
www.suhrkamp.de

Dem Gedenken Alessandro Pizzornos (1. Januar 1924–4. April 2019), der mir 1973 auf dem Gebiet der internationalen vergleichenden Arbeitsbeziehungen den Einstieg in die akademische Laufbahn eröffnete, mich 1995 nach Florenz und an das dortige Europäische Hochschulinstitut einlud und im Jahr 2002 Guiseppe Laterza auf meine von der Fabian Society als Broschüre veröffentlichte Streitschrift *Coping with Post-Democracy* aufmerksam machte, was dazu führte, dass ich 2003 *Postdemokratie* schrieb.

Inhalt

Vorwort *9*

1. Was heißt »Postdemokratie«? *18*

2. Ungleichheit und Korruption *41*

3. Die Finanzkrise 2008 *71*

4. Die europäische Schuldenkrise *104*

5. Den Teufel mit dem Beelzebub austreiben: Die Politik des nostalgischen Pessimismus *136*

6. Die politischen Implikationen der Corona-Pandemie *173*

7. Politische Bindungen im 20. Jahrhundert – und was aus ihnen wurde *207*

8. Zur Zukunft der Postdemokratie *234*

Dank *271*
Bibliografie *272*
Abkürzungsverzeichnis *278*

Vorwort

Die zentrale These meines 2003 erschienenen Buchs *Postdemokratie* lautete, dass sich die Demokratie in vielen Ländern des Westens auf einen Zustand zubewege, in dem sie nur noch ein Schatten ihrer selbst sei. Zwar würden ihre Institutionen und Verfahren nicht angetastet – Wahlkämpfe und Wahlen abgehalten, Regierungen nach wie vor auf friedlichem Wege abgelöst und auch politische Debatten geführt –, doch verliere die Demokratie zunehmend an Lebendigkeit und Verve, da Parteien und Regierungen kaum noch auf von Bürgern aus eigenem Antrieb vorgebrachte Anliegen reagierten, sondern lieber ihre eigenen Themen auf die Agenda setzten und die öffentliche Meinung manipulierten. Die Macht konzentriere sich mittlerweile in den Händen einer kleinen Elite, die dafür sorge, dass die Politik zunehmend den Interessen mächtiger Konzerne diene. Allerdings trage niemand, auch nicht die, die davon profitierten, die »Schuld« an dieser Entwicklung, da ihre beiden Hauptursachen sich dem Zugriff der Akteure weitgehend entzögen. Zum einen würden wichtige Wirtschaftsentscheidungen infolge der Globalisierung nunmehr auf Ebenen gefällt, die eine auf den Rahmen des Nationalstaats begrenzte Demokratie nicht mehr erreichen könne, so dass weite Bereiche der wirtschaftspolitischen Debatte gegenstandslos würden. Zum anderen habe die Klassen- oder Religionszugehörigkeit, der einst die Mehrzahl der Bürger ihre politische Identität verdankte, stark an Bedeutung verloren. Deshalb falle es uns auch immer schwerer, die Frage nach unserem politischen Standpunkt zu beantworten. Sofern wir aber diesen Standpunkt nicht bestimmen könnten, seien wir kaum in der Lage, uns aktiv in demokratische Prozesse einzubringen.

Beide Entwicklungen hatten meines Erachtens dazu geführt, dass sich Politik und Alltagsleben zunehmend voneinander entfremdeten. Politiker bedienten sich immer öfter artifizieller Formen der Kommunikation mit ihren Wählern und setzten verstärkt auf einseitige Interaktion per Werbung und Meinungsforschung. Die Wähler würden gleichsam zu Marionetten, die an den Fäden derer hingen, die die öffentliche Meinung manipulierten, ohne Möglichkeit, ihre eigenen Sorgen und Ansichten zu artikulieren. Damit erhöhe sich der Abstraktionsgrad der demokratischen Prozesse – was ein weiterer Schritt in Richtung Postdemokratie sei.

Ich habe damals nicht behauptet, dass wir bereits in einer Postdemokratie lebten – in den meisten etablierten Demokratien waren nach wie vor viele Bürger in der Lage, Forderungen zu äußern und sich den Manipulateuren entgegenzustellen –, doch befanden wir uns meiner Ansicht nach auf dem Weg dorthin.

In drei Punkten habe ich mich damals geirrt. Erstens habe ich mich zu sehr auf die von mir so genannten »Augenblicke der Demokratie« konzentriert, in denen es engagierten Bürgergruppen gelingt, die professionelle Politik zur Beschäftigung mit ihren Anliegen zu veranlassen, und dafür die Institutionen vernachlässigt, die die Demokratie jenseits dieser Momente schützen und bewahren. Zweitens habe ich den xenophoben Populismus – auch wenn ich ihn als eine der Bewegungen benannt habe, die eine Herausforderung für die Postdemokratie zu werden schienen – unterschätzt und nicht vorausgesehen, dass er nur in zweiter Linie eine Gegenbewegung zu postdemokratischen Tendenzen darstellt, in erster Linie aber zu deren Verschärfung führt. Drittens habe ich zwar festgestellt, dass es den mittleren und unteren Klassen in postindustriellen Gesellschaften nicht gelungen ist, eine eigene politische Agenda und Strategie zu entwickeln, und dass dem Feminismus eine wichtige Funktion bei der Bekämpfung postdemokratischer Zustände zukommt, habe dabei aber übersehen, dass manche Elemente des Feminismus eben jene eigene politische Agenda dieser Klassen darstellen.

Zwischen diesen drei Irrtümern besteht ein Zusammenhang. Zu Anfang des 21. Jahrhunderts konnte man wie selbstverständlich von der Vitalität der verfassungsmäßigen Ordnung ausgehen, die die Demokratie schützt – und zugleich die postdemokratischen Verhältnisse als demokratische erscheinen lässt. Inzwischen jedoch haben die in Europa, den USA und anderswo zu einiger Prominenz gelangten fremdenfeindlichen Bewegungen deutlich gemacht, dass sie die Unabhängigkeit von Institutionen wie Justiz, Rechtsstaat und Parlament keineswegs für unantastbar halten. Da diese Bewegungen hauptsächlich der politischen Rechten angehören, sind es jetzt eher die Parteien der Mitte und der Linken, die diese Institutionen verteidigen. Mit Blick auf die Vergangenheit mag verwundern, dass die Linke die Verfassung gegen eine Rechte in Schutz nimmt, die diese Rolle stets für sich beanspruchte; auch das ein Zeichen dafür, wie sehr sich die Politik verändert hat. Zudem vertreten xenophobe Bewegungen nicht nur die Angst vor und den Hass gegenüber Fremden, sondern auch einen von Pessimismus und Nostalgie getriebenen umfassenden Kulturkonservatismus, der die Entwicklungen etwa auf dem Gebiet der Emanzipation ablehnt. Infolgedessen werden Bewegungen, die zumindest teilweise feministische Ideen vertreten, auch über Emanzipationsfragen hinaus zu ihren Hauptgegnern. Ich hoffe, diese Fehleinschätzungen im Verlauf des vorliegenden Buches korrigieren zu können.

In anderer Hinsicht erscheint *Postdemokratie* heute weniger fehlerbehaftet als veraltet. Das Buch beginnt mit einer Darstellung der Selbstzufriedenheit der Demokraten, die zur Zeit der Niederschrift in vielen Teilen der Welt herrschte. Damals bestimmte noch immer Francis Fukuyamas Bestseller *Das Ende der Geschichte* (1992) das Denken, in dem der Autor die liberale kapitalistische Demokratie als Gipfel menschlicher institutioneller Errungenschaften pries. Erst viele Jahre später warnte Peter Mair in *The Hollowing of Western Democracy* (2013) vor einer »Aushöhlung« der westlichen Demokratie, bevor es 2018 zu einer regelrechten Flut entsprechender Veröffentlichungen kam: *How Democracy Ends* von David Runciman (dt. *So endet die Demokratie*, 2020), *How Democracies Die* von Steven Levitsky und Daniel Ziblatt (dt. *Wie Demokratien sterben*, 2018), Robert Kuttners *Can Democracy Survive Global Capitalism?* (Kann die Demokratie den globalen Kapitalismus überleben?) und Nancy MacLeans *Democracy in Chains* (Demokratie in Ketten). Dem von der Economist Intelligence Unit der Wochenzeitung *The Economist* erstellten jährlichen »Demokratieindex« zufolge lebten 2006, als dieser Index erstmals erschien, rund 13 Prozent der Weltbevölkerung in »uneingeschränkt funktionierenden Demokratien«. 2017 waren es nur noch 4,5 Prozent (Economist Intelligence Unit 2006ff.).

Zudem schrieb ich das Buch vor der Finanzkrise 2008, die eines meiner zentralen Argumente belegte: dass infolge der Lobbytätigkeit globaler Konzerne eine deregulierte Wirtschaft entstanden war, die es sich leisten konnte, die Interessen aller anderen Gesellschaftsgruppen zu ignorieren. Allerdings hatte ich den ganz besonderen Platz, den der Finanzsektor innerhalb der kapitalistischen Interessenlage einnimmt, und die besonderen Herausforderungen, die sich daraus für die Demokratie ergeben, noch nicht ausreichend würdigen können.

Zwei Jahre später lieferte die Eurokrise eindrucksvolle Beispiele für eine Postdemokratie in Aktion, als man die Parlamente Griechenlands und Italiens vor die Wahl stellte, entweder vom Internationalen Währungsfonds, der Europäischen Zentralbank, der Europäischen Kommission und einem inoffiziellen Komitee führender Banken vorgegebene Ministerpräsidenten zu ernennen oder bei der Bewältigung der Krise auf sich allein gestellt zu bleiben. Die äußere Hülle eines demokratischen Vorgangs blieb gewahrt: Die neuen Ministerpräsidenten (beide ehemalige Angestellte von Goldman Sachs, einer der für die Krise verantwortlichen Banken) wurden nicht einfach eingesetzt, sondern mussten vom jeweiligen Parlament gewählt werden. Ein solches Vorgehen ist typisch für eine Postdemokratie. Allerdings darf man darüber nicht vergessen, dass auch die demokratische Glaubwürdigkeit der vorhergehenden Regierungen beider Länder nicht über alle Zweifel erhaben war.

Im Jahr 2020 brach mit der Corona-Pandemie eine weitere globale Krise herein. Millionen Menschen auf der ganzen Welt steckten sich mit dem neuartigen Virus an, viele erkrankten ernsthaft und für längere Zeit, nicht wenige verloren ihr Leben. In der Annahme, schnell und entschieden gegen die Ausbreitung des Virus vorgehen zu müssen, nutzten Regierungen ihre exekutiven Befugnisse, um die Bewegungsfreiheit der Bürger bis hin zu mehrwöchigen Ausgangssperren einzuschränken, und brachten die Parlamente dazu, auf ihre diesbezüglichen Kontrollfunktionen zu verzichten. Viele Beobachter sahen darin einen weiteren Beleg für den Niedergang der Demokratie. Darüber kann man verschiedener Meinung sein; diskutiert werden muss die Sache aber in jedem Fall. Sie als Indiz für postdemokratische Verhältnisse zu werten, ist indes nicht zuletzt deshalb problematisch, weil sich dieser Begriff eigentlich auf subtilere Phänomene als die direkte Entmachtung von Parlamenten bezieht. Außerdem könnte die Corona-Pandemie auf unerwartete Weise die Abwehrkräfte gegen die Postdemokratie gestärkt haben – ein Aspekt, mit dem wir uns noch beschäftigen werden.

Und schließlich haben in den Jahren seit der Niederschrift von *Postdemokratie* die sozialen Medien einen beispiellosen Aufstieg erlebt und sind zu einem bevorzugten Werkzeug der politischen Mobilisierung geworden. Damals habe ich begrüßt, dass das aufkommende Internet zivilgesellschaftlichen Gruppen Möglichkeiten eröffnete, sich besser zu organisieren, breitere Debatten anzustoßen und damit eine Gegenkraft zu Konzernen und Medienkonglomeraten zu bilden. Wie wir heute wissen, war das naiv. Inzwischen hat die Internetwirtschaft ihrerseits gigantische Konzerne hervorgebracht und damit den Reichen und Mächtigen des Kapitalismus noch mehr politischen Einfluss verschafft. Zudem hat das Internet die Verbreitung beispielloser Formen der Hassrede und der Volksverhetzung ermöglicht, den Qualitätsverlust von Debatten befördert und die Reichweite von Falschinformationen vergrößert. Oft stehen diese Phänomene mit dem Aufstieg neuer xenophober Bewegungen der äußersten Rechten, die sich selbst als »Alt-Right« beziehungsweise »alternative Rechte« bezeichnen, in Zusammenhang. So haben sich die Neuen Rechten auch an Kampagnen von Impfgegnern und Vertretern diverser Verschwörungsmythen angehängt. Was nur logisch ist: Da sie glauben (oder zumindest andere glauben machen wollen), dass die Welt von Eliten und Experten regiert wird, die der breiten Bevölkerung übelwollen und sie mit Mitteln des Staates zu unterdrücken suchen, wird die medizinische Versorgung zu einem naheliegenden Angriffspunkt. Und folglich mischten sich die Neurechten begeistert unter die Coronaleugner.

Zwar bieten soziale Medien zivilgesellschaftlichen Gruppen und Einzelpersonen nach wie vor die Möglichkeit, ihren politischen Ansichten mehr Gehör zu verschaffen, doch haben die Besitzer großer Reichtümer Technologien und Kenntnisse eingekauft, mit denen sie sich private Daten von Millionen Bürgern verschaffen und ihnen zielgenau manipulative Botschaften zukommen lassen können, die den Eindruck erwecken, die Meinung einer Mehrheit widerzuspiegeln und von sehr vielen Menschen geteilt zu werden, während sie tatsächlich einer einzigen Quelle entspringen. Eine besser auf postdemokratische Verhältnisse zugeschnittene Form von Politik, die den Anschein eines Meinungsstreits erweckt, tatsächlich aber von einigen wenigen verborgenen Quellen aus inszeniert wird, lässt sich kaum vorstellen. Was zunächst als befreiende, demokratiefördernde Technologie erschien, ist zum bevorzugten Werkzeug einer Handvoll extrem wohlhabender Individuen und Gruppen geworden – die die Unverfrorenheit haben, sich als Gegner der »Eliten« auszugeben. Daher muss über das Verhältnis der sozialen Medien zu Demokratie und Postdemokratie neu nachgedacht werden.

Zugleich lässt sich nicht leugnen, dass sich die beschriebene Mobilisierung durch technologische Manipulation häufig auf tiefempfundene Sentimente und Zugehörigkeitsgefühle stützen kann, die in erheblichen Teilen der Bevölkerung vorkommen und die ich im fünften Kapitel als nostalgischen Pessimismus analysieren werde. Doch werden sie von anderen Teilen der Bevölkerung aus ebenso tief empfundener Überzeugung abgelehnt, wie die US-Präsidentschaftswahlen vom November 2020 zeigten, in denen mit dem Amtsinhaber Donald Trump ein Held der Neuen Rechten einem liberalen Herausforderer, Joe Biden, gegenüberstand. Während die Wahlbeteiligung bei US-Präsidentschaftswahlen früher kaum über 50 Prozent und damit, gemessen an europäischen Verhältnissen, ziemlich niedrig lag, stieg sie im Zuge der zunehmenden

Spannungen zwischen ethnischen und anderen Identitäten seit Anfang dieses Jahrhunderts an und erreichte 2016 bereits fast 60 Prozent. 2020 kletterte sie sogar auf nahezu 70 Prozent, wobei Biden rund sieben Millionen Wählerstimmen mehr erhielt als Trump. Deutet sich darin ein Wendepunkt für zumindest einige postdemokratische Trends an?

Die genannten Entwicklungen machen eine Revision, eine Aktualisierung und Neujustierung meiner in *Postdemokratie* vertretenen Argumentation unabdingbar. Im ersten Kapitel des vorliegenden Buchs rekapituliere ich, was ich damals unter dem Begriff verstanden habe und warum es mir wichtig war, darüber zu schreiben. Die Kapitel 2 bis 7 befassen sich dann mit Entwicklungen, die den Trend zur Postdemokratie zu befördern scheinen: die Korruption der Politik durch Reichtum und Lobbyarbeit; die Finanzkrise und die zu ihrer Beendigung ergriffenen Maßnahmen; die Eurokrise und die entsprechenden Gegenmaßnahmen; der Aufstieg des xenophoben Populismus; die politischen Implikationen der Corona-Krise; sowie die schwindende Verankerung der Demokratie in der Bevölkerung.

Postdemokratie war eine Warnung, sozusagen eine negative Utopie: In diese Richtung geht die Entwicklung, und das ist schlecht. Wer als Autor*in einer solchen Dystopie blanken Pessimismus vermeiden will, muss dem Leser aber auch sagen: Wenn dir diese Entwicklung nicht gefällt, können wir etwas dagegen tun. Wie in *Postdemokratie* versuche ich auch diesmal, die Frage, wie es weitergehen soll, am Schluss zu beantworten. Allerdings in anderer Stimmung und mit anderen Ideen als damals.

Ausgangspunkt für *Postdemokratie* war eine Streitschrift, die ich im Jahr 2000 für die Fabian Society geschrieben hatte und die den Titel *Coping with Post-Democracy* trug. Die Veröffentlichungen der Fabian Society richten sich in der Regel an politische Entscheider und machen Vorschläge zur Lösung eines bestimmten Problems. Allerdings waren die politischen Entscheider selbst ein erheblicher Teil des Problems, das ich aufzeigen wollte. Darum wandte ich mich an die gewöhnlichen Bürger, die kaum eine Möglichkeit hatten, etwas gegen die großen sozialen, politischen und ökonomischen Kräfte zu unternehmen, die hinter der Entwicklung standen. Sie konnten jedoch Ideen entwickeln, wie man mit dieser Entwicklung umgehen und ihre Auswirkungen auf unser aller Leben abmildern könnte.

In meinen Augen war der Trend zur Postdemokratie ein enttäuschendes und besorgniserregendes Phänomen, aber nichts unmittelbar Beängstigendes, mit dem man nicht hätte »klarkommen« können. Heute ist die Situation eine andere. Nicht nur werden mit dem Internet, der Informationstechnologie und den sozialen Medien die wichtigsten neuen Werkzeuge der Zivilgesellschaft gegen diese gewendet, wir sehen uns in den etablierten Demokratien der Welt auch noch mit erheblichen Herausforderungen der verfassungsmäßigen Ordnung und einem Wiederaufleben der Fremdenfeindlichkeit konfrontiert, die praktisch ausnahmslos von der äußersten Rechten ausgehen. Auch wenn diese sich nicht so extrem gebärdet wie die faschistischen und nationalsozialistischen Bewegungen des 20. Jahrhunderts, gehört sie doch derselben politischen Familie an und muss jedem von der rechten Mitte bis zur Linken erhebliches Kopfzerbrechen bereiten – nur der extremen Linken nicht, die die Rhetorik der Rechten teilweise aufgegriffen hat.

Wenn uns die Entwicklung hin zur Postdemokratie an diesen Punkt geführt hat, dann ist die Vorstellung, wir könnten mit ihr »klarkommen«, pure Selbstgefälligkeit. Vielmehr müssen wir ihr entschlossen entgegentreten.

1. Was heißt »Postdemokratie«?

Das, was ich unter Postdemokratie verstehe, ist in den britischen Wahlkämpfen der letzten Jahre zu einem ikonischen Bild geronnen, das mehr sagt als viele Worte und das vermutlich auch in anderen entwickelten Demokratien zu besichtigen ist. Es begegnet in zahlreichen Fernsehnachrichtensendungen und zeigt einen Politiker, der eine Rede hält und dabei von einer alle Altersstufen, Ethnien und beide Geschlechter in ausgewogener Mischung repräsentierenden Schar begeisterter Anhänger umringt ist, die Schilder mit Slogans seiner Partei schwenken: Wir sehen einen Politiker in der Mitte des Volkes, das seine spontane Begeisterung äußert. Allerdings haben die Anhänger ihre Schilder nicht selbst angefertigt, sondern sie kurz zuvor von Parteimitarbeitern in die Hand gedrückt bekommen. Und manchmal, wenn eine unbotmäßige Kamera den Blick weitet, wird sichtbar, dass der Politiker lediglich vor einer Handvoll Unterstützer spricht, die man in der Ecke einer großen leeren Lagerhalle zusammengeschoben hat. Weder ist da ein großes Publikum, noch findet eine echte Volksversammlung statt.

Derartige Veranstaltungen werden in vielen Städten abgehalten – die Politiker nehmen weite Wege auf sich, um zu beweisen, dass sie in ihrer Bereitschaft zum Gespräch mit gewöhnlichen Bürgern keinen Winkel des Landes auszulassen gewillt sind. Doch die Hallen stehen fast immer am äußersten Stadtrand, in der Nähe der Autobahnringe und -zubringer, wo sich freiwillig niemand hin verirrt. Aus Gründen der Sicherheit, zur Vermeidung von Staus und aus Angst vor dem Kontakt mit feindseligen Gruppen werden diese Wahlkundgebungen so abgehalten, dass sie kaum größere Teile der Bevölkerung erreichen. Dabei scheinen alle Erfordernisse einer demokratischen Debatte erfüllt: Sämtliche Landesteile werden besucht, der Redner steht nicht abgehoben auf einer Bühne, sondern inmitten einer die gesellschaftliche Vielfalt repräsentierenden Menschengruppe, er äußert entschiedene und emotionale Appelle. Tatsächlich aber sind diese Veranstaltungen so bar jeder ernsthaften Begegnung und inhaltlichen Auseinandersetzung wie die Hallen, in denen sie stattfinden.

Die Vorsilbe »post« wird heute häufig gebraucht: Man spricht von der postindustriellen Gesellschaft, der Postmoderne, von postliberalen oder postironischen Erscheinungen. Dieser Wortgebrauch erscheint kennzeichnend für eine Gesellschaft, die zwar weiß, woher sie kommt und was sie bald nicht mehr sein wird – nicht aber, wohin sie sich entwickelt. Dabei hat die Vorsilbe eigentlich eine präzise Bedeutung. Essenziell für ein mit »post-« bezeichnetes Phänomen ist die Vorstellung, dass es eine Parabel durchlaufen habe.

Abbildung 1 gibt einen Eindruck von dieser Idee. Nach seinem ersten Auftreten gewinnt das Phänomen an Relevanz, bis diese einen Gipfelpunkt erreicht und wieder abzunehmen beginnt – um schließlich etwa auf denselben Wert zurückzufallen wie zu Beginn. Allerdings verschwindet die Geltung, die es im Lauf der Zeit erworben hat, nicht völlig. Es hat Spuren im Gedächtnis der Zeitgenossen hinterlassen und, noch wichtiger, auf seinem Höhepunkt zur Schaffung von Institutionen geführt, die wenigstens für einen gewissen Zeitraum weiterbestehen. Deshalb ist die Welt, sagen wir, 70 Jahre nach dem Aufkommen der Sache auch nicht mehr dieselbe wie im Jahr 0.

Nehmen wir als Beispiel die Eigenschaft »postindustriell«. Sie lässt sich ziemlich genau messen, etwa am Anteil der entsprechenden Arbeitsplätze am Arbeitsmarkt oder als Anteil

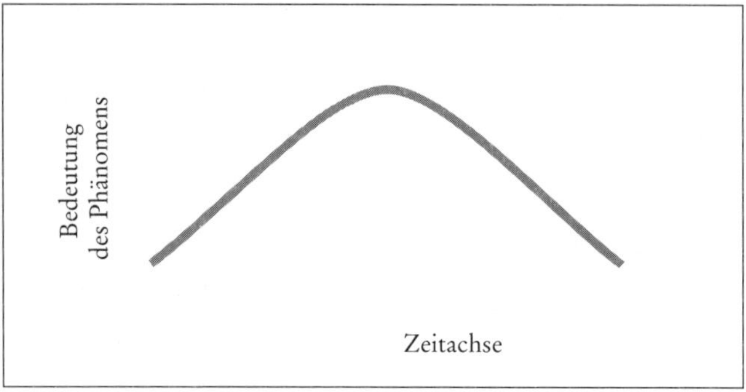

Abbildung 1: Vom Prä- zum Post-: parabelförmige Bedeutungsentwicklung eines Phänomens

industrieller Produktion am Bruttoinlandsprodukt. Letzterer stieg von einem sehr niedrigem Niveau zu Beginn der Industrialisierung kontinuierlich an, erreichte einen Höchstwert (der in den meisten westlichen Ökonomien in den siebziger Jahren des 20. Jahrhunderts lag) und sank dann wieder. Heute liegt er auf einem ähnlichen Niveau wie in der Frühphase der Industrialisierung. Das bedeutet aber nicht, dass wir in »vorindustrielle« oder »nichtindustrielle« Gesellschaften zurückfallen. Die Zuwächse des Industriezeitalters und seine Auswirkungen auf unser Leben sind nach wie vor präsent; daher leben wir in einer »postindustriellen« Welt.

Ähnliches gilt für die Demokratie. Die Tatsache, dass, wie ich unten ausführen werde, die Demokratie in den vergangenen Jahrzehnten an Kraft verloren hat, bedeutet nicht, dass wir in vor- oder nichtdemokratischen Gesellschaften leben. Von den Errungenschaften der demokratischen Epoche ist ein umfangreiches Vermächtnis an Praktiken, Haltungen, Werten und Institutionen geblieben. Das gibt Anlass zu Optimismus, erklärt aber auch eine wichtige Eigenschaft postdemokratischer Zustände: Da die demokratischen Institutionen und Haltungen weiterhin existieren, merken wir nicht, dass die Demokratie geschwächt und die Macht innerhalb des politischen Systems auf eine kleine Elite aus Politikern und Konzernen übergegangen ist, die eine Politik nach den Wünschen Letzterer betreiben.

In seiner Auseinandersetzung mit meinen Überlegungen vertritt Stephen Welch in seinem Buch *Hyperdemocracy* (2013) die Auffassung, dass wir heute nicht etwa einen Verfall der Demokratie erleben, sondern sie im Gegenteil zu stark auszuweiten versuchen, indem wir Dinge in die politische Debatte hineinziehen, die sich dafür nicht eignen. Allerdings handelt es sich lediglich um zwei Seiten derselben Medaille. Im Grunde laufen unsere Diagnosen auf dasselbe hinaus, denn gerade dann, wenn sich die politische Diskussion um nichts mehr dreht, versucht sie sich auf alles auszuweiten. In Ermangelung eines echten Richtungsstreits (eines der wesentlichen Merkmale einer Demokratie) beginnen Politiker, alle möglichen Nebenfelder zu beackern, um vermeintliche Unterschiede zwischen sich und ihren Gegnern herauszuarbeiten, etwa in Hinsicht auf ihre persönliche Moral oder ihre Meinung zu einem bestimmten medizinischen Verfahren oder die beste Methode, Kindern Lesen und Schreiben beizubringen. Damit dringt die Politik – ob demokratisch oder nicht – in Gebiete vor, deren Problemlagen einer Lösung mit politischen Mitteln nicht zugänglich sind.

Um mein Argument zu untermauern, dass sich gewisse Veränderungen in unserem politischen Leben als Schritte auf dem Weg zu einer Postdemokratie beschreiben lassen, muss ich zweierlei belegen: dass es in nicht allzu ferner Vergangenheit eine Zeit gegeben hat, von der man sagen könnte, die Demokratie sei in ihr stark gewesen; und dass sich diese seither im Niedergang befindet. Untersuchen wir daher zunächst, was einen »Augenblick der Demokratie« ausmacht.

Der Augenblick der Demokratie

Eine Demokratie gedeiht, wenn die Mehrzahl der gewöhnlichen Bürger über hinreichende Möglichkeiten verfügt, die Tagesordnung öffentlicher Debatten mitzubestimmen, sei es über Diskussionen oder eigenständige Organisationen, und wenn sie diese Möglichkeiten auch aktiv nutzt. Das ist ein hoher Anspruch, ein idealtypisches Modell, das sich nie vollkommen verwirklichen lässt; aber es zeigt, wie alle unerreichbaren Ideale, eine Richtung an. Es eignet sich sehr gut, um zu bestimmen, an welchem Punkt unsere Demokratien stehen und welche Fortschritte von dort aus möglich sind. Dabei kommt es entscheidend darauf an, einen hohen Maßstab anzulegen, anstatt vom Ideal, wie oft üblich, so umfangreiche Abstriche zu machen, dass es schlicht dem faktisch Erreichten entspricht. Auf diese Weise fördert man nur Selbstzufriedenheit, Eigenlob und einen Mangel an Aufmerksamkeit für Entwicklungen, die die Demokratie schwächen.

Jenem hohen Anspruch kommt eine Gesellschaft wahrscheinlich in den ersten Jahren nach Einführung der Demokratie oder nach einer großen Staatskrise am nächsten – wenn sich viele Bürger in den demokratischen Verfahren engagieren und intensiv am politischen Geschehen Anteil nehmen, weil sie merken, dass es ihr Leben unmittelbar betrifft; wenn viele verschiedenartige Gruppen und Organisationen gewöhnlicher Bürger sich an der Aufgabe beteiligen, eine politische Agenda zu bestimmen, in der sich ihre Sorgen und Wünsche widerspiegeln; wenn sich die Mächtigen, die ihre Interessen in undemokratischen Gesellschaften einfach durchsetzen, unerwarteter Gegenwehr gegenübersehen und in die Defensive gedrängt werden; und wenn das politische System noch nicht herausgefunden hat, wie es die neuerdings an es gerichteten Forderungen unterdrücken und manipulieren kann. Diese Elemente vor allem machen einen Augenblick der Demokratie, wie er mir vorschwebt, aus.

Die meisten Teile Westeuropas und Nordamerika erlebten zwischen den dreißiger Jahren des 20. Jahrhunderts (in den USA und Skandinavien) und den ersten Jahren nach dem Zweiten Weltkrieg (in den anderen Ländern) einen solchen Augenblick der Demokratie. Zuvor hatte es nur an wenigen Orten längere Perioden gegeben, in denen zumindest die erwachsenen Männer über volles Wahlrecht verfügten, und in noch weniger Ländern hatten Frauen politische Rechte genossen. Nun aber begriffen Millionen gewöhnliche Bürger, dass sie in politischen Fragen mitreden konnten, und schlossen sich Parteien und Organisationen an, um ihre Interessen zu vertreten. Schon zuvor war eine Art demokratisches Rumoren zu vernehmen gewesen, vor allem um die Jahrhundertwende und während des Ersten Weltkriegs. Doch in vielen europäischen Ländern hielten die Eliten, die es gewohnt waren, dass die Politik allein ihren Interessen diente, das Vordringen des Plebs in ihre privilegierten Bereiche für unannehmbar. Angesichts dessen schlugen sich viele von ihnen samt ihren Einflussmöglichkeiten auf die Seite faschistischer und nationalsozialistischer Parteien, die, ihrer populistischen Rhetorik und Massenbasis zum Trotz, der Demokratie zutiefst feindselig gegenüberstanden und sie, einmal an die Macht gelangt, mit rücksichtsloser Gewalt unterdrückten. Erst die Niederlagen Hitlers, Mussolinis und anderer faschistischer »Führer« und die Verwüstung ihrer Länder im Zweiten Weltkrieg brachten diese Eliten dazu, freie Wahlen und die Teilnahme nicht aus ihren Reihen rekrutierter Gruppen an der politischen Auseinandersetzung zu akzeptieren.

Am deutlichsten wird dies an den Themen, die die sozialdemokratische und sozialistische Linke bereits seit Ende des 19. Jahrhunderts auf die Tagesordnung zu setzen versucht hatte: Arbeitnehmerrechte, Sozialstaat, kostenlose beziehungsweise stark subventionierte Bildung und Gesundheitsfürsorge, Umverteilung durch Steuern. Und nicht nur die Linke bekannte sich zu diesen Forderungen. Die Demokratisierung wirkte sich beispielsweise auch auf die Katholischen Kirche aus. Seit der Französischen Revolution hatte sie sich gegen jede Einschränkung der Herrschaft aristokratischer und anderer Eliten gewandt und im 20. Jahrhundert die Unterdrückung junger Demokratien durch Faschisten in Italien, Portugal und Spanien unterstützt. Allerdings gab es in der katholischen Politik auch einen christdemokratischen Flügel, der den vorherrschenden Autoritarismus ablehnte. Nach Ende des Zweiten Weltkriegs ließ sich diese Gruppe nicht mehr von den katholischen Eliten marginalisieren, die Christdemokratie wurde zur bestimmenden Form christlicher Politik und bildete über Jahrzehnte hinweg die erfolgreichste Parteiengruppe im westlichen Europa. All diese Erscheinungen und Entwicklungen ermöglichten einen Augenblick der Demokratie.

Die Schwächung der Demokratie

Ein solch hoher Demokratisierungsgrad konnte natürlich nicht auf Dauer erhalten bleiben, mit einem gewissen Maß an Entropie war zu rechnen. Zudem haben zwei Faktoren, die ihrerseits einen dritten hervorbrachten, diesen Prozess beschleunigt: die Globalisierung der Wirtschaft und die damit verbundene Entstehung von Megakonzernen; die Veränderung der Klassenstruktur und (in Westeuropa, aber nicht in den USA) der schwindende Einfluss der Kirchen, die zusammen mehr oder weniger unvermeidlich eine Schwächung der wichtigsten Kräfte herbeiführten, die gewöhnliche Bürger ins politische Leben eingebunden haben; sowie die aus diesen Entwicklungen resultierende Tendenz, dass sich Politiker zunehmend von ihrer Basis in der Bevölkerung entfernen und stattdessen die Nähe globaler Wirtschaftseliten suchen.

Die Globalisierung bewirkt in zweierlei Hinsicht eine Schwächung der Demokratie. Zum einen wird durch sie der Einflussbereich nationalstaatlicher Regierungen beschnitten. Wenn die wichtigsten Wirtschaftsentscheidungen auf globaler Ebene getroffen werden, während die Demokratie auf den Rahmen des Nationalstaats beschränkt bleibt, müssen demokratische Beschlüsse in vielen Hinsichten gegenstandslos erscheinen. Zum anderen haben transnationale Unternehmen, die über Politik und Jurisdiktion des einzelnen Nationalstaats hinausgewachsen sind, stärker als alle anderen Institutionen von der Globalisierung profitiert. Wenn ihnen das Steuersystem oder die Vorschriften und Gesetze in einem Land nicht gefallen, können sie jederzeit damit drohen, in ein anderes zu wechseln – weshalb immer mehr Staaten darum wetteifern, ihnen günstigere Bedingungen und Steuersätze anzutragen, da sie auf die Investitionen angewiesen sind. Die Demokratie hat schlicht und einfach nicht Schritt halten können mit der globalen Ausbreitung des Kapitalismus. Das Höchste, das sie erreicht hat, sind Zusammenschlüsse von Staaten, aber selbst die mit Abstand wichtigste Vereinigung, die Europäische Union (EU), ist verglichen mit den gewandten Konzernriesen ein tapsiger Zwerg und überdies zwar bei weitem demokratischer als andere Staatenbünde, aber für sich genommen auch nicht besonders demokratisch.

Der Neoliberalismus, die gegenwärtig vorherrschende politisch-ökonomische Ideologie, hat sich die unvermeidlich mit der Globalisierung einhergehende Schwächung des Nationalstaats zunutze gemacht. Wenn man glaubt, dass Regierungen grundsätzlich inkompetent sind und Konzerne stets effizient agieren, erscheint es sinnvoll, Ersteren so wenig Macht wie möglich und Letzteren jede nur denkbare Freiheit vor staatlichen Eingriffen zu gewähren. In den letzten beiden Jahrzehnten des 20. Jahrhunderts sind viele Politiker und Akteure aus allen Bereichen des politischen Spektrums zu genau dieser Überzeugung gelangt. Das hatte fast zwangsläufig einen Bedeutungsverlust der Demokratie zur Folge.

Mit dem zweiten Faktor verhält es sich ein wenig anders. Klassen- beziehungsweise Religionszugehörigkeit sorgten dafür, dass unpolitische Bürger überhaupt ein politisches Bewusstsein entwickelten. Wie ich im sechsten Kapitel ausführlicher darlegen werde, stellten diese sich in den Auseinandersetzungen um den Zugang zu fundamentalen Bürgerrechten wie dem Wahlrecht auf eine bestimmte Seite: Aufgrund meiner Klassen- beziehungsweise Religionszugehörigkeit weiß ich, welche Partei sich für »meinesgleichen« einsetzt, und kann bei Wahlen entsprechend abstimmen. Mit der Einführung des allgemeinen Wahlrechts hörten diese Kämpfe auf, Teil der unmittelbaren Erfahrung zu sein, und wurden zu etwas, von dem einem Eltern und Großeltern erzählen. Den Angehörigen der neuen Klassen, die im Zuge der Entwicklung einer postindustriellen Gesellschaft entstanden, machte niemand ihre Bürgerrechte streitig, weshalb ihnen ein wichtiger Anhaltspunkt dafür fehlte, wo ihre politische Heimat war. Infolge der Säkularisierung der europäischen Gesellschaften und der Abkehr führender Kirchenvertreter von

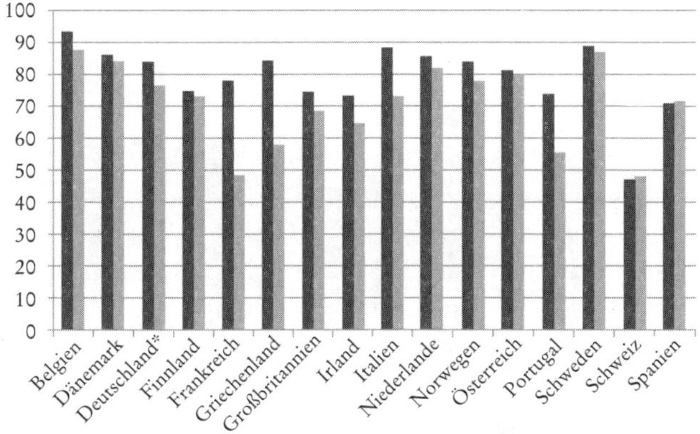

* Der Wert für Mitte der 1980er Jahre bezieht sich nur auf die Bundesrepublik.

Quelle: Berechnungen des Autors auf Basis von Zahlen von Wikipedia

Abbildung 2: Wahlbeteiligung bei Parlamentswahlen in westeuropäischen Ländern, Mitte der 1980er Jahre (dunkelgrau) und Ende der 2010er Jahre (hellgrau)

konservativen Standpunkten lässt sich aus der Religionszugehörigkeit ebenfalls keine eindeutige politische Verortung mehr ableiten.

Die meisten Bürger gehen bis heute wählen, auch wenn die Wahlbeteiligung fast überall zurückgegangen ist und die Stimmabgabe den meisten nicht mehr viel bedeutet. Abbildung 2 zeigt die Veränderung der Wahlbeteiligung bei Parlamentswahlen in den wichtigsten westeuropäischen Ländern zwischen der Mitte der achtziger Jahre und den jüngsten Wahlen (bis Mitte 2019). Dabei werden naturgemäß weder die Schwankungen zwischen diesen Zeitpunkten noch besondere Faktoren berücksichtigt, die in einzelnen Ländern eine Rolle gespielt haben mögen. Gleichwohl ist zu erkennen, dass die Wahlbeteiligung – mit Ausnahme der Schweiz

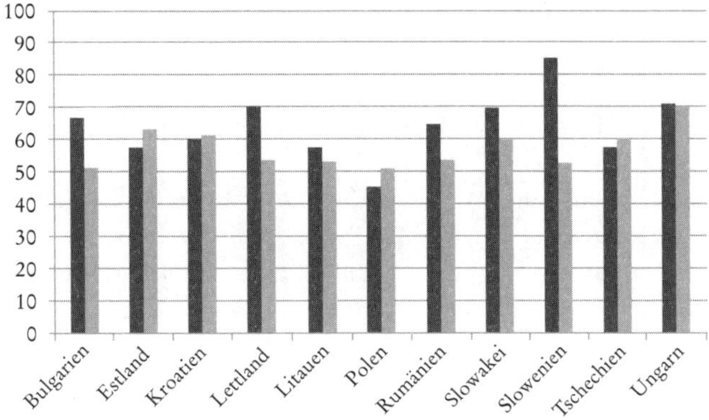

Quelle: Berechnungen des Autors auf Basis von Zahlen von Wikipedia

Abbildung 3: Wahlbeteiligung bei Parlamentswahlen in mitteleuropäischen EU-Mitgliedsländern, frühe 1990er Jahre (dunkelgrau) und Ende der 2010er Jahre (hellgrau)

(wo sie schon immer niedrig war) und Spaniens (wo sie minimal zugenommen hat) – überall zurückgegangen ist. In manchen Fällen nur geringfügig, in anderen deutlich. In zwei Ländern, Belgien und Italien, wurde die Wahlpflicht in dieser Zeit abgeschafft, was aber kaum Auswirkungen auf den allgemeinen Trend gehabt zu haben scheint.

Außer in Slowenien reagierten die Bevölkerungen der mittel- und osteuropäischen Länder nicht übermäßig begeistert auf die ihnen nach dem Sturz des Kommunismus eröffnete Möglichkeit freier Wahlen. Schon bei den ersten Wahlen in den neunziger Jahren lag die Beteiligung dort typischerweise niedriger als in den meisten Ländern Westeuropas heute. Seither hat es, wie Abbildung 3 zeigt, unterschiedliche Entwicklungen gegeben, wobei ein Sinken der Beteiligung dominiert.

Zudem haben viele Parteien ihre Massenbasis verloren,

und ihre weniger gewordenen Aktivisten verkörpern zwar auf symbolische Weise nach wie vor die Zugehörigkeit zu den Klassen oder Bekenntnissen, aus denen die Partei einst hervorging, gewinnen aber keine neuen Wählerschichten hinzu. Die Parteiführungen schlossen daraus, dass die Form der Volkspartei nicht mehr taugte, um große Bevölkerungsgruppen zu erreichen. Da ihre Kernwählerschaft schrumpfte, gelangten sie zunehmend zu der Überzeugung, eine solche nicht mehr zu brauchen. Vielmehr gingen sie davon aus, dass ihnen diese Wähler, da sie nirgendwo anders eine politische Heimat finden könnten, ohnehin sicher seien – was den Parteien die Freiheit ließ, über ein möglichst breites Meinungsspektrum hinweg nach Stimmen zu fischen. Das zog notwendig einen Profilverlust der Parteien nach sich und schwächte ihre noch verbliebenen Bindungen in die Bevölkerung abermals.

Sie versuchten nun zunehmend, über die Mittel der Marktforschung und der Werbung mit den Wählern in Kontakt zu treten. Damit wurden ihre politischen Ideen und ihr Image zu einer Art Ware, die auf einem Markt für Massenkonsumenten angeboten wird, ohne dass die Anbieter besonders viel über ihre potenziellen Kunden wissen, die sie nur durch Umfragen, Sozialforschung und Marketingkampagnen bestimmen können. Immer weniger repräsentierten die Politiker nun eine Gesellschaftsgruppe, der sie selber angehörten oder zu der sie engen Kontakt hielten, immer mehr agierten sie als Angehörige einer separaten politischen Klasse, die ihre Wähler zuvörderst aus professionell erhobenen Marketingdaten über ihre Kund- beziehungsweise Anhängerschaft »kannten«. Sie suchten lieber die Gesellschaft der Chefs globaler Konzerne, deren Investitionen sie in ihr Land locken wollten und auf deren Unterstützung sie zur Finanzierung ihrer immer kostspieligeren Wahlkampagnen angewiesen waren.

Zusammengenommen erzeugten diese Entwicklungen eine Spirale wachsender Entfremdung zwischen führenden Politikern und Wählern. Der Inbegriff dieses Wandels ist der italienische Unternehmer und Politiker Silvio Berlusconi. Anfang der neunziger Jahre waren die großen Mitte-links- und Mitte-rechts-Parteien Italiens unter einer Welle von Korruptionsskandalen, die einen kurzen demokratischen Augenblick des Zorns verursachten, in die Knie gegangen. Die damals eher moderate Kommunistische Partei blieb als einzige große politische Kraft im Land unbeschadet.

Berlusconi war der reichste Entrepreneur Italiens. Ihm gehörten Unternehmen aus dem gesamten postindustriellen Spektrum: von Fußballclubs über Finanzdienstleister und Fernsehsender bis hin zu Supermarktketten (Mancini 2011). Politisch hatte er der 1994 im Zuge der Skandale aufgelösten Sozialistischen Partei nahegestanden, außerdem sah er sich selbst einer ganzen Reihe von Gerichtsverfahren wegen Korruption gegenüber. Trotz seiner engen Verbindungen mit dem alten Regime betrat er die politische Bühne als Außenseiter, der versprach, das System aufzuräumen und, vor allem, eine Alternative zur Kommunistischen Partei zu bieten, die viele Italiener nach wie vor fürchteten.

Innerhalb kürzester Zeit gründete er eine landesweit erfolgreiche Partei namens Forza Italia (»Vorwärts Italien!« – eine Phrase ohne politische Bedeutung, abgeleitet vom Schlachtruf der Fans der italienischen Fußballnationalmannschaft), wobei er sich nicht auf eine breite Mitgliederschaft, sondern auf die finanziellen und personellen Ressourcen seiner Unternehmen sowie seine Möglichkeiten als Eigentümer reichweitenstarker Fernsehsender und Pressenetzwerke stützte. Man sprach daher von einer *partito impresa*, einer »Unternehmens-Partei«.

Im Laufe einiger Jahre baute die Forza Italia eine Mitgliederbasis auf und wurde einer herkömmlichen Partei immer ähnlicher, bis sie wie andere etablierte Parteien in den zehner Jahren unter einer neuen Welle des Populismus zusammenbrach. Die Eigenschaften jedoch, die sie bei ihrer Gründung auszeichneten, entsprachen einem postdemokratischen Modell: kaum Verbindung zu Wählern und keinerlei historische Wurzeln.

Als ich 2003 an *Postdemokratie* arbeitete, ging es mir nicht darum zu behaupten, wir hätten im Westen einen postdemokratischen Zustand erreicht. Aus meiner damaligen Sicht würde dieser erst dann eintreten, wenn es in den Gesellschaften, in denen wir lebten, unmöglich würde, dass spontane Bewegungen aus der Mitte der Bevölkerung entstehen und das politische System in Aufruhr versetzen. Das war damals nicht der Fall. Insbesondere drei Bewegungen bewiesen das, indem sie Themen auf die Tagesordnung der Politik setzten, auf deren Behandlung die etablierten Eliten gerne verzichtet hätten: den Feminismus, den Umweltschutz und die Fremdenfeindlichkeit. Die Entwicklungen, die ich damals identifizierte, hatten uns auf den Weg zu einer Postdemokratie geführt – dort angekommen waren wir jedoch noch nicht.

Verschiedene Formen der Demokratie

In meiner Argumentation habe ich stillschweigend vorausgesetzt, dass wir über eine repräsentative liberale Demokratie sprechen. Es gibt auch andere Formen, etwa die direkte Demokratie, in der nicht Repräsentanten, sondern alle Bürger die Entscheidungen treffen. Möglich ist dies, wenn kleine Gruppen in Fragen entscheiden, die ohne weiteres verständlich sind; Beispiele dafür finden sich überall auf der Welt. Werden Verfahren direkter Demokratie unter Beteiligung größerer Bevölkerungen angewendet, dann in Form von Volksbegehren oder Volksentscheiden. Dabei müssen die zur Abstimmung stehenden Angelegenheiten, wie komplex sie auch sein mögen, auf eine simple Ja-oder-Nein-Entscheidung heruntergebrochen werden: Man stimmt entweder für oder gegen einen bestimmten Vorschlag.

Wenn die Fragestellung hinreichend präzise ist und man davon ausgehen kann, dass die Wähler mit dem Thema einigermaßen vertraut sind, kann dies sehr gut funktionieren und den Bürgern erhebliche Einflussmöglichkeiten auf ihre Lebensumstände eröffnen. Sind diese Voraussetzungen nicht erfüllt, besteht die Gefahr, dass die Wähler das Referendum nutzen, um ihrer allgemeinen Unzufriedenheit Luft zu machen, und in Wahrheit über eine ganz andere Sache abstimmen. Als der damalige italienische Ministerpräsident Matteo Renzi im Dezember 2016 zu einer Volksabstimmung über einige spezifische und recht komplexe Verfassungsänderungen aufrief, musste er zu seiner Überraschung feststellen, dass seine politischen Gegner die Abstimmung in eine auf ihn, Renzi, bezogene Vertrauensfrage umwandelten – weshalb er, nachdem die Reformen abgelehnt worden waren, zurücktrat. Als die Bürger Großbritanniens im selben Jahr über den Verbleib ihres Landes in der Europäischen Union entscheiden konnten, fanden Meinungsforscher heraus, dass viele für den EU-Austritt stimmten, um ihrem Protest gegen diverse Missstände Ausdruck zu verleihen, mit denen die EU nur zum Teil etwas zu tun hatte.

Ein besseres System als die repräsentative Demokratie, in der wir Mitglieder eines Parlaments oder einer anderen deliberativen Versammlung wählen, die eine aus ihren Reihen gebildete Regierung unterstützen beziehungsweise bekämpfen und Tag für Tag Themen beraten, Entscheidungen treffen und Gesetze beschließen, ist nicht leicht zu finden. Dabei ist sie alles andere als eine perfekte Lösung. Wie kann man jemanden zu seinem »Vertreter« ernennen, den man, wie in einer Massengesellschaft unvermeidlich, in aller Regel nicht persönlich kennt? In der Praxis wurde diese Frage durch die Zugehörigkeit des Kandidaten zu einer Partei beantwortet, von deren allgemeiner politischer Ausrichtung der Wähler einige Kenntnis haben konnte.

Damit ist noch nicht das oben erwähnte Problem gelöst, das ich im siebenten Kapitel ausführlicher diskutieren werde: Woran liegt es, dass bestimmte Wähler sich von bestimmten Parteien repräsentiert fühlen? Auf diese Frage gibt es keine befriedigende allgemeine theoretische Antwort, sondern immer nur eine historisch oder soziologisch bedingte. Da die Interaktion zwischen Parteien und Bürgern in aller Regel einseitig verläuft, lässt sich nicht sicher bestimmen, ob eine repräsentative Demokratie »funktioniert«, was die politischen Beobachter öfter mal einräumen sollten.

Die Idee der liberalen Demokratie hängt mit dem Konzept der Repräsentation zusammen, ist aber keineswegs dasselbe. Unter Liberalismus versteht man im weitesten Sinne die Einsicht, dass unser Wissen immer beschränkt ist und sich auch feste Überzeugungen als falsch erweisen können. Deshalb toleriert der Liberalismus Vielfalt und Diversität sowie Meinungen, die dem Liberalen selbst eher unsympathisch sind, denn er kann nie mit Sicherheit wissen, dass sich die Dinge nicht ändern. Was Liberale nicht tolerieren, sind allenfalls Intoleranz und unhinterfragte Glaubenssätze. Auch wenn sie selber religiösen oder politischen Überzeugungen anhängen, werden sie diesen nie eine absolute Gültigkeit zuschreiben, aus der sich das Recht ableiten ließe, die Vertreter anderer Meinungen zu unterdrücken. Was die Ökonomie angeht, so ziehen sie die Markt- in aller Regel der Planwirtschaft vor, da Erstere mehr Möglichkeiten für Flexibilität und Anpassung bietet. Auch die Wissenschaften sind insofern »liberal« – oder sollten es zumindest sein –, als ihre Erkenntnisse zwar anerkannt und genutzt werden, aber stets im Wissen darum, dass eben noch anerkannte Wahrheiten jederzeit widerlegt oder zumindest als unzureichend erkannt werden können. Der Liberalismus lehnt blinde Unterwerfung unter von oben vorgegebene Regeln ab, er hält Meinungsstreit und die Freiheit, Autoritäten in Frage zu stellen, für unverzichtbar. Natürlich müssen ab und zu Entscheidungen getroffen werden, die nicht rückgängig zu machen sind, auch auf die Gefahr hin, dass sie sich als schlecht oder falsch erweisen. Deshalb muss stets so viel Raum wie möglich für Korrekturen und neue Auffassungen sein. Wenn man beispielsweise beschlossen hat, eine neue Autobahn zu bauen, muss der weitere Ausbau der Infrastruktur immer wieder aufs Neue diskutiert werden. Aus Sicht des Liberalismus darf keine Regierung dauerhaft an der Macht sein. Diskussionen müssen jederzeit möglich sein, Wahlen regelmäßig stattfinden. Die Minderheitsmeinung von heute muss die Chance haben, morgen die Mehrheit zu gewinnen. Eine Partei, die heute in der Regierung sitzt, muss wissen, dass sie diesen Platz morgen verlieren kann, und deshalb schon aus Eigeninteresse für einen parteiübergreifenden Wertekonsens zugunsten eines offenen und fairen Wettbewerbs eintreten.

Zudem muss es – darauf hat Adrian Pabst (2016) in seiner Auseinandersetzung mit dem Konzept der Postdemokratie hingewiesen – Institutionen geben, die außerhalb des unmittelbaren Zugriffs der Demokratie stehen und deshalb in der Lage sind, einer gewählten Regierung gegebenenfalls Machtmissbrauch vorzuhalten. Darin spiegelt sich die liberale Auffassung wider, dass Führungspersonen, auch wenn sie demokratisch gewählt wurden, für diverse Formen der Korruption anfällig sind, insbesondere wenn es um die Mehrung der eigenen Macht und die Möglichkeit geht, Ereignisse und Informationen so zu manipulieren, dass sie weiterhin Wahlen gewinnen und im Amt bleiben. Mit den berühmten Worten Lord Actons, eines großen britischen Liberalen des 19. Jahrhunderts: »Macht korrumpiert, absolute Macht korrumpiert absolut.« Kurz gesagt: Als liberale Demokratie bezeichnet man eine Regierungsform, die universelle Wahl- und Bürgerrechte sowie Institutionen umfasst, die Kritik, Diversität und die Möglichkeit eines politischen Kurswechsels selbst gegen die Wünsche der Regierenden gewährleisten. Besonders wichtig ist dabei, dass die Gerichte und das Justizwesen unabhängig vom unmittelbaren Zugriff der Politik bleiben und dass sich die Staatsorgane wie alle anderen an die Gesetze halten müssen, dass also das Prinzip des *Rechtsstaats** gewahrt ist. Es ist älter als die Demokratie, und gelegentlich kommt es zu Spannungen zwischen beiden. So verweisen Politiker immer mal wieder darauf, dass Richter im Gegensatz zu ihnen nicht vom Volk gewählt würden. Das ist ein deutliches Warnsignal dafür, dass es Erstere nach »absoluter Macht« dürstet. In den folgenden Kapiteln werden wir auf einige Beispiele dafür aus jüngerer Zeit stoßen.

Die liberale Demokratie hat nicht nur Befürworter, sondern auch Gegner. Manche Menschen glauben, dass es besser sei, wenn Herrscher die Regeln von oben bestimmen. Hauptvertreter dieser Auffassung waren Monarchen und Monarchisten; das aus dem Griechischen stammende Wort »Monarchie« bedeutet so viel wie »Alleinherrschaft«. Religionsgemeinschaften sind häufig intern nach diesem Muster organisiert und versuchen es auf die äußere Gesellschaft zu übertragen. So gut wie alle Konzernchefs lehnen, soweit es

---

* Kursiv und mit Sternchen hier und im Folgenden: im Original deutsch (Anm. d. Übers.).

das Innere ihrer Unternehmen angeht, die liberale Demokratie ab; sie beharren auf der Unantastbarkeit der Autorität des Chief Executive Officers (CEO), und manche von ihnen glauben, dass dieses Prinzip auch anderswo gelten sollte. Denn wenn normale Mitarbeiter (oder Bürger) kein Mitspracherecht haben, kann man Entscheidungen schneller treffen. Viele glauben, die auf diese Weise erzielten Effizienzgewinne und Profitsteigerungen seien ein mehr als reichlicher Ausgleich dafür, dass die Meinung vieler unterdrückt oder nicht einmal angehört wird, und rechtfertigten selbst gelegentlich vorkommende katastrophale Irrtümer. Nicht selten verweisen sie auf das Beispiel Chinas, das in der Lage sei, jederzeit und überall in kurzer Zeit einen Flughafen zu bauen, während in westlichen Ländern Anwohner ihre Einwände vorbringen und den Bau mindestens so lange aufhalten können, wie über ihre Bedenken verhandelt wird.

Historisch gesehen haben sich vor allem Politiker der Rechten gegen die liberale Demokratie gewandt – zunächst die traditionellen konservativen, später die faschistisch-autoritären Parteien; diese Opposition erlebt derzeit ein Revival, mit dem wir uns im fünften Kapitel beschäftigen werden. Über lange Zeiträume des 20. Jahrhunderts hinweg stellte jedoch die Linke die größere Herausforderung dar, und zwar in Form der staatssozialistischen oder kommunistischen »Volksdemokratien«. Dieser von den Siegern der Russischen Revolution erfundene Begriff wurde in die nach dem Sieg über Faschismus und Nationalsozialismus im Zweiten Weltkrieg von der Roten Armee besetzten Teile Europas exportiert. Verwendet wurde er auch von den kommunistischen Revolutionären in Jugoslawien und in vielen Entwicklungsländern, in denen revolutionäre Eliten die Kolonialherrschaft westlicher Mächte abschüttelten. Der Kommunismus steht für die Entfesselung einer für das Leben der arbeitenden Bevölkerung relevanten Politik und für die Erhebung der Arbeiterschaft zu einer heroischen Klasse. Sein demokratischer Augenblick währte allerdings nur kurz. Den Theorien von Karl Marx und Wladimir Iljitsch Lenin zufolge waren die wahren Interessen der Arbeiterschaft nicht die von den Arbeitern selbst formulierten, sondern jene, die dem von Marx in seinen Schriften skizzierten historischen Auftrag der Arbeiterklasse entsprachen. Die große Mehrheit der Arbeiter sei jedoch nicht in der Lage, das zu begreifen, weshalb der Kommunistischen Partei als ihrem Vertreter die Aufgabe zufalle, diese Interessen für sie zu deuten. Da die Feinde der Revolution überall seien, müsse alle Macht in den Händen einer zuverlässigen Führungsschicht liegen. Diskussionen, Widerspruch und alternative Vorschläge wurden unterdrückt. Nachdem Josef Stalin die totale Macht in der Sowjetunion – wie Russland und die in sein Regime eingeschlossenen Nachbarländer damals genannt wurden – an sich gerissen hatte, entfesselte diese bewusste Intoleranz eine Herrschaft des Terrors und der Gewalt, die nicht weniger bösartig war als die des Nationalsozialismus.

In den kommunistisch regierten Ländern Europas entstand nie der Raum für offene Debatten, in dem man ohne Angst vor Bestrafung Kritik an der Regierung üben kann und der die unverzichtbare Grundlage einer Demokratie ist. Nachdem eine reformorientierte neue Führung in Moskau klargemacht hatte, dass nicht mehr auf russische Panzer zur Einschüchterung innenpolitischer Gegner zu rechnen sei, fielen all diese Regime 1990 in sich zusammen. Während die auf liberalen politischen und ökonomischen Prinzipien fußenden Institutionen westlicher Länder, die Ungewissheit akzeptierten und um die Notwendigkeit ständiger Veränderung wussten, sich neuen Herausforderungen gegenüber beweglich zeigten, brach der auf streng hierarchischen Gewissheiten beruhende Staatssozialismus restlos zusammen, sobald er sich nicht mehr auf eine Militärmacht stützen konnte.

Die Geschichte staatssozialistischer Regime überall auf der Welt lässt vermuten, dass Lord Actons Diktum für ihre Machthaber ebenso gilt wie für alle anderen. Seit dem Zusammenbruch des Sozialismus in Russland und Osteuropa hat die Idee einer »Volksdemokratie« fast alle ihre Befürworter verloren. In Bezug auf unser Thema lässt sich daraus zweierlei lernen. Erstens: Die Institutionen, die die liberale Demokratie stützen, sind von erheblicher Wichtigkeit – selbst wenn sie zugleich zur Aufrechterhaltung postdemokratischer Verhältnisse beitragen. Zweitens: Die Korruption liberaler Demokratien durch Reichtum bleibt ein Problem. Auf beide Aspekte kommen wir später zurück.

Die Geschichte der Volksdemokratien von der Russischen Revolution bis zum Zusammenbruch des Systems 1990 lässt sich nicht als Beispiel für den parabolischen Verlauf der Demokratie deuten, da es in ihnen nie zu einer Zunahme demokratischer Praktiken oder Institutionen gekommen ist. Diktatur und Verfolgung hatten sich in Russland seit Mitte der zwanziger Jahre und in den Ländern, in denen die Rote Armee den Staatssozialismus erzwang, bereits von Beginn an durchgesetzt. Ihr Erbe zeigte sich daran, wie schwer es den ehemaligen Ostblockländern nach 1990 fiel, demokratische Institutionen zu etablieren. In Russland und seinen unmittelbaren Nachbarn sind sie, so es sie überhaupt gibt, bis heute überaus fragil geblieben, und die Macht der Exekutive wird dort regelmäßig missbraucht, um politische Gegner mundtot zu machen. Die mitteleuropäischen Länder, die sich der Europäischen Union angeschlossen haben, haben es besser gemacht, obwohl auch sie erhebliche Schwierigkeiten bei der Etablierung stabiler Parteiensysteme haben und stark in Richtung Autoritarismus neigen. Darauf werden wir in späteren Kapiteln ebenfalls noch zu sprechen kommen.

Eine Postdemokratie kann nur auf der Grundlage einer über längere Zeit stabilen Demokratie entstehen, deren Praktiken und Institutionen, so wertvoll sie für sich genommen sind, durch ihren Fortbestand den Anschein erwecken, es stehe alles zum Besten. Denn postdemokratische Verhältnisse setzen einen auf Ermüdung beruhenden Unwillen voraus, seinen Pflichten als politischer Bürger weiterhin gerecht zu werden, eine Erschlaffung, die mit dem selbstzufriedenen Glauben einhergeht, die Demokratie sei in sicheren Händen und müsse deshalb nicht unbedingt praktisch ausgeübt werden.

Ein Meilenstein auf dem Weg zur Postdemokratie sind daher die amerikanischen Präsidentschaftswahlen des Jahres 2000. Angesichts des knappen Ausgangs kam der begründete Verdacht auf, dass die Wahl in einem Staat zugunsten des siegreichen Republikaners George W. Bush manipuliert worden sei – nämlich im von Bushs Bruder Jeb regierten Florida. Die Sache ging vor Gericht. Es gab Demonstrationen gegen das Wahlergebnis, an denen vor allem schwarze Amerikaner teilnahmen – die vorherrschende Sorge im Land war aber offenbar die, dass sich der Streit über das Wahlergebnis nachteilig auf die Börsen auswirken könne und daher schnellstmöglich beendet werden müsse. In jedem Fall hatte die Wahlbeteiligung bei nur knapp über 50 Prozent gelegen. Erst sechs Jahre zuvor hatten rund 87 Prozent der Südafrikaner an den ersten allgemeinen Wahlen in ihrem Land teilgenommen, bei denen die schwarze Bevölkerungsmehrheit wahlberechtigt war. Vor den Wahllokalen hatten sich lange Schlangen gebildet. Das war ein demokratischer Augenblick gewesen.

Bei den US-Präsidentschaftswahlen im November 2020 wiederum war, im Gegensatz zu denen im Jahr 2000, die Wahlbeteiligung die höchste, die in der Geschichte des uneingeschränkten Erwachsenenwahlrechts in den Vereinigten Staaten je erreicht worden ist. War das der Beginn eines neuen Augenblicks der Demokratie? Darüber wird in einem der folgenden Kapitel nachzudenken sein.

2. Ungleichheit und Korruption

Dass man sich mit Geld politischen Einfluss kaufen kann, ist ein Problem für eine Demokratie. Hinsichtlich ihres Stimmrechts sind alle Bürger gleich, nicht aber hinsichtlich ihres Vermögens – das ist eines der großen ungelösten Probleme liberaler Demokratien. Solange sich die ökonomische Ungleichheit im Rahmen hält oder gar zurückgeht – und solange sie in politischen Prozessen keine große Rolle spielt –, ist die Spannung, die sich daraus ergibt, erträglich. Doch der Neoliberalismus, der heute in den meisten Volkswirtschaften dominiert, hat das Problem in zweierlei Hinsicht verschärft. Zum einen ist er für den signifikanten Anstieg der materiellen Ungleichheit verantwortlich, zum anderen hat er den Einsatz von Reichtum zur politischen Einflussnahme legitimiert. Und mit Letzterem geht ein weiteres Problem einher: das der Korruption.

Grundsätzlich ist kein politisches und kein Wirtschaftssystem gegen Korruption immun. In nichtdemokratischen Systemen, in denen eine Regierung weitgehend hinter verschlossenen Türen agieren kann und Kritiker verfolgt werden, ist Korruption an der Tagesordnung. Wenn man ohne jedes Risiko die Macht der Staatsorgane nutzen kann, um für sich selbst, seine Freunde und Verwandten Geld herauszuschlagen, warum sollte man es dann nicht tun? Das Verfahren funktioniert in jedem diktatorischen Regime, ob es wie eine Monarchie von einer herrschenden Familie, von Militärs oder von einer kommunistischen Partei angeführt wird, deren Vorsitzendem sämtliche Ressourcen eines allmächtigen Staatsapparats zur Verfügung stehen.

In einer Demokratie, in der die Opposition und eine neugierige Presse stets nach Verdächtigem Ausschau halten, liegen die Dinge anders. Doch eine Regierung kann vieles von dem, was sie tut, vor den Medien verbergen, und einem charismatischen Anführer mit entsprechender parlamentarischer Rückendeckung ist es auch heute noch möglich, ein öffentliches Amt in ein persönliches Lehen zu verwandeln. Wo Korruption um sich greift, hoffen zudem die Oppositionsparteien nicht selten, die diese nährenden Netzwerke gleichsam zu erben, wenn sie selbst an die Macht kommen, und halten sich daher mit kritischen Nachfragen zurück. Vieles hängt dabei von der Kultur ab, die sich in einer Partei oder Behörde entwickelt hat. Wo es bislang keine Korruption gab, ist sie nur schwer in Gang zu bringen, da die dort geltenden Regeln der Offenheit und Verantwortung sie im Keim ersticken. Sobald sie jedoch vorherrschend wird, kann es geradezu unmöglich sein, sie auszurotten, da so viele an ihren Futtertrögen hängen.

Im Neoliberalismus kommt es häufig dadurch zu Korruption, dass bestimmte zuvor verpönte Verhaltensweisen als nicht korrupt definiert werden. Das passt zu den Verhältnissen einer Postdemokratie, in der die öffentlichen Angelegenheiten in den Händen überlappender Eliten aus Wirtschaft und Politik liegen, die sich an Regeln zu halten behaupten, die in Wirklichkeit längst ausgehöhlt sind und die sie nach Belieben verbiegen können. Im Folgenden werden wir uns zunächst mit der Frage befassen, auf welche Weisen die zunehmende Ungleichheit die Demokratie schwächt, und anschließend dem Verhältnis nachgehen, in dem die politische Nutzung von Reichtum, die Korruption und die Schwächung der Demokratie zueinander stehen (ausführlichere Darstellungen zu diesen Themen finden sich in Crouch 2017 und 2016a).

Eine liberale Demokratie operiert auf zwei Ebenen: einer formalen und einer informellen. Zu ersterer gehören die Wahlen, deren wichtigste Grundlage die durch Regeln garantierte Gleichheit aller Stimmen ist, zu letzterer das Hin und Her der Debatten, die Lobbyarbeit, der Aufbau politischen Drucks – also all das, was sich außerhalb der Wahlen zwischen »denen da oben« und der sogenannten Zivilgesellschaft abspielt. Sie ist der Ort, an dem soziale Bewegungen agieren und den Forderungen Gehör verschaffen, denen die Demokratie ihre Lebendigkeit verdankt, aber auch ein Bereich, in dem sich die politische Macht von Wohlstandsunterschieden spürbar auswirkt. Denn auf der informellen Ebene der Politik gibt es keine Gleichheitsgarantien – und daraus entsteht ein zentrales Dilemma heutiger demokratischer Praxis. Wie schwer es wiegt, hängt vom Maß der ökonomischen Ungleichheit in einer Gesellschaft ab.

Um nachzuweisen, dass Ungleichheit kein großes Hindernis für demokratische Verhältnisse sei, entwickelten US-Ökonomen in den fünfziger und sechziger Jahren des 20. Jahrhunderts die Theorie des Pluralismus beziehungsweise präziser der Polyarchie, die den Wettbewerb einer Vielfalt gesellschaftlicher Kräfte beschreibt (vgl. Dahl 1961, 1971). Ihnen zufolge ist das demokratische Erfordernis einer relativen Gleichheit aller Bürger dann erfüllt, wenn hinreichend viele gesellschaftliche Gruppen unter Verwendung unterschiedlicher Ressourcen Einfluss auf die Politik zu nehmen versuchen und damit regelmäßig nur innerhalb eng begrenzter Bereiche erfolgreich sind. Unter diesen Voraussetzungen könne keine einzelne Interessengruppe Dominanz erlangen. So etwas wie Gleichheit stelle sich dabei nach dem Motto »manchmal gewinnt man, manchmal verliert man, niemand gewinnt oder verliert immer« von selbst her. Dieser demokratische Pluralismus ist eine Analogie zum freien Markt: Unter der Voraussetzung, dass es genügend Marktteilnehmer gibt, kann kein Anbieter allein maßgeblichen Einfluss auf die Preisbildung ausüben.

Die Erfinder des pluralistischen Modells betrachteten die damaligen USA durch die rosarote Brille. Sie ignorierten das Leid der schwarzen Bürger in den Südstaaten, die exaltierten antikommunistischen Aktivitäten des Senators McCarthy und die außergewöhnliche Warnung vor dem politischen Einfluss des »militärisch-industriellen Komplexes«, die Präsident Eisenhower in seiner Abschiedsrede 1961 äußerte. Trotz alledem waren die USA in jener Zeit relativ egalitär, und die Ungleichheit hatte in allen westlichen Gesellschaften den wohl niedrigsten Stand in deren Geschichte erreicht, wie Thomas Piketty (2014) in seiner Untersuchung zu den langfristigen Trends der Wohlstandsverteilung festgestellt hat. Piketty zeigt aber auch, dass diese Zeiten vorbei sind. Seit die neoliberale Politik in den achtziger Jahren Dominanz erlangte, nimmt die Ungleichheit in den meisten entwickelten Ländern stetig zu, am schnellsten in den USA. So sind vor allem die Renditen für den Besitz großer Vermögen stärker gestiegen als die Arbeitseinkommen. Zudem sorgen diverse Mechanismen dafür, dass die Reichsten besonders hohe Zugewinne verzeichnen. Daraus folgt unvermeidlich eine Zunahme der Ungleichheit. Immer größere Anteile des Wohlstands und der Einkommen gehen an eine sehr kleine Minderheit, das oberste Promille oder gar Zehntelpromille der Gesellschaft.

Die Organisation für wirtschaftliche Zusammenarbeit und Entwicklung (OECD) führt diese Dynamik auf mehrere Ursachen zurück (OECD 2011, S. 122ff.). Eine erhebliche Rolle spielt ihr zufolge, dass der Finanzsektor und die zu ihm gehörigen Dienstleistungsunternehmen enorm an Bedeutung gewonnen haben. Das ermöglicht ihnen eine außergewöhnlich wirksame Lobbyarbeit, was wahrscheinlich mit einer anderen Erkenntnis der OECD-Studie in Zusammenhang steht, derzufolge »institutionelle« und politische Kräfte zu den wichtigsten Ursachen der wachsenden Ungleichheit gehören.

Institutionen und vor allem Politiken sind weder unvermeidliche noch neutrale technische Kräfte, sie werden von menschlichen Entscheidern gesteuert. Daher verstärken ökonomische und politische Macht einander in einer Art Rückkopplungsschleife wechselseitig, so dass der große Reichtumszuwachs die Superreichen in die Lage versetzt, Einfluss auf die Politik zu nehmen und Entscheidungen herbeizuführen, die ihren Interessen entsprechen, wodurch sich wiederum ihr Vermögen vergrößert. Besonders deutlich zeigt sich das in der Steuergesetzgebung, die nicht unwesentlich zur wachsenden Ungleichheit beigetragen hat. So wurde der durchschnittliche Spitzensteuersatz in den OECD-Ländern zwischen 1981 und 2010 von 66 auf 42 Prozent abgesenkt (Förster, Llena-Nozal und Nafilyan 2014). Die unteren 90 Prozent der Einkommenspyramide beziehen 70 bis 85 Prozent ihres Einkommens in Form von Löhnen und Gehältern; beim obersten Zehntelpromille machen diese nur 40 Prozent des Einkommens aus, während Unternehmensgewinne, Dividenden und Kapitalgewinne den Hauptteil beisteuern. Diese Einkommensarten haben weit mehr als Einkommen aus Löhnen und Gehältern von Steuersenkungen profitiert.

Der durchschnittliche Steuersatz auf Unternehmensgewinne hat sich in den OECD-Ländern zwischen 1981 und 2010 von 47 auf 25 Prozent fast halbiert, der auf Dividenden sank von 75 auf 42 Prozent (Bastagli, Coady und Gupta 2012). Und das in einer Zeit, in der die Ungleichheit der Einkommen vor Steuern zugenommen hat. Es wäre daher eigentlich zu erwarten gewesen, dass eine demokratisch verantwortungsbewusste Finanzpolitik die Steuerprogression dieser Entwicklung anpasst. Tatsächlich ist in den meisten Ländern das Gegenteil geschehen, wobei Änderungen der Besteuerung die vom Markt ohnehin bewirkte Zunahme der Ungleichheit noch verschärften. Das legt die Vermutung nahe, dass die Interessen der Reichen auf die Regierenden stärkeren Eindruck gemacht haben als die Interessen der Demokratie.

Auch den Bedeutungsverlust von Tarifverhandlungen führt die OECD als eine der institutionellen Ursachen für die gestiegene Ungleichheit an. Unter ihm leiden die unteren 60 Prozent der Einkommensbezieher vermutlich am stärksten. Man kann allerdings über die Analyse der OECD hinaus noch Veränderungen bestimmen, die breitere Ungleichheiten und politische Prozesse betreffen. So besteht ein enger, wenn auch um weitere Aspekte zu ergänzender Zusammenhang zwischen der Reichweite von Tarifverhandlungen und der Macht von Gewerkschaften (gemessen am Organisationsgrad der Arbeitnehmerschaft und der Einbindung der Gewerkschaften in Steuerungsmechanismen). Und die Macht der Gewerkschaften korreliert deutlich mit der Ungleichheit nach Steuern und Transferleistungen: je größer der Einfluss von Arbeitnehmervertretungen, desto mehr Umverteilung bewirkt das Fiskalsystem (Crouch 2016b, 6. Kapitel). Tarifverhandlungen, gewerkschaftlicher Organisationsgrad und fiskalische Umverteilung sind überall im Niedergang, und damit schwindet der Einfluss einer Institution, die in pluralistischeren Zeiten eine der wichtigsten Gegenkräfte gegen das Kapital war.

Ein anderes Konzept aus der Pluralismusdebatte der sechziger Jahre erklärt, warum die Inhaber großer Vermögen eine Macht ausüben können, die für Gruppen gewöhnlicher Bürger unerreichbar ist. Mancur Olson (1965) entwickelte eine Theorie des kollektiven Handelns, die davon ausgeht, dass es für den einzelnen Bürger mit erheblichen Schwierigkeiten verbunden ist, sich in einem Kollektiv an politischen Verhandlungen zu beteiligen. Wenn eine Bewegung groß genug und ihr Erfolg damit wahrscheinlich sei, komme es nicht mehr auf den Einzelnen an, der für seine Teilnahme an ihr einen vergleichsweise hohen persönlicher Aufwand treiben müsse, dessen Nutzen für die Bewegung aber gering wäre. Damit sinke zugleich der Anreiz für den Einzelnen, sich ihr anzuschließen. Falls die Bewegung zudem einen Nutzen nicht für ihre Mitglieder, sondern primär für die Allgemeinheit anstrebe, profitiere der Einzelne auch dann von ihrem Erfolg, wenn er sich nicht in ihr engagiere – und auch dann bestehe nur ein geringer Anreiz zur Beteiligung.

Olson postulierte, dass das freiwillige Tätigwerden Einzelner eine unabdingbare Voraussetzung für koordiniertes kollektives Handeln sei. Die Besitzer enormer Vermögen jedoch sind, insbesondere wenn sie Führungspositionen in großen Unternehmen bekleiden, in einer anderen Situation. Sie müssen keine Mitglieder rekrutieren, um eine Organisation zu gründen; falls sie überhaupt Helfer brauchen, können sie sie einfach einstellen. Das Problem der Koordinierung stellt sich dem, der über erhebliche Geldmittel verfügt, in weit geringerem Maß. Genau dieses Werkzeugs bediente sich etwa der im vorigen Kapitel erwähnte Silvio Berlusconi. Hinsichtlich der Problematik der Koordinierung kollektiven Handelns bilden sehr wohlhabende Menschen daher eine Ausnahme, solange für sie nur hinreichend Anreiz besteht, sich überhaupt einmischen zu wollen. Und das ist überall dort der Fall, wo staatliche Stellen die Möglichkeit haben, private Interessen zu fördern oder zu hemmen. Die dem alten pluralistischen Modell zugrundeliegende Annahme, dass die Unternehmen lediglich einen Teil der vielfältigen Interessen in einer Marktwirtschaft repräsentieren, ist hinfällig, wenn es sich um gewaltige Konzerne in einer Zeit zunehmender Ungleichheit handelt – ein Umstand, vor dem zwei führende US-amerikanische Pluralismus-Theoretiker schon zu Beginn der derzeitigen Entwicklung ausdrücklich gewarnt haben (Dahl 1982, Lindblom 1977).

2010 schätzte der Internationale Währungsfonds (IWF) die Aufwendungen US-amerikanischer Unternehmen für politische Aktivitäten im vorangegangenen vierjährigen Wahlzyklus auf 4,2 Milliarden US-Dollar. Dabei hätten sich insbesondere Unternehmen aus dem Hochrisikobereich des Finanzsektors hervorgetan (IMF 2010). Simon Johnson (2009), ehemaliger Chefökonom des IWF, behauptet, dass der Finanzsektor in den Jahren vor der Finanzkrise von 2008 die Herrschaft über den amerikanischen Staat an sich gerissen habe, und zwar auf eine Weise, wie man sie eher mit Entwicklungsländern in Verbindung bringe.

Unter der Präsidentschaft Donald Trumps hat diese Entwicklung angehalten und sich noch verschärft (Potter 2018). Allerdings ist das auch keine Überraschung. So hat der Oberste Gerichtshof der USA die Lobbyarbeit von Unternehmen explizit erleichtert. 2010 hob er eine Vorschrift der mit der Regulierung der Wahlkampffinanzierung beauftragten Federal Election Commission auf, mit der die Höhe der Wahlkampfspenden von Firmen begrenzt werden sollte, und begründete seine Entscheidung damit, dass die Verfassung der USA Organisationen dieselben Rechte einräume wie Individuen. Damals bestand das Gericht noch auf einem Verbot von Spenden an einzelne Kandidaten (US Supreme Court 2010). Vier Jahre später hob es auch diese Einschränkung auf (US Supreme Court 2014). Heute sind dem Einsatz von Geldmitteln zur Einflussnahme auf politische Entscheidungen in den USA praktisch keine Grenzen mehr gesetzt.

Damit steht das Land allerdings nicht allein da. Pierre France und Antoine Vauchez (2017) haben die engen Beziehungen zwischen Amtsinhabern und privaten Interessen in Frankreich aufgedeckt. In Deutschland kommen die Parteien, anders als in den USA, in den Genuss einer großzügigen staatlichen Finanzierung und sind daher weniger auf Spenden aus der Wirtschaft angewiesen. Doch hat kürzlich eine Studie des Max-Planck-Instituts für Gesellschaftsforschung in Köln gezeigt, dass sich die deutschen Regierungen aller Parteikonstellationen mindestens seit den achtziger Jahren des vergangenen Jahrhunderts stärker an den Wünschen von Konzernen und wohlhabender Eliten als an denen der ärmeren Bevölkerung orientiert haben (Elsässer, Hense und Schäfer 2018). Entsprechende Untersuchungen in anderen westlichen Demokratien würden vermutlich zu ähnlichen Befunden kommen. Das ist ein wichtiges Indiz dafür, dass sich der Kernbereich politischer Entscheidungsfindung in einer Postdemokratie immer mehr in den Bereich kleiner, sich personell überlappender Eliten aus Politik und Wirtschaft verschiebt.

Von der Lobbyarbeit zur Meinungsmanipulation

Der Lobbyismus der Superreichen richtet sich vor allem auf führende Politiker und nutzt die privaten Zirkel postdemokratischer Eliten. Allerdings lässt sich Reichtum auch dazu verwenden, die Meinungen der Durchschnittsbürger zu beeinflussen. Die Ausbreitung der sozialen Medien hat dafür in den letzten Jahren ganz neue Möglichkeiten eröffnet. So kann man über das Internet zielgruppengenaue Botschaften versenden und zugleich den Eindruck erwecken, dass diese von großen Bürgerbewegungen stammen, während sie tatsächlich von wenigen Superreichen ausgehen. Die nötigen Mittel können, da es sich um aufwendige Prozesse handelt, nur Staaten oder Milliardäre aufbringen. Zunächst muss man (oft auf illegalen Wegen) aus den sozialen Medien Daten über die Neigungen abschöpfen, die die Nutzer bei ihren Websuchen und Einkäufen verraten. Anschließend müssen anhand dieser Vorlieben gezielte Botschaften für genau diesen Personenkreis zugeschnitten und von einer großen Zahl dem Anschein nach unabhängiger Quellen aus abgeschickt werden. Ironischerweise erwecken die meisten dieser Kampagnen den Eindruck, von den populistischen Gegnern der Eliten zu kommen. Das geht noch einmal erheblich über meine damalige Vorstellung von der Politik unter postdemokratischen Verhältnissen hinaus, da es sich um durch und durch unauthentische Kampagnen handelt

Das erste prominente Beispiel dafür war die um 2009 in den USA entstandene Tea-Party-Bewegung. Sie unterstützt die meisten politischen Ideen der konservativen Republikanischen Partei, lehnt wie diese eine staatliche Krankenversicherung, die Mehrzahl der Steuern, praktisch jede Regulierung der Wirtschaft sowie sämtliche Maßnahmen gegen Umweltverschmutzung und Klimawandel ab. Dabei gibt sie sich den Anschein einer Graswurzelbewegung und tut so, als stammten ihre Mittel von vielen einzelnen Bürgern, die angeblich ihre Agenda bestimmen, während sie in Wirklichkeit in erheblichem Umfang von einigen wenigen Milliardären finanziert wird, allen voran den Koch-Brüdern, die auch ihre Politik vorgeben. Darum haben sarkastische Kritiker die Tea Party als »Astroturf-Bewegung«* bezeichnet. Der Fall ist

* »Astroturf« ist der Markenname eines Kunstrasens, »Astroturf-Bewe-

ein Beispiel dafür, dass die Superreichen nicht vor den Problemen kollektiven Handelns stehen, die es normalen Bürgern erschweren, eine schlagkräftige Interessenvertretung auf die Beine zu stellen. Die Koch-Brüder und andere Superreiche finanzieren zudem ein breites Spektrum akademischer Forschungsinstitutionen und Denkfabriken in den USA, Großbritannien und anderswo, die ihre Kampagnen gegen Wirtschaftsregulierungen unterstützen und dabei den Eindruck erwecken, die inhaltlich weitgehend identischen Lösungsvorschläge stammten von einer Vielzahl unterschiedlicher Experten (Diamond 1995 bietet eine frühe Untersuchung dieses Phänomens; in jüngerer Zeit hat sich Nancy MacLean [2018] mit der Frage beschäftigt, inwiefern die Spenden von Milliardären der neoliberalen »Public Choice«-Theorie an US-Universitäten und in Denkfabriken übermäßigen Einfluss verschafft haben).

Jamie Susskind (2018) hat analysiert, welche Machtverschiebungen eintreten, wenn wir als Internetuser (in aller Regel unbewusst) zulassen, dass große Mengen persönlicher Daten an jene übertragen werden, die über das Geld und die Motivation verfügen, diese Daten mittels geeigneter Technologien zu sammeln und auszuwerten, um uns gezielte Botschaften zukommen zu lassen. Das Verfahren wird meist für personalisierte Werbung benutzt, doch wie Susskind zeigt, hat es erhebliche Folgen für die Politik. Menschen neigen dazu, Berichte über Ereignisse für wahrer, Meinungen für richtiger zu halten, wenn sie nicht nur aus einer, sondern aus vielen (scheinbar) unterschiedlichen Quellen auf ihrer per-

---

gung« die spöttische Bezeichnung für eine nicht spontan entstandene, sondern zu politischen Zwecken künstlich herbeigeführte scheinbare »Graswurzelbewegung« (Anm. d. Übers.).

sönlichen Social-Media-Seite erscheinen. Wer den Eindruck erwecken kann, dass die von ihm ausgesandten Nachrichten tatsächlich aus vielen verschiedenen Quellen stammen, kann sich auf diese Weise also erheblichen politischen Einfluss verschaffen. Die sozialen Medien, die einmal eine neue Allmende zu werden schienen, ein für alle zugänglicher öffentlicher Raum, befördern in Wahrheit eine Privatisierung der Öffentlichkeit, deren Räume zunehmend von Superreichen dominiert werden.

Durch die Recherchen der britischen Investigativ-Journalistin Carole Cadwalladr ist insbesondere der US-amerikanische Multimilliardär Robert Mercer ins Rampenlicht gerückt, der über verschiedene Kanäle das IT-Unternehmen Cambridge Analytica finanziert hat, das auf die beschriebene Form der zentral ausgesandten Massenbotschaft spezialisiert war. Mercer steht Donald Trump nahe, Cambridge Analytica war sowohl in Trumps Präsidentschaftswahlkampf 2016 als auch bei der illegalen Unterstützung der erfolgreichen »Leave«-Kampagne in Großbritannien im selben Jahr beteiligt. Zudem gibt es eindeutige, offiziell bestätigte Indizien dafür, dass die russische Regierung bei den Cyberaktivitäten im Rahmen der Brexit- und Trump-Kampagnen ebenfalls eine aktive Rolle spielte, etwa indem sie der Brexit-Bewegung auf illegale Weise um die 8 Millionen Pfund Sterling zukommen ließ (UK Electoral Commission 2018).

Schätzungen des Internet Institute der Universität Oxford zufolge fanden im Jahr 2017 in 48 Ländern auf diese Weise finanzierte Kampagnen zur politischen Manipulation über die sozialen Medien statt (Howard und Woolley 2018). Diese Kampagnen unterhalten undurchsichtige Verbindungen zu Websites, auf denen die verschiedensten Verschwörungsmythen verbreitet werden – von dem sehr alten Argwohn, die Welt werde von einer kleinen jüdischen Elite beherrscht, bis zu weit jüngeren Erfindungen, denen zufolge linke Eliten Pädophilenringe betreiben.

Man ist versucht, derartige Ideen als Wahngebilde kleiner Randgruppen abzutun, doch das könnte unklug sein. Antisemitische Motive sind in der Vergangenheit immer wieder von mächtigen Regimen mit verheerenden und mörderischen Folgen instrumentalisiert worden. Der wichtigste Kolporteur der vermeintlichen Pädophilenverschwörung, QAnon, hat den Amtsinhaber bei den Präsidentschaftswahlen im vergangenen Jahr mit der Behauptung unterstützt, nur Trump könne die Welt vor der pädophilen liberalen Elite retten. Trump hat sich von diesen über das Internet verbreiteten Mythen nie distanziert, und mit der Republikanerin Marjorie Taylor Greene wurde in Georgia eine bekennende QAnon-Anhängerin zur Kongressabgeordneten gewählt.

Die Hauptabsicht solcher Botschaften ist die Unterstützung fremdenfeindlicher und anderer kulturkonservativer populistischer Bewegungen. Deren Verhältnis zum Neoliberalismus, zum Reichtum und zur Postdemokratie ist zutiefst widersprüchlich; wir werden das im fünften Kapitel näher betrachten. Für unsere gegenwärtigen Überlegungen kommt es in erster Linie jedoch auf den Zusammenhang zwischen der Vermögensungleichheit und der Fähigkeit an, eine hochgradig postdemokratische Form scheinbar zivilgesellschaftlicher Tätigkeit zu organisieren.

Neue Formen der Korruption

Andere neoliberale Herausforderungen für die Demokratie lassen sich am besten unter der Überschrift Korruption fassen.

Der Theorie zufolge kann es politische Korruption in neoliberalen kapitalistischen Regimen nicht geben. Die klassische Wirtschaftstheorie weist dem Staat in einer freien Marktwirtschaft eine Nebenrolle zu – und damit wäre mit dem Versuch, sich Einfluss auf ihn zu verschaffen, nichts zu gewinnen. Aufgabe der Behörden ist allein die Aufrechterhaltung des Wettbewerbs auf dem Markt durch Verhinderung von Monopolen und Oligopolen. Korruption wäre demnach nur in Regimen möglich, in denen staatliche Einrichtungen eng mit ausgewählten Unternehmen – in Frankreich sprach man einst von »nationalen Champions« – zusammenarbeiten.

In den vorbildlichen Traditionen liberaler Staaten im 19. und 20. Jahrhundert gab es zudem strenge Regeln, die darauf abzielten, eine angemessene Distanz zwischen Amtsinhabern und Privatunternehmern zu wahren, und in denen sich das Verhältnis widerspiegelte, in dem Politik und Wirtschaft in einer Marktökonomie zueinander stehen sollten. Diese Regeln waren zwar wirtschaftsliberaler Herkunft, gefielen aber auch den sozialdemokratischen Parteien, die dem Einfluss wohlhabender Geschäftsleute naturgemäß argwöhnisch gegenüberstanden. Daher herrschte breiter Konsens hinsichtlich ihrer Geltung, selbst wenn Korruption und illegitime Einflussnahme der Wohlhabenden auf die Politik in der Praxis häufiger vorkamen.

Da der Neoliberalismus meist mit der neoklassischen Wirtschaftstheorie assoziiert wird, ist es umso überraschender, dass seine Vertreter mit dieser Tradition gebrochen haben. Zur Begründung führen sie zweierlei an: die gewandelte Bedeutung, die sie dem Wettbewerb beimessen, und die Einführung der »Öffentlichen Reformverwaltung« beziehungsweise des New Public Managements (NPM). Nicht wenige neoliberale Autoren vertreten die Auffassung, die durch den Wettbewerb ermöglichte Wahlfreiheit der Verbraucher sei weniger wichtig als die durch Effizienzsteigerungen verbesserte »Konsumentenwohlfahrt«.

Auch die Verfechter des NPM legen keinen Wert auf die Aufrechterhaltung der Distanz zwischen Wirtschaft und Politik. Weil sie glauben, dass Staat und Behörden prinzipiell inkompetent sind, beharren sie zwar auf dem alten Grundsatz, der Staat habe sich aus der Wirtschaft herauszuhalten, befürworten aber zugleich die Einmischung der Wirtschaft in den Staat, durch die sich dessen Leistungsfähigkeit erheblich steigern lasse. Auch die Erbringung von Dienstleistungen durch den Staat lehnen sie ab – falls diese wirklich nötig seien, sollten sie zumindest in der Hand von Privatunternehmen liegen. Dadurch kommt es zu einer dritten Veränderung des klassischen Verständnisses der Aufteilung in private und staatliche Sphären. Alle drei Entwicklungen befördern das Korruptionsrisiko und tragen zur Entstehung postdemokratischer, von den gewöhnlichen Bürgern abgekoppelter Eliten in Wirtschaft und Politik bei. Im Folgenden werden wir sie nacheinander betrachten.

Unvollkommener Wettbewerb und konzernfreundlicher Neoliberalismus

Die neoklassische Wirtschaftstheorie beruht auf der Vorstellung, der Markt sei ein Ort, an dem eine Vielzahl von Anbietern und Nachfragern zusammentreffen. Unter dieser Voraussetzung ist eine Anhäufung von Macht in den Händen einzelner Marktteilnehmer unmöglich, weshalb die Idee des Marktes zu der einer Demokratie passt, in der die Ungleichheit gering ist und Meinungspluralismus herrscht.

Auf einem »echten« Markt ist sowohl der Eintritt neuer wie der Austritt ineffizienter Anbieter jederzeit ohne weiteres möglich. Die Konkurrenz zwischen den Produzenten sichert nicht nur die Wahlfreiheit der Konsumenten, sondern sorgt auch dafür, dass weder einzelne Anbieter noch eine kleine Anbietergruppe den Markt dominieren können. Ungleichheit besteht zwar hinsichtlich des Einkommens, da die Produzenten in ihrem Wohlstandsstreben einen vom Marktsystem unterstützten Anreiz haben, ihr Angebot stetig zu verbessern, um mehr Kundschaft anzuziehen. Doch bleibt diese Ungleichheit im Rahmen, da hohe Gewinne in einem bestimmten Geschäftsbereich andere Anbieter anlocken, die das Angebot verbreitern, wodurch die Gewinne wieder sinken. Das funktioniert, solange die Voraussetzung des leichten Marktzugangs für neue Anbieter erfüllt ist.

Die Erfüllung dieser Voraussetzungen ist so wichtig, dass sogar die klassische Wirtschaftstheorie, obwohl sie Eingriffe des Staats in die Wirtschaft eigentlich grundsätzlich ablehnt, die Installation wirksamer Wettbewerbshüter vorsieht, die Monopole verhindern und Situationen aufbrechen sollen, in denen nicht hinreichend viele Anbieter miteinander konkurrieren, um einen echten Markt zu bilden. In einigen zentralen Wirtschaftsbereichen ist es jedoch kaum möglich, eine große Zahl von Anbietern aufrechtzuerhalten. In manchen – etwa dem Energiesektor, dem Auto-, Flugzeug- oder Schiffsbau und der Massenproduktion von Arzneimitteln – sind hohe Anfangsinvestitionen nötig, die ein erhebliches Hindernis für den Markteintritt neuer Anbieter darstellen. Andere Bereiche, etwa die Lebensmittelindustrie, erfordern umfassende Vertriebsnetze, was ähnliche Folgen hat. In jüngster Zeit sind gigantische Konzerne im Bereich der Informationstechnologie entstanden, die über Quasi-Monopole verfügen.

Das Aufkommen des Internets eröffnete zunächst eine Vielzahl neuartiger Geschäftsmöglichkeiten. In manchen Bereichen bestehen diese auch weiterhin, doch das Internet ist, wie der Name schon sagt, ein Netz aus Netzwerken – und diese besitzen eine folgenschwere ökonomische Eigenheit. Der Wert eines Netzwerks wird direkt durch seine Größe bestimmt, wobei dem größten Netzwerk noch einmal zusätzliche Vorteile zufließen. Niemand schließt sich einem siebt- oder zehntgrößten Netzwerk an, denn der Nutzen des Netzes steigt mit seiner Größe – der Fachbegriff dafür lautet »Netzwerk-Externalität«. Daher sind in kurzer Zeit einige wenige internetbasierte Monopolunternehmen (Apple, Microsoft, Google, Facebook usw.) praktisch über Nacht zu den größten und wertvollsten Firmen der Welt geworden.

Etwas später sind die sogenannten Plattform-Unternehmen hinzugekommen, die das Internet nutzen, um Dienstleistungen zu vermarkten, die nichts mit IT zu tun haben: Taxidienste, Paketzustellung und Essenslieferung, Kurzurlaube oder, wie Amazon, ein ganzes Spektrum von Produkten und Dienstleistungen. Sie unterliegen derselben Logik wie Netzwerke: Auch hier entscheiden sich Benutzer gewöhnlich für den größten verfügbaren Anbieter. Ein weiterer Faktor kommt hinzu: Wenn ein Unternehmen beschließt, eine Monopolstellung (oder wenigstens eine erhebliche Einschränkung des Wettbewerbs) anzustreben und dafür eine Zeitlang Verluste in Kauf zu nehmen in der Lage ist, kann es seine Preise so niedrig ansetzen, dass kleinere Konkurrenten aufgeben müssen, anschließend den Lohn seiner damit erreichten Netzwerkdominanz einstreichen und die Preise nach Belieben erhöhen.

Die Ökonomen sind diesem Problem gegenüber geteilter Meinung: Einige sehen keine andere Lösung, als immer weiter auf einen funktionierenden Wettbewerb hinzuarbeiten, andere halten einen eingeschränkten Wettbewerb für vorteilhaft und raten, nichts gegen ihn zu unternehmen (Bork 1978,

Posner 2001). Sie versuchen nachzuweisen, dass sich Skalenerträge, also Effizienzgewinne durch Großproduktion, praktisch unbegrenzt steigern lassen und es daher aus Sicht der »Konsumentenwohlfahrt« – die in ihren Augen wichtiger ist als die Wahlfreiheit – keinen Grund gibt, auf echten Märkten zu beharren. Anders als die neoklassischen Ökonomen sehen sie die Anforderungen einer Wettbewerbsordnung bereits dann als erfüllt an, wenn die »markt«dominierenden Unternehmen aus einem Wettbewerb als Sieger hervorgegangen sind – auch wenn der Wettbewerb damit praktisch beendet ist.

Hier lassen sich zwei Erscheinungsformen des Neoliberalismus unterscheiden: Auf der einen Seite stehen marktfreundliche Neoliberale, denen funktionierende Märkte das Wichtigste sind, auf der anderen konzernaffine Neoliberale, die die Vorzüge großer, oligopolistischer Unternehmen verteidigen. Diese Spaltung zeigt sich nicht nur in theoretischen Fragen, sie wirkt sich auch unmittelbar auf das Wettbewerbsrecht aus. Die marktfreundlichen Neoliberalen setzen auf das Kartellrecht, also etwa die »Anti-trust«-Gesetze in den USA, die Unternehmenskonzentrationen verhindern sollen, während mit den Argumenten des konzernaffinen Neoliberalismus sympathisierende Handelsgerichte die entsprechenden Vorschriften kaum noch anzuwenden pflegen.

Konzernaffine Neoliberale kümmern sich in der Regel nicht um die politischen Folgen, die sich – etwa in Form wachsender Ungleichheit oder für politische Zwecke einsetzbarer Riesenvermögen – aus ihrem Ansatz ergeben. Tun sie es doch, behaupten sie einfach, dass sich der Staat lediglich aus der Wirtschaft heraushalten müsse, um den Unternehmen jeglichen Anreiz für eine Einmischung über Lobbyisten zu nehmen. Dieser Vorschlag ist allerdings mehr als blauäugig, nicht nur weil kapitalistische Ökonomien bei riskanten Innovationen und hinsichtlich der Infrastruktur regelmäßig auf staatliche Unterstützung angewiesen sind.

Wie die Finanzkrise gezeigt hat und wir im nächsten Kapitel ausführlich nachzeichnen werden, kommt es vor, dass von wenigen Unternehmen dominierte Wirtschaftssektoren derartige strategische Bedeutung für die nationale (oder globale) Ökonomie erlangen, dass der Zusammenbruch auch nur einzelner solcher »systemrelevanten« Unternehmen zu einer ernsthaften Erschütterung des gesamten Systems führen könnte. Das gilt mit Sicherheit für das Bankwesen; wahrscheinlich trifft es auch auf die Bereiche Energie, Verteidigung und (um ein Argument vorwegzunehmen, das ich unten ausführlicher darlegen werde) auf einige privatisierte öffentliche Dienstleistungen zu. Obgleich sowohl marktfreundliche Neoliberale wie sozialdemokratische Kritiker die Auffassung vertreten, dass man den Zusammenbruch einiger Großkonzerne zulassen müsse, um die Überlebenden davon abzuhalten, künftig ähnliche Risiken einzugehen, können Regierungen in der Praxis dem Schicksal gewisser Sektoren kaum gleichgültig gegenüberstehen.

Es lässt sich nicht abschließend sagen, für welche Wirtschaftsbereiche das gilt – eine Regierung davon zu überzeugen, dass eine bestimmte Branche »systemrelevant« ist, gehört zu den Aufgaben der diese gegenüber der Politik vertretenden Lobbyisten. Für die in solchen Sektoren tätigen Unternehmen besteht also zweifellos der Anreiz, politisch aktiv zu werden, da sie auch dann, wenn die Regierungen sich lieber heraushalten würden, erhebliche Unterstützung vom Staat erwarten können. In Deutschland hat man Hinweise darauf gefunden, dass mit wachsender Konzentration in einem Sektor die Gewinnanteile der Kapitaleignerseite steigen und die der Arbeitnehmerseite sinken – was den Trend zu wachsender Ungleichheit verstärkt (Ponattu, Sachs und

Weineit 2018). Der unverhältnismäßig große politische Einfluss, den in einigen Sektoren tätige Unternehmen – verglichen mit Unternehmen aus anderen Sektoren, ganz zu schweigen von der übrigen Bevölkerung – infolgedessen ausüben können, ist Teil des wachsenden Machtungleichgewichts, das den Lobbyismus sowohl in marktwirtschaftlicher wie in demokratischer Hinsicht fragwürdig macht.

Neoliberale Autoren behaupten gern, potenziell korrupte Beziehungen zwischen Behörden und bevorzugten Unternehmen seien typisch für die »Vetternwirtschaft« in Japan oder Korea oder den früheren Staatskapitalismus Frankreichs oder Italiens, derartige Missstände würden aber durch die von ihnen geforderten neoliberalen Reformen rasch verschwinden. Das ist jedoch leider nicht geschehen. Vielmehr hat der Neoliberalismus lediglich eine neue Legitimation für unzureichende oder fehlende Regulierungen geliefert, durch die solche Beziehungen bestehen bleiben.

Auf katastrophale Weise wurde das Anfang 2019 deutlich, als beim Absturz zweier Flugzeuge einer indonesischen und einer äthiopischen Fluggesellschaft – beides Maschinen vom Typ Boeing 737 Max 8 – 356 Menschen ums Leben kamen. Die Firma Boeing ist ein Aushängeschild der USA, sie steht im Wettbewerb mit dem europäischen Flugzeugbauer Airbus. Weil Boeing das hochentwickelte neue Flugzeug möglichst schnell in Dienst stellen wollte, soll das Unternehmen beim Bau und bei den Tests auf die nötige Sorgfalt verzichtet haben. Zwar gibt es in den USA mit der Federal Aviation Authority eine unabhängige Flugaufsichtsbehörde, doch wurden deren Budget und Einflussmöglichkeiten in mehreren Wellen neoliberaler »Reformen« derart beschnitten, dass sie Boeing erlaubte, die in behördlicher Verantwortung liegenden Sicherheitsprüfungen mit firmeneigenen Mitarbeitern selbst durchzuführen. Allem Anschein nach waren die

Tests unzureichend; ein fundamentaler Fehler blieb unentdeckt; die Maschinen wurden zugelassen und 356 Menschen starben.

Die heutige Wirtschaft wird in hohem Maß von monopolistischen und wettbewerbsfeindlichen Tendenzen bestimmt. Auch wenn wir die Möglichkeiten der Wettbewerbsaufsicht (und insbesondere des EuGH), das Problem anzugehen, nicht unterschätzen sollten, sind die entsprechenden Behörden selbst ein Beispiel für die Unmöglichkeit einer Entflechtung von Wirtschaft und Politik. Wo ein marktwirtschaftlicher Wettbewerb Qualität und Sicherheit nicht mehr zu garantieren vermag, weil er gar nicht stattfindet, können uns nur Regulierungen weiterhelfen; doch die neoliberale Politik baut diese nach wie vor ab, und große Konzerne verfügen über die Mittel, auf Regulierungsvorhaben Einfluss zu nehmen und sie nach ihren eigenen Vorstellungen zu gestalten. Die Lehre, dass die Einmischung der Wirtschaft in die Politik etwas Gutes sei und nur die Einmischung des Staates in die Wirtschaft etwas Schlechtes, trat daher zu einem äußerst ungünstigen Zeitpunkt auf den Plan und hat in hohem Maße zu postdemokratischen Verhältnissen beigetragen, indem sie die Verlockung der politischen Klasse verstärkt hat, engen Kontakt zu den Wirtschaftseliten zu suchen.

Ein besonders prekärer Aspekt dieses Problems betrifft die sich zu einer Krise auswachsende Zunahme von Hassrede und Desinformation im Internet. Während bei gedruckten Äußerungen Gesetze gegen Verleumdung und ähnliche wohldefinierte Delikte eine gerichtliche Klärung ermöglichen, setzt man bei im Internet verbreiteten Aussagen ganz und gar auf private Lösungen. So wurden die Technologiegiganten, denen die betreffenden Plattformen gehören – etwa Facebook und Twitter –, wiederholt aufgefordert, die bei ihnen veröffentlichten Inhalte selbst zu überwachen und unternehmenseigene Leitlinien dafür zu entwickeln, was als akzeptabel gelten soll.

New Public Management

Neoliberale Theoretiker haben die überkommenen liberalen Vorstellungen, zwischen Vertretern von Staat und Wirtschaft sei eine Distanz zu wahren, zunehmend kritisiert. Ihrer Ansicht nach wird der öffentliche Sektor dadurch von Entwicklungen im privaten Sektor, in dem der Wettbewerbsdruck ständige Innovationen hervorbringe, abgeschnitten.

An die Stelle der alten Vorstellungen trat das Konzept des »New Public Management« (»Öffentliche Reformverwaltung«), das Behörden und öffentliche Dienstleister in die Lage versetzen sollte, annähernd wie Privatunternehmen zu agieren. Es hat die Herausbildung enger Beziehungen zwischen Politikern beziehungsweise Behördenleitungen und den von ihnen beauftragten Unternehmen befördert, da auf diese Weise »unternehmerisches Denken« in staatliche Behörden Einzug halten könne. Aus der einstigen Grenze zwischen Wirtschaft und Staat wurde eine semipermeable Membran: Unternehmen sollten sich in staatliche Angelegenheiten einmischen, während sich der Staat aus der Wirtschaft heraushalten sollte. Dadurch entstand einer der Hauptmechanismen der Legitimierung einer vormals als korrupt identifizierten Praxis, der zugleich die demokratiegefährdende Zunahme der Ungleichheit befördert.

Zusammengenommen haben Monopoltendenzen und NPM die politische Lobbyarbeit für Wirtschaftsinteressen erheblich erleichtert. Ein Beispiel dafür ist das International Life Sciences Institute, eine vorgeblich neutrale wissenschaftliche Organisation, die Forschungsvorhaben durchführt und die EU sowie die US-Regierung in Fragen der Nahrungsmittelgesundheit berät. Wie sich herausstellte, handelt es sich jedoch um eine Lobbyorganisation der Nahrungsmittelindustrie, die mit ihren Studien die Erkenntnisse über die gesundheitsschädlichen Wirkungen von Zucker, Alkohol und anderen Produkten dieser Industrie vernebeln soll (Steele et al. 2019).

Berater aus dem privaten Sektor sind tief ins Innere staatlicher Strukturen vorgedrungen, wo sie nicht nur Ratschläge erteilen, sondern auch politische Entscheidungen vorbereiten und sogar den Ankauf bestimmter Produkte – beispielsweise von Computersystemen ihrer Arbeitgeber – durch die öffentliche Hand empfehlen können. Mitarbeiter US-amerikanischer Firmen der Gesundheitsbranche haben das britische Department of Health and Social Care ausgerechnet in Fragen der Einbindung von Privatunternehmen in die staatliche Gesundheitsfürsorge beraten – eine Praxis, die auf Widerstand stieß, als Privatunternehmen im Kampf gegen das Coronavirus eine dominante Rolle zu übernehmen begannen, wie ich im sechsten Kapitel näher ausführen werde. Politiker und Beamte dürfen nach ihrem Ausscheiden aus dem öffentlichen Dienst als »Consultants« für Privatunternehmen tätig werden und nutzen ihre Kontakte, um ihren neuen Auftraggebern Vorteile bei Ausschreibungen zu verschaffen. Auf diese Weise sind auch ehemalige Technologieberater der Regierungen Obama und Trump in Führungspositionen bei Amazon gekommen, wo sie ihre alten Verbindungen nutzten, um den Verkauf von Amazon-Technologien an die US-Behörden voranzutreiben.

Für britische Ex-Minister verschiedener Parteien ist es inzwischen zur Routine geworden, Geschäftsbeziehungen mit Unternehmen aus den Sektoren einzugehen, für die sie in der Regierung zuständig waren. Der ehemalige sozialdemokratische Bundeskanzler Gerhard Schröder, in dessen Amtszeit wichtige Verträge über russische Gaslieferungen an Deutschland abgeschlossen worden waren, trat anschließend in den Aufsichtsrat von Tochterfirmen des russischen Energiegiganten Gazprom ein.

Ein solcher »fliegender Wechsel« von der Politik in die Wirtschaft verstößt gegen alle Regeln, die früher einmal für das Verhältnis von Wirtschaft und Staat galten. Damals kam dergleichen zwar ebenfalls vor, zog aber Kritik und Sanktionen nach sich; heute rühmen sich die Akteure sogar dafür. Deshalb sind auch keine aufwendigen Nachforschungen nötig, um solche Verbindungen aufzudecken. Ob Korruption dabei tatsächlich eine Rolle spielt, ist vielleicht gar nicht entscheidend: Korruption wird unnötig, wenn die Interessen auf diese Weise schamlos ineinandergreifen können.

Bekannt ist auch, dass die Regierung George W. Bush im Zuge ihrer Kriege in Afghanistan und im Irak zahlreiche militärische und mit der Ölgewinnung verbundene Aufgaben an Privatunternehmen vergab. Viele der hochdotierten Verträge wurden nicht zuletzt unter Verweis auf angebliche Geheimhaltungsvorschriften ohne Ausschreibung vergeben. Der bekannteste Subkontraktor war ein Konzern namens Halliburton, bei dem US-Vizepräsident Richard Cheney, ein vehementer Befürworter beider Kriege, zuvor Aufsichtsratsvorsitzender und CEO gewesen war.

Ein weiteres Beispiel ist die aufwendige Lobbyarbeit, die die US-amerikanische Gesundheitswirtschaft gegen die Gesundheitsreform der Regierung Obama betrieb. Wie die britische Tageszeitung *The Guardian* am 1. Oktober 2009 berichtete, setzten amerikanische Krankenversicherungen, Krankenhausgesellschaften und Pharmaunternehmen sechs Lobbyisten auf jeden Kongressabgeordneten an und ließen sich ihren Feldzug gegen »Obamacare« 380 Millionen US-Dollar kosten. Die »Kampagne« bestand dabei in erster Linie aus Spenden für die Wiederwahl-Fonds amtierender Kongressabgeordneter. Zwar wurde das entsprechende Gesetz schließlich verabschiedet, aber die Reformen waren in wichtigen Aspekten verwässert, unter anderem dadurch, dass erhebliche staatliche Subventionen für Pflichtversicherte an Privatunternehmen gingen.

Das Outsourcing öffentlicher Dienstleistungen

Mit der Privatisierung und dem Outsourcing öffentlicher Dienstleistungen wurde dem wachsenden politischen Einfluss des privaten Kapitals ein wichtiges neues Feld erschlossen. Solche Dienstleistungen aus der unmittelbaren Zuständigkeit öffentlich-rechtlicher Körperschaften zu lösen und marktfähig zu machen, bringt der Theorie des »New Public Management« zufolge Effizienzvorteile, etwa durch eine bessere Kontrolle der eingesetzten Fachleute und durch mehr Wahlfreiheit für die Nutzer. Voraussetzung dafür ist, dass die Dienstleistungen nach ihrer Auslagerung tatsächlich unter realen Marktbedingungen, also in Konkurrenz zu anderen Anbietern, erbracht werden. Dazu kommt es in der Praxis allerdings nur selten.

In einer Untersuchung zur Entwicklung des neuen Marktes im Bereich der Kinderbetreuung in Großbritannien beklagte die Dachorganisation der sogenannten Sozialunternehmen* (Social Enterprise UK 2012), dass kleinere Anbieter oft von Private-Equity-Gesellschaften aus dem Markt gedrängt wür-

* Ein »social enterprise« ist im britischen Recht eine Organisation, die soziale Dienstleistungen mittels kommerzieller Strategien und Arbeitsweisen erbringen soll; vgl. dazu auch Crouch 2017, S. 154 ff. (Anm. d. Übers.).

den, die aufgrund ihres Geschäftsmodells bei Ausschreibungen für den Betrieb von Kinderheimen Vorteile hätten. Das Konzept des »Sozialunternehmens« entspricht dem »New Public Management«: Miteinander konkurrierende nichtstaatliche Anbieter sollen soziale Dienstleistungen erbringen und kommerzielle Praktiken auf Aktivitäten anwenden, die zuvor staatlichen oder öffentlich-rechtlichen Einrichtungen und deren Fachkräften oblagen. »Sozialunternehmen« sollen nicht ausschließlich gewinnorientiert ausgerichtet sein und haben daher häufig große Schwierigkeiten, mit herkömmlichen profitorientierten Unternehmen zu konkurrieren.

Im Bereich des Outsourcings öffentlicher Dienstleistungen in Großbritannien dominieren heute einige wenige Unternehmen derart, dass der britische Staat regelrecht abhängig von ihnen ist. Bemerkenswert ist, dass diese Firmen Aufträge aus einem ungewöhnlich breiten Dienstleistungsspektrum – vom Rüstungsgeschäft bis in die Sozialfürsorge – erhalten, auch wenn sie auf dem jeweiligen Gebiet keinerlei Erfahrungen, Fachkenntnisse oder Erfolgsbilanzen vorweisen können. Ihr Kerngeschäft besteht denn auch nicht darin, irgendeine spezifische Dienstleistung zu erbringen, sondern behördliche Ausschreibungen zu gewinnen – und das bedeutet häufig vor allem, über gute Kontakte zu Beamten und Politikern zu verfügen. Unter Verwendung der sarkastischen Wendung über die in der Finanzkrise vom Staat geretteten Bankenkonzerne konstatierte Social Enterprise UK (2012), dass diese privaten Auftragsnehmer inzwischen »too big to fail« beziehungsweise »systemrelevant«, also für die Aufrechterhaltung öffentlicher Dienstleistungen und Infrastrukturen im Land unverzichtbar seien. So mussten manche Unternehmen zwar Geldstrafen wegen Verstößen gegen die Ausschreibungsbedingungen zahlen und einzelne Aufträge zurückgeben – erhielten anschließend jedoch immer wieder neue. Andere sind in finanzielle Schwierigkeiten geraten, weil sie ihre scheinbar sichere Position als staatliche Auftragnehmer auf wenig nachhaltige Weise nutzten, um ihr Börsenranking zu verbessern.

Carillion beispielsweise, ein gigantischer Baukonzern und Facilitymanagementanbieter, ging 2018 mit 2 Milliarden Pfund Schulden in die Insolvenz; Interserve, Anbieter eines fast schon bizarr breiten Spektrums öffentlicher Dienstleistungen von der Schulmahlzeit bis zur Rehabilitation von Straftätern, brach später im selben Jahr zusammen. Der britische Staat versuchte diese Firmen zu retten, indem er weitere Aufträge an sie vergab – was für die Steuerzahler weitere Folgekosten nach sich zog. Offensichtlich sind solche Unternehmen entweder so wichtig, dass der Staat von ihnen abhängig ist, oder sie haben die Ausschreibungsverfahren derart fest im Griff, dass sich ihnen niemand in den Weg stellen kann.

Das Outsourcing staatlicher Dienstleistungen wird stets damit begründet, dass man staatliche Monopole auflösen und den »Kunden« größere Wahlfreiheit verschaffen wolle. Allerdings werden die entsprechenden Verträge von Behörden vergeben – mithin sind *sie* die Kunden, die über Wahlfreiheit verfügen. Die Bürger, die die jeweilige Dienstleistung in Anspruch nehmen, sind lediglich Nutzer, Pseudokunden. Die Auftragnehmer müssen sich nicht ihnen, sondern der Behörde gegenüber verantworten, deren Interessen nicht unbedingt mit denen der Nutzer identisch sind. Zudem sind solche Verträge aus Sachgründen oft mit langen Laufzeiten ausgestattet, zuweilen zwanzig Jahren oder mehr, da es wenig Sinn ergibt, den Betrieb einer Schule oder eines Krankenhauses jedes Jahr neu auszuhandeln. So etwas wie ein Markt existiert hier also nur zu wenigen Einzelzeitpunkten, nämlich im Moment der Ausschreibung. Daher haben wir es bei outgesourcten staatlichen Dienstleistungen in Wirklichkeit mit einer anderen Organisationsform zu tun: nämlich lizenzierten privaten Monopolen, wie wir sie vor allem aus mittelalterlichen Ökonomien kennen.

Zudem verlieren staatliche Stellen, die ihre Aufgaben an Privatfirmen übertragen, zunehmend die für deren Erbringung benötigten Kenntnisse und Erfahrungen und sind infolgedessen auch immer weniger in der Lage, die Leistungen ihrer Vertragsnehmer kompetent zu bewerten. Dies führt nicht nur mit hoher Wahrscheinlichkeit zu einem Qualitätsverlust der erbrachten Dienstleistung, sondern erhöht auch noch die Abhängigkeit des Staats von einer relativ kleinen Anzahl Privatunternehmen, die bald die einzigen Akteure sind, die über einschlägige Fachkenntnisse verfügen. Solche Outsourcingmaßnahmen sind daher in so hohem Maß politische und zugleich oligopolistische Entscheidungen, dass sie nicht mehr als Elemente einer echten Marktwirtschaft gelten können; zugleich steht die Demokratie den Netzwerken der Profiteure dieser Maßnahmen offensichtlich ohnmächtig gegenüber. Seit einigen Jahren ist daher klar, dass solche Privatisierungen – ungeachtet aller Mängel staatlicher Dienstleistungssysteme – nicht grundsätzlich und unter allen Umständen vorteilhaft sind.

Fazit

Aufgrund der zunehmenden Ungleichheit und der enormen Geldmittel, über die »systemrelevante« Unternehmen verfügen, verschieben sich die Machtverhältnisse zwischen zivilgesellschaftlichen Gruppen und Lobbyisten. Die für die Demokratie lebensnotwendige Sphäre der informellen Politik wird so zu einem undemokratischen Ort. Unter dem Deckmantel der neoliberalen Ideologie, die staatliche von privater Macht zu trennen behauptet, verschmelzen beide unter der

Ägide einiger privilegierter Konzerne. Daher müssen wir mit Wolfgang Merkel (2014) und Wolfgang Streeck (2015a) fragen, ob Kapitalismus und Demokratie einander heutzutage noch ebenso bedingen, wie es einst den Anschein hatte – ja, ob sie überhaupt noch miteinander kompatibel sind.

Man geht allgemein davon aus, dass kapitalistische Geschäftsleute die Demokratie vorziehen, da sie eine Abneigung gegen Diktaturen haben, in denen der Staat nach Belieben in die Wirtschaft eingreifen, willkürliche Entscheidungen treffen und die Spielregeln hinter verschlossenen Türen ändern kann. Zwar lässt die gegenwärtige Begeisterung für Investitionen in China Zweifel an dieser Annahme aufkommen, doch ist bislang das Pinochet-Regime in Chile die einzige Ausnahme von dieser Regel: Es agierte zwar grausam und rücksichtslos, verfolgte aber eine nichtinterventionistische, streng neoliberale Wirtschaftspolitik, die ihm seine bei Milton Friedman und anderen Chicagoer Ökonomen ausgebildeten Berater empfahlen.

Eine moderne Demokratie garantiert für gewöhnlich Rechtsstaatlichkeit, sorgt für transparente Gesetzgebungsverfahren und ermöglicht damit auch eine diesbezügliche Lobbyarbeit. Andererseits finden in Demokratien viele Regelungen eine Mehrheit, mit denen marktferne und konzernfremde Belange geschützt werden sollen. Daher bevorzugen Kapitalisten postdemokratische Regierungsformen, in denen demokratische Verfahren und Elemente – allen voran der Rechtsstaat – fortbestehen, die Wählerschaft jedoch passiv bleibt, jeden störenden Aktivismus unterlässt und keine lebendige Zivilgesellschaft hervorbringt, die kraftvoll genug wäre, Gegenlobbys zu bilden und dem stillen Wirken der Wirtschaftsvertreter in den Ministeriumsfluren etwas entgegenzusetzen.

Der postdemokratische Kapitalismus bedarf also ebensowenig einer formellen Abkehr von der Demokratie wie der konzernaffine Neoliberalismus einer Verdammung des Marktes; tatsächlich dienen Marktwirtschaft und Demokratie nach wie vor zur Legitimation des entstehenden politischen Systems einer Vorherrschaft der Konzerne, da Letztere von sich aus über keinerlei Legitimation verfügen. Die Elemente für eine solche Legitimation sind zwar vorhanden, werden aber derzeit nur auf Nebenschauplätzen verwendet (Crouch 2015b). So haben die konzernfreundlichen Neoliberalen eine Rechtfertigung dafür entwickelt, dass marktbeherrschende Unternehmen von den Einschränkungen des Wettbewerbs- und Kartellrechts ausgenommen sind. Die Theorie des NPM wiederum rechtfertigt die Aufhebung der für eine liberale Wirtschaftspolitik einst unverzichtbaren Barrieren zwischen Behördenmitarbeitern und Firmenvertretern.

Wenn wir den Blick über das bisher Diskutierte hinaus weiten: Das Konzept der »Corporate Social Responsibility« (etwa: gesellschaftliche Verantwortung eines Unternehmens) verleiht Unternehmensführungen nicht nur eine über ihre Aufgabe der Profitmaximierung hinausreichende soziale Legitimation, sondern suggeriert auch, dass es zur Bekämpfung vieler Marktversagen der Politik gar nicht mehr bedürfe. Und da eine keynesianische Nachfragesteuerung weithin abgelehnt wird, genießen die Konzerninteressen aufgrund des allgemeinen Wunschs nach hohen Beschäftigungszahlen in der Politik uneingeschränkten Vorrang.

Bislang ist es noch nicht so weit, dass die Konzerne die Politik vollständig dominieren; ansonsten wären Verbraucherschutz und Arbeitnehmerrechte schon auf ein Minimum reduziert. Das ist jedoch die Richtung, in die die Reise geht, befördert durch die stete Zunahme der Ungleichheit und die wechselseitige Verstärkung politischer und wirtschaftlicher Macht.

3. Die Finanzkrise 2008

In seiner glänzenden Studie über die Finanzkrise des Jahres 2008 zitiert Adam Tooze (2018) Alan Greenspan, den kurz zuvor in den Ruhestand gegangenen Vorsitzenden der US-Notenbank, der die Deregulierung der amerikanischen Finanzmärkte maßgeblich mitbestimmt hatte und im Jahr vor der Krise auf die Frage nach seiner Empfehlung für die bevorstehenden US-Präsidentschaftswahlen sagte: »Wir haben das Glück, dass die politischen Beschlüsse in den USA dank der Globalisierung größtenteils durch die weltweite Marktwirtschaft ersetzt wurden. Mit Ausnahme des Themas der nationalen Sicherheit spielt es kaum eine Rolle, wer der nächste Präsident wird. Die Welt wird durch Marktkräfte regiert.« Gesetzt den Fall, dass Greenspan, obwohl er sie für weitestgehend bedeutungslos hielt, hier nicht die Abschaffung von Wahlen fordern wollte, ist dies der seltene Fall eines ungeschminkten Plädoyers für die Postdemokratie.

Die Krise selbst bestätigte auf verblüffende Weise die folgenschweren Auswirkungen der Verzahnung der Eliten in Wirtschaft und Politik, die die Demokratie auf zweierlei Weisen untergrub: zum einen durch den Lobbyismus, der sich im Vorfeld der Krise ausgebreitet hatte; zum anderen durch die Bevorzugung der Bankeninteressen nach ihrem Ausbruch. Zudem führten die Ereignisse die Selbstwidersprüchlichkeit des Neoliberalismus eindrücklich vor Augen: Die Vorzüge, die er sich selbst zuschreibt – die Trennung von Staat und Wirtschaft und eine hohe Transparenz –, ließ er ausgerechnet bei seinem Vorzeigeprojekt, der Deregulierung der Finanzmärkte, vollständig vermissen. Im Folgenden betrachten wir zunächst die wichtigsten politischen Hintergründe der Krise und stellen uns dann die Frage, ob sie als Beleg für postdemokratische Zustände gelten kann. Zum Schluss wird uns die Gegenfrage – hätten intakte demokratische Mechanismen die Krise verhindern können? – zu einigen beunruhigenden Antworten führen.

Die Deregulierung der Finanzmärkte

Nachdem der Zusammenbruch der Finanzmärkte 1929 zu einer lang anhaltenden Depression geführt hatte, erließen die Regierungen der USA und anderer Länder Regeln, um die Auswirkungen unverantwortlichen Handelns von Banken auf die übrige Wirtschaft und die Gesellschaft einzudämmen. So durften sich Banken Investitionenskapital nur noch in einem festgelegten Verhältnis zu ihrem Eigenkapital leihen. Damit wollte man verhindern, dass andere Akteure Schaden nehmen, wenn eine Bank ihren Zahlungsverpflichtungen aufgrund fehlgeschlagener Investitionen nicht mehr nachkommen kann. Außerdem mussten Banken ihre Investmentgeschäfte von den herkömmlichen Abteilungen getrennt führen, damit sie spekulative und riskante Aktivitäten nicht mit den Einlagen gewöhnlicher Kunden finanzieren konnten.

Aus dieser Zeit stammen auch einige Regeln, die eine korrekte Buchführung gewährleisten sollen, etwa die Verpflichtung, die Buchhaltung von unabhängigen Buchprüfern testieren zu lassen. Später, als es um den Wiederaufbau der Weltwirtschaft nach dem Zweiten Weltkrieg ging, vereinbarten die Finanzminister der westlichen Länder bei der Konferenz in Bretton Woods 1944 ein gemeinsames Wechselkurssystem. Dabei wurden die Wechselkurse aller Währungen im Verhältnis zum US-Dollars fixiert, so dass Wertanpassungen nicht mehr durch Spekulationen auf den Währungsmärkten, sondern nur noch durch Regierungsbeschlüsse herbeigeführt werden konnten; außerdem kontrollierten die Staaten die Kapitalbewegungen. Mit dieser Vereinbarung gelang es, die Stabilität des in den dreißiger Jahren etablierten Finanzsystems wiederherzustellen.

Zu Problemen kam es erst wieder, als die USA 1972 aus dem Abkommen von Bretton Woods austraten. Nun brachten Währungsspekulation und die aufkommenden privatwirtschaftlichen Währungsmärkte ein hohes Maß an Instabilität ins System. Tooze zeigt, dass die Dominanz der Großbanken im Finanzsektor in dieser Zeit ihren Ursprung hat. Von da an machte der von der Politik gewollte Regulierungsabbau das System allmählich unkontrollierbar. Mit Beginn der achtziger Jahre wurden die meisten der seit 1930 etablierten Regeln für den Bankensektor im Namen neoliberaler Reformen immer weiter gelockert. Anfänglich betraf das vor allem die US-amerikanische und die britische Wirtschaft, weitete sich jedoch allmählich auf große Teile der Weltwirtschaft aus. Die Deregulierung, so argumentierte man, entlaste die Unternehmen von sinnlosen Beschränkungen und befördere damit das Wirtschaftswachstum. Wenn die Banken höhere Risiken eingehen könnten, würden sie mehr Wohlstand schaffen.

Die Reformen betrafen auch die Regeln der Unternehmensführung. Abermals in Nachahmung US-amerikanischer und britischer Vorbilder änderte man in vielen Ökonomien das Unternehmensrecht oder zumindest die betriebliche Praxis, indem man die Maximierung des »Shareholder value« (also des Aktionärsgewinns, der sich am Börsenwert des Unternehmens bemisst) zum alleinigen Unternehmenszweck erklärte (eine kritische Bestandsaufnahme dieser Entwicklung leisten Driver und Thompson 2018). Geschickte Anleger können ihre Investments so einrichten, dass sie auf jeden Fall

Gewinn machen, auch wenn die Unternehmen rote Zahlen schreiben. Wie Helen Callaghan (2018) in ihrer Studie über die Folgen dieser Entwicklung in Großbritannien, Frankreich und Deutschland darlegt, kommt es für solche Akteure nur darauf an, dass sich die Unternehmen zuvörderst an den Aktionärsinteressen orientieren – und dafür haben sie durch ihre Lobbyarbeit gesorgt. Michel Feher (2018) hat darüber hinaus gezeigt, dass für Unternehmen heute nicht mehr das Erzielen von Profiten aus tatsächlichen Geschäftsaktivitäten, sondern die kurzfristige Steigerung des Aktienkurses an erster Stelle steht. Das unter dem Begriff »Mark-to-market-Bewertung« bekannt gewordene Verfahren, bei dem Buchhalter und Buchprüfer den Unternehmenswert je nach dem aktuellem Marktpreis bestimmen, ist heute Standard. Durch diese Entwicklungen wurde die ursprüngliche Vorstellung der klassischen Wirtschaftstheorie umgestoßen, wonach der Unternehmensgewinn das ist, was von den Einnahmen übrig bleibt, *nachdem* die Forderungen von Lieferanten, Beschäftigten und anderen Gläubigern befriedigt worden sind. Auf den gegenwärtigen Märkten müssen Unternehmen, deren Aktienkurs unter die Erwartungen fällt, Übernahmeangebote von Gruppen fürchten, die meinen, unter ihrer Führung würden die Kurse wieder steigen. Daher sind Geschäftsführer und Vorstände gezwungen, stetig für hohe Kurse zu sorgen, wenn sie ihren Job behalten wollen.

An die Stelle des Gewinns ist damit die Steigerung des am Aktienkurs bemessenen »Shareholder value« oder Unternehmenswerts getreten. Dabei handelt es sich nun auch nicht mehr um einen Betrag, der sich erst nach Abwicklung der Geschäfte bestimmen lässt – im Gegenteil: Er muss innerhalb sehr kurzer Zeitspannen vorgegebene Werte erreichen. Das ist heute de facto die *primäre* Erwartung an ein Unternehmen – und steht vor allen Erwägungen über Preisgestaltung, Innovationen oder die Interessen der Beschäftigten. Damit ändert sich jedoch auch die Rolle der Aktionäre: Sie sind nicht mehr diejenigen, die das Geschäftsrisiko tragen und *als Letzte* aus den Einnahmen bedient werden.

Eine der zentralen Absichten dieser Unternehmensführungsreform war es, zu gewährleisten, dass sich das leitende Management an den Aktionärsinteressen orientiert. Die Koppelung der Managergehälter an den Aktienkurs galt dafür als entscheidendes Instrument, obgleich nicht wenige Indizien darauf hindeuten, dass die Entlohnung leitender Angestellter in Konzernen auch dann steigt, wenn der Aktienkurs sinkt (Reiff 2013, 4. Kapitel). Der grundsätzliche Anreiz für Führungskräfte besteht nun darin, ein Klima zu schaffen, in dem gegenwärtige und potenzielle Aktionäre an den Erfolg des Unternehmens glauben. Mittel für die Forschungs- und Entwicklungsabteilung oder andere Bereiche bereitzustellen, kann jedoch den Aktienkurs kurzfristig drücken und die Börsenperformance beeinträchtigen. Zudem ermöglichen die digitalisierten Börsen der Gegenwart einen Aktienhandel in Höchstgeschwindigkeit, bei dem Wertpapiere zuweilen nur Sekundenbruchteile lang gehalten werden, bevor die Algorithmen eine profitable Veräußerungsmöglichkeit erkennen. In dem Moment, in dem sich das Unternehmen allein noch an den Aktionärsinteressen orientiert, hören die Aktionäre auf, in irgendeinem sinnvollen Verständnis des Wortes dessen Eigentümer zu sein.

Zusammengenommen haben die Deregulierungsmaßnahmen und der Bedeutungsgewinn des Börsenwerts die Prioritäten im Finanzsektor auf die sekundären Märkte verschoben – Märkte, deren Akteure Aktien und Anteile nicht deshalb kaufen, weil sie von der Geschäftstätigkeit des jeweiligen Unternehmens profitieren wollen, sondern um sie möglichst gewinnbringend weiterzuveräußern. Käufer solcher Anlagen bemessen deren Wert an dem mutmaßlichen Preis, zu dem sie sie verkaufen können – an andere Akteure, die auf dieselbe Weise vorgehen. So kommt es dazu, dass die Bewertungen von Firmen inzwischen auf Mutmaßungen über die Mutmaßungen anderer (und dann abermals anderer) Käufer beruhen, während die Mittel zum Ankauf der Anteile auf jeder Stufe wiederum von den Mutmaßungen der kreditgebenden Banken bezüglich des potenziellen künftigen Werts der Anteile abhängen. Auf diese Weise können Unternehmen, die in besonders vielversprechenden Märkten (etwa dem Internet) tätig sind, einen exorbitanten Börsenwert erreichen, obwohl sie noch kein einziges Produkt verkauft haben.

Durch eine weitere deregulierende Maßnahme erlaubte man den Banken, Investitionen weit über ihre Eigenkapitalbasis hinaus zu tätigen. Deshalb konnten sie immer größere Beträge auf sekundären Märkten investieren, so dass sich die Aktienpreisspirale immer schneller drehte. Dabei gingen die Banken weiterhin Risiken ein, unterstellten aber, dass jeder Investor seine Anteile an eine stetig wachsende Anzahl neu hinzukommender Investoren weiterveräußern könne, wodurch das Risiko jedes einzelnen Akteurs (oder Unternehmens) sinke, da er es mit vielen anderen teile.

Als sich dieses System ausweitete und finanzstarke Geschäftsleute aus China, Russland und anderen, zuvor nicht in das kapitalistische Marktsystem eingebundenen Teilen der Welt mitzuspielen begannen, verteilten sich die Risiken auf immer mehr Investoren. Eine praktisch unbegrenzte Streuung und folglich Minderung des Risikos erschien möglich. Steigender Wohlstand entstünde nicht mehr aus der Produktion von Gütern und Dienstleistungen, sondern aus dem fortgesetzten Preisanstieg für Finanzanlagen, die immer wieder aufs Neue weiterveräußert wurden.

Die Teilnahme am Finanzmarkt wurde zur mit Abstand profitabelsten Form wirtschaftlicher Tätigkeit: Man machte Geld, indem man sich den Umweg über Produktion und Verkauf nachgefragter Gütern oder Dienstleistungen sparte und der Einfachheit halber gleich mit Geld handelte. Damit entstand auch für Unternehmen, die ursprünglich in anderen Wirtschaftsbereichen tätig waren, ein starker Anreiz, sich auf die Finanzmärkte zu begeben. In der Folge steckten sie immer mehr Fachwissen und strategischen Nachdruck in ihre Finanzabteilungen und begannen, andere Geschäftsbereiche einschließlich ihres ursprünglichen Kerngeschäfts und der Kundenverwaltung an Dritte auszulagern (Fligstein und Shin 2007; van der Zwan 2014). Heute bilden auf Mutmaßungen und Risikostreuung beruhende Finanztransaktionen das Fundament moderner Ökonomien.

Mit der Deregulierung der internationalen Kapitalflüsse wuchs dem Finanzsektor ein Maß an Freiheit und Flexibilität zu, wie es für Arbeit und andere Produktionsfaktoren nicht existiert. Das Finanzkapital erfreut sich fast unbegrenzter Mobilität, während Staaten, Arbeitskräfte und auf schwere Maschinen oder feste Niederlassungen angewiesene Unternehmen örtlich fixiert bleiben. Bei Verhandlungen ist grundsätzlich der im Vorteil, der sich ohne weiteres verabschieden und seine Zelte anderswo aufschlagen kann. Das ist beim Finanzkapital in zunehmendem Maß der Fall. Nachdem die größten Unternehmen immer mehr Aktiva in Finanzanlagen umwandelten, wuchs auch der Anteil extrem mobilen Kapitals. Viele Regierungen versuchten, dieses frei flottierende Geld ins Land zu locken, übernahmen die den Interessen der Kapitaleigner dienenden, an der Mark-to-market-Bewertung orientierten Formen der Unternehmensführung und zeigten sich allgemein gewillt, ihre Sozial-, Arbeits- und Umweltpolitik den Kapitalinteressen anzupassen.

Die Staaten hätten sich auch zusammentun können, um ihre Interessen gegenüber dem mobilen Kapital gemeinsam zu vertreten – und die Staaten der EU haben die Bereitschaft dazu mehr als andere erkennen lassen –, doch sind sie in aller Regel der Versuchung erlegen, andern den Schwarzen Peter zuzuspielen, indem sie immer niedrigere Unternehmenssteuern und immer weitere Deregulierungen anboten, um das frei flottierende Kapital anzulocken.

Ausgerechnet die Ökonomie, die »trübsinnige Wissenschaft« (Thomas Carlyle) von Knappheit und Entscheidungszwängen, erklärte uns plötzlich, dass wir auf nichts mehr verzichten müssten. Obwohl in erster Linie die auf den Finanzmärkten tätigen Akteure selbst die Möglichkeiten des entfesselten Finanzsystems nutzten (und davon unter Umständen maßlos profitierten), fielen einige Krümel vom Tisch der Reichen für die Armen ab. Da man Risiken immer wieder aufs Neue aufteilen und veräußern konnte, bestand praktisch für jedermann die Möglichkeit, Kredit in nahezu beliebiger Höhe zu guten Konditionen zu bekommen, insbesondere für Hauskäufer in den USA, aber auch in Großbritannien, Irland, Spanien und einigen anderen Ländern mit lockerem Grundpfandrecht. So wurden Hypotheken nicht nur an Menschen vergeben, die über so gut wie keine Sicherheiten außer dem Grundpfand selbst verfügten, sondern die Eigentümer konnten ihr Haus sogar noch zusätzlich beleihen, um ihren Konsum zu finanzieren – was den Anteil der Kredite im System, die durch nichts als die Annahme gedeckt waren, dass das System immer weiter expandieren werde, abermals erhöhte.

Im Rückblick ist die extreme Instabilität dieser Konstruktionen augenfällig, und einige mutige Einzelgänger haben schon damals vor ihr gewarnt, wurden aber ignoriert. Die Finanzmärkte, auf die inzwischen ein erheblicher Anteil des globalen Wohlstands entfiel, beruhten auf Mutmaßungen über die Annahmen hinsichtlich der Mutmaßungen (und immer so weiter) anderer Investoren bezüglich des Werts einer Geldanlage. Die Betreiber der Transaktionen sahen keinerlei Notwendigkeit nachzuprüfen, welche Risiken beim endlosen Weiterverkauf einer immensen Zahl von Hypotheken, deren Wert den der Häuser um ein Vielfaches überstieg, tatsächlich eingegangen wurden. Das System der unabhängigen Betriebsprüfungen war kein ernsthaftes Korrektiv, zum einen weil die Buchprüfer selbst nach dem »Mark-to-market-Verfahren« vorgingen, zum anderen weil weitere Deregulierungsschritte es den Buchprüfungsfirmen erlaubten, hochdotierte Beraterverträge mit den von ihnen geprüften Unternehmen abzuschließen, womit ihre Unabhängigkeit natürlich ins Wanken geriet. Zudem konnte zwar jedes Risiko weit gestreut werden, weshalb der Anteil der einzelnen Investoren an ihm minimal war, doch bedeutete die schiere Menge hochriskanter Kredite auf dem Markt, dass sich bei jedem Investor jederzeit eine gewaltige Menge für sich genommen minimaler Anteile ansammeln konnte.

Auf den Finanzmärkten wurde sozusagen Kindergeburtstag gefeiert und »Pass the Parcel« gespielt – die Gäste reichen ein Päckchen herum, und wer es in der Hand hält, wenn die Musik kurz aussetzt, darf sich etwas daraus nehmen, bevor er es weiterreicht. In diesem Fall enthielt das Päckchen allerdings eine Bombe, die genau in dem Moment explodieren würde, in dem die Musik endgültig verstummte und es nicht mehr weitergegeben werden konnte. Daher kam es nicht nur darauf an, das Paket zu diesem Zeitpunkt keinesfalls mehr in der Hand zu halten, sondern viel mehr noch darauf, dass die Musik immer weiterspielte, weil die Explosion jeden Mitspieler in Mitleidenschaft gezogen hätte. Während das Päckchen zirkulierte, bestand daher für niemanden ein Anreiz nachzusehen, was genau sich darin befand; es war besser, sich auf eine möglichst rasche Weitergabe zu konzentrieren.

Die ersten Anzeichen für die dem System immanente Fragilität traten 1998 mit dem Zusammenbruch eines Hedgefonds namens Long-Term Capital Management (LTCM) auf. Der nur vier Jahre zuvor gegründete Hedgefonds nutzte einen mathematischen Algorithmus, der Investitionen in sichere und hochriskante Wertpapiere auf eine Weise ausbalancierte, die hohe Gewinne zu garantieren schien. Ein klassischer Hedgefonds verwaltet die Gelder sehr wohlhabender Anleger. Weil diese Leute das Risiko selbst tragen, unterliegt diese Unternehmensform praktisch keiner Regulierung. Im Jahr 1998 besaß LTCM 5 Milliarden US-Dollar Eigenkapital und konnte aufgrund des Vertrauens, das andere Finanzinstitute seinem Algorithmus entgegenbrachten, Kredite in Höhe von 125 Milliarden US-Dollar aufnehmen. Im Lauf des Jahres trat zu einer bereits bestehenden Schuldenkrise in Ostasien noch eine Währungskrise in Russland hinzu. Entgegen den Projektionen des LTCM-Algorithmus stieg daraufhin der Wert sicherer festverzinslicher Papiere, das Unternehmen machte hohe Verluste und berichtete der Federal Reserve Bank in New York von seiner möglicherweise bevorstehenden Insolvenz. Die Federal Reserve fürchtete, ein solcher Zusammenbruch könnte in einer Kettenreaktion das gesamte Finanzsystem zum Einsturz bringen, und organisierte eine Rettung durch die wichtigsten Kreditoren von LTCM. Die Rettung gelang, LTCM wurde von den Gläubigern übernommen und im Folgejahr endgültig aufgelöst.

Bei der Suche nach den Ursachen des Problems kam heraus, dass die Banken, die LTCM Geld geliehen hatten, praktisch keinerlei Nachforschungen über die Art der Investitionen des Fonds angestellt hatten, der hochgradig intransparent angelegt war. In seiner ein Jahr später erschienenen Untersuchung der Pleite wies Franklin Edwards (1999) darauf hin, dass zur Vermeidung derartiger systemischer Krisen regulative Eingriffe notwendig seien. Zusammen mit Frederic Mishkin hatte Edwards schon 1995 vor der Instabilität gewarnt, die mit der Zunahme hochriskanter Investments innerhalb des Bankensektors einhergeht (Edwards und Mishkin 1995). In der allgemeinen Deregulierungseuphorie hatte man solche Warnungen jedoch nur allzu gerne überhört.

Zwei Jahren nach dem Zusammenbruch von LTCM platzte die Dotcom-Blase. Damals war die Internetwirtschaft gerade im Entstehen begriffen. Viele Investoren wussten sehr wenig über diesen neuen Sektor, doch da man allgemein der Überzeugung war, dass ihm die Zukunft gehöre, fanden sich mühelos Käufer für Anteile der dort tätigen Firmen. Manche Unternehmen stellten fest, dass sie ihren Börsenwert praktisch über Nacht drastisch steigern konnten, indem sie schlicht ein ».com« an ihren Namen hängten. Sie mussten nicht einmal irgendein am Markt erfolgreiches Produkt vorweisen. Dank des gestiegenen Aktienkurses konnten sie dann eigene Spekulationen finanzieren und ihren leitenden Managern hohe Boni auszahlen. So entstand eine klassische Spekulationsblase: Nach rund fünf Jahren platzte sie im Jahr 2000 und zog einen Niedergang der Aktienpreise auf breiter Front und zahlreiche Unternehmenspleiten nach sich. Am signifikantesten war der Zusammenbruch der Telefongesellschaft WorldCom im Jahr 2002, der bis dahin größte Bankrott der US-Wirtschaft.

Der Fall WorldCom trug auch dazu bei, eine durch die Deregulierungen des Finanzwesens entstandene Gefahr – die Korruption der Wirtschaftsprüfer – sichtbar zu machen, die sich schon beim Zusammenbruch des Energieriesen Enron im Vorjahr angedeutet hatte: Zum Zeitpunkt seines Untergangs war Enron das siebtgrößte US-Unternehmen, ein

Großspender für die Präsidentschaftskampagne George W. Bushs im Jahr 2000. Bis WorldCom an die Spitze rückte, war die 64-Milliarden-Dollar-Pleite des Unternehmens die größte der US-Geschichte. In beiden Fällen waren die Bücher von Arthur Andersen geprüft worden, einer global agierenden Wirtschaftsprüfungsgesellschaft, die ihrerseits vom Markt verschwand, als ihr Verhalten bei WorldCom und Enron bekannt wurde.

Den Hintergrund beider Skandale bildete eine erfolgreiche Lobbykampagne der Branche. Auf ihr Betreiben hatte der Kongress per Gesetz zugelassen, dass eine Gesellschaft, die als »unabhängiger« Bilanzprüfer eines Unternehmens fungiert, zugleich weitere Beratungsdienstleistungen für dasselbe Unternehmen erbringt. Das war bis dahin verboten gewesen, weil es einen Anreiz für die Buchprüfungsgesellschaften darstellen konnte, über Unregelmäßigkeiten in den Büchern des beratenen Unternehmens hinwegzusehen. Und genau das geschah dann auch sehr bald nach Inkrafttreten der Gesetzesänderung. Die Buchhaltung bei Enron wies erhebliche Unstimmigkeiten auf; die Bilanzprüfer von Arthur Andersen entdeckten sie – und kehrten sie auf Anweisung der Firmenleitung mit Rücksicht auf die umfangreichen Beraterverträge mit Enron unter den Teppich. Im Falle WorldCom wurden dann ganz ähnliche Abläufe aufgedeckt. Es ist dem Pluralismus in den USA zu verdanken, dass die Skandale nicht geheim gehalten werden konnten. Die Sache ging vor Gericht, und mehrere leitende Angestellte fanden sich hinter Gittern wieder (eine detaillierte Darstellung der Vorgänge unternehmen Froud et al. 2004).

Einer der Vorzüge einer kapitalistischen Wirtschaftsordnung besteht darin, dass sich – vorausgesetzt, die Märkte funktionieren – das Schicksal einer einzelnen Firma nicht auf das gesamte System auswirken kann. Das schienen zunächst auch die Fälle Enron, WorldCom und Arthur Andersen zu bestätigen: Einige leitende Angestellte kamen ins Gefängnis; einige Unternehmen verschwanden vom Markt; andere erwarben ihre Aktiva; die Lücken wurden geschlossen; die Märkte machten weiter. Allerdings hielten diese Fälle einige allgemeine, das Gesamtsystem betreffende Lehren bereit, die nicht beachtet wurden. Das im Fall LTCM zutage getretene Desinteresse der Investoren an einer sorgfältigen Prüfung der angebotenen Papiere, die Dotcom-Blase und die Unternehmenspleiten hätten die Finanzmarktakteure auf die Gefahr aufmerksam machen müssen, dass die enormen ungeprüften Transaktionen, die überall auf dem Finanzmarkt vollzogen wurden, irgendwann wachsendes Misstrauen hervorrufen könnten. Und wenn dies geschah, bestand – da praktisch alle großen und kleinen Banken mitspielten und sich die ungesicherten Kredite zu wahrhaft gigantischen Summen häuften – ein hohes Risiko, dass das gesamte System in Mitleidenschaft gezogen würde.

Nach dem Arthur-Andersen-Skandal erließen die USA Gesetze, die verhindern sollten, dass Buchprüfungsgesellschaften zusätzliche Aufträge von den Unternehmen erhielten, deren Bilanzen sie prüften. Abgesehen davon jedoch ignorierten die auf diesen Märkten Tätigen ebenso wie die zuständigen Behörden die potenziell unbeherrschbaren Risiken. Da Banker und andere Investoren extrem gut verdienten und auch die Öffentlichkeit vom anscheinend wachsenden Wohlstand profitierte, hielten sich Politiker und Behörden mit Nachfragen zurück. Und die meisten Experten – wenn auch nicht alle – versicherten, das System sei praktisch narrensicher.

Im August 2005 fand in Wyoming eine Feierstunde anlässlich der bevorstehenden Pensionierung Alan Greenspans statt, der an den meisten Deregulierungsmaßnahmen im amerikanischen Bankensektor federführend beteiligt gewesen war. Raghuram Rajan, der Chef-Ökonom des IWF, warnte in seiner dort gehaltenen Rede, dass hochkomplexe, von niemandem mehr durchschaubare Finanzprodukte ein enormes Risiko darstellten, weshalb die Gefahr eines Bankenzusammenbruchs alles andere als ein Hirngespinst sei (Chakrabortty 2018). Die anderen Teilnehmer lachten ihn aus.

Im selben Jahr äußerte sich die OECD besorgt über das Ausmaß der Kredite, die Banken in mehreren Ländern an Haushalte mit relativ niedrigen Einkommen vergaben. Wer hohe Kredite aufnimmt, ist gewöhnlich wohlhabend, verfolgt Investitionsvorhaben und verfügt über Sicherheiten. Neu war, dass Kredite ohne Absicherung an Haushalte vergeben worden waren, die kaum in der Lage gewesen wären, diese im Falle einer Finanzkrise und eines damit einhergehenden Wertverlusts ihrer Anlagen zurückzuzahlen. Keine staatliche Stelle nahm das Warnsignal, das der OECD-Bericht enthielt, zur Kenntnis.

In Großbritannien geriet 2007 Northern Rock in Schieflage, eine Bank, die noch bis 1997 eine Bausparkasse gewesen war. Bausparkassen sind auf die Vergabe von Hypothekenkrediten an Familien mit mittlerem Einkommen spezialisiert und unterliegen strengen Vorschriften. Rechtlich sind sie Genossenschaften (»mutuals«), die nicht Anteilseignern gehören, sondern vielen Kleinsparern, die stimmberechtigte Mitglieder sind. Ihre Unternehmensanteile werden nicht gehandelt, und ihre Möglichkeiten der Kreditaufnahme für Investitionen jenseits ihres Kerngeschäfts sind stark eingeschränkt.

Seit Beginn der neunziger Jahre hatten britische Regierungen die Bausparkassen immer wieder ermutigt, sich in Banken umzuwandeln, damit sie am deregulierten Finanzsystem mit seiner erleichterten Kreditvergabe über »leveraged loans« (Kredite für bereits hochverschuldete Unternehmen) teilhaben und sich der Maximierung der Aktionärsprofite verschreiben könnten. Die Gesetze wurden geändert, damit die Genossen für eine einmalige finanzielle Vergütung die Abgabe ihrer Miteigentümerrechte beschließen konnten. Nicht alle, aber doch viele Bauspargenossenschaften schlugen diesen Weg ein, darunter auch Northern Rock. Das Unternehmen hatte Hypotheken an Familien in einer der ärmsten Regionen Großbritanniens vergeben und war daher besonders anfällig für die mit ungesicherten Krediten verbundenen Risiken. Einmal von den Einschränkungen einer Bauspargenossenschaft befreit, entwickelte sich Northern Rock binnen kurzer Zeit zu einer der größten britischen Banken. Als überall Zweifel an der Werthaltigkeit der in den USA als »subprimes« bekannt gewordenen ungesicherten Hypothekenkredite aufzukommen begannen, zogen sich die Investoren von Northern Rock zurück. Die Panik griff auf gewöhnliche Sparer über, die ihre Konten ebenfalls räumten. Innerhalb weniger Tage brach die Bank zusammen, der Staat griff ein und übernahm sie.

Obwohl sich der Schaden für die Investoren von Northern Rock in Grenzen hielt, kamen jetzt erste Zweifel an der Tragfähigkeit von Subprime-Hypotheken im Finanzsystem als Ganzem auf. Immer mehr Investmenthäuser stellten fest, dass ein großer Teil ihrer Anlagen aus solchen Krediten bestand, die sie nun schnellstmöglich abstoßen wollten. Als Nächstes erwischte die Krise Lehman Brothers, die viertgrößte Investmentbank der USA. Man ließ das Unternehmen bankrottgehen, womit WorldCom seinen Nimbus als größter Bankrott der US-Geschichte verlor. Plötzlich stand die Möglichkeit eines allgemeinen Bankenzusammenbruchs und weiterer Dominoeffekte im Raum. Die Lage schien dem Kollaps der

Wall Street in den dreißiger Jahren vergleichbar, dem sich das umfassende Regulierungssystem verdankt hatte, das seit den achtziger Jahren Schritt für Schritt wieder abgebaut worden war.

Überall auf der Welt griffen Regierungen in einer konzertierten Aktion unter Führung des damaligen britischen Premierministers Gordon Brown in den Markt ein. Banken wurden vorübergehend verstaatlicht oder ihre Einlagen durch staatliche Zusagen abgesichert. Im Jahr 1931 hatten die Länder vor allem sich selbst zu retten versucht und gemeinsames Handeln verweigert; die Folge war eine schwere Wirtschaftskrise, die zu Massenarbeitslosigkeit führte und den Aufstieg des Nationalismus beförderte, der die dreißiger Jahre kennzeichnete und über die Machtergreifung Hitlers schließlich zum Zweiten Weltkrieg führte. Die Maßnahmen, die man 2008 ergriff, waren besser: Immerhin kam es nun zu einer internationalen Zusammenarbeit.

So wurde zwar das System »gerettet«, doch waren die Kosten und negativen Folgen für fast jeden außerhalb des Finanzsektors enorm. Weltweit gab man Billionen Dollar öffentlicher Gelder für die Bankenrettung aus. Als die Banken schließlich wieder an den privaten Sektor übergingen, wurde ein Teil dieser Gelder zurückgezahlt, doch da die dominante neoliberale Theorie Staatsverschuldung grundsätzlich ablehnt, hatte man bis dahin Maßnahmen eingeleitet, um die Schulden der öffentlichen Hand so schnell wie möglich abzubauen. Das bedeutete in der Regel Einsparungen in den Bereichen Gesundheit, Bildung, Sozialfürsorge, Polizei und Verwaltung. Die Senkung der Staatsausgaben führte dann zu einem allgemeinen Nachfragerückgang, auf den Unternehmenspleiten und ein Anstieg von Arbeitslosigkeit und Armut folgten. Insbesondere in den USA verloren viele einkommensschwache Familien, die mit ungesicherten Hypotheken Immobilien erworben hatten, das Dach über dem Kopf, da ihre Häuser an die Kreditgeber zurückfielen. Nicht wenige mussten in Wohnwagen umziehen.

Die Euro-Mitgliedsländer mit hoher Staatsverschuldung gerieten 2010 in eine weitere Krise, da man sie unter erheblichen Druck setzte, ihre Schulden zu reduzieren, damit nicht der Euro selbst in Schieflage geriete. Die dazu ergriffenen Maßnahmen werden wir im vierten Kapitel genauer betrachten, da sie andere demokratietheoretische Fragen aufwerfen.

Die Hauptfolge der Krise von 2008 war also das Absinken des Lebensstandards einer großen Mehrheit der Bürger, wodurch natürlich auch das Unsicherheitsgefühl zunahm. Zwar stiegen die Beschäftigungszahlen allmählich wieder, doch waren viele der neuen Jobs nur um den Preis schlechterer oder unsicherer Arbeitsbedingungen zu haben. Der öffentliche Dienst war praktisch überall auf lange Sicht beschädigt. Aufgrund des erheblich sinkenden Lebensstandards konnten die Bürger zum ersten Mal seit langer Zeit nicht mit mittelfristigen Einkommenssteigerungen rechnen. Das war zumindest in gewissem Maß unvermeidlich. Große Teile der Einkommenssteigerungen seit den neunziger Jahren waren bloße Augenwischerei, da sie auf dem Preisanstieg für Anlagewerte auf sekundären Märkten beruhten und ihnen kein Wachstum der Realwirtschaft zugrunde lag. Eine erhebliche Korrektur war also unvermeidbar, debattiert wurde lediglich darüber, wie die Lasten über welche Zeiträume unter den Bürgern sowie zwischen öffentlichem und privatem Sektor aufgeteilt werden sollten. In den meisten Ländern trugen schließlich die Bezieher kleiner und mittlerer Einkommen die Hauptlast. Die Folgen für die Ärmsten milderte der Sozialstaat ab, die Wohlhabenden kamen nach einem oder zwei Jahren der Anpassung weitgehend ungeschoren davon.

Die Banken, deren Geschäftsgebaren das Problem erst verursacht hatte, schienen relativ immun gegen den Schaden zu sein. Regierungen und internationale Behörden gingen davon aus, dass das Vertrauen in die Weltwirtschaft erst dann zurückkehren würde, wenn die Banken wieder gesund wären, Kredite vergäben und Investitionen tätigten. Regierungen, die Banken verstaatlicht hatten, suchten diese zu veräußern, um einen Teil der Kosten hereinzubekommen. Die Banken wiederum konnten nur dann aufs Neue profitabel werden, wenn sie erfolgreich investierten; und das war, wie sie zuvor gelernt hatten, am besten auf instabilen sekundären Märkten möglich. Zudem sind staatliche Stellen, wenn sie die hochkomplexen Aktivitäten auf modernen Finanzmärkten regulieren wollen, von der Beratung durch Akteure eben dieses Sektors abhängig – eine Problematik, die in der Politikwissenschaft seit langer Zeit unter dem Begriff der Regulatory capture bekannt ist: Die Branche, die eigentlich reguliert werden soll, »kapert« beziehungsweise vereinnahmt stattdessen den Regulator.

Auch ein paar Reformen hat es gegeben. Der von Zentralbanken und Bankaufsichtsbehörden gegründete Basler Ausschuss für Bankenaufsicht verschärfte die Regeln bezüglich der Eigenkapitalquote (also des Verhältnisses des Eigenkapitals zum spekulativ investierten Kapital) der Banken. Allerdings haben sich diese Maßnahmen als unzureichend erwiesen. Die Empfehlungen des Basler Ausschusses sind nicht rechtlich bindend, außerdem hält er sich zumeist weitestmöglich an das neoliberale Credo, demzufolge der Markt stets bessere Entscheidungen trifft als der Staat. Er bemisst das Risiko mit Werkzeugen, die Banken und privatwirtschaftliche Ratingagenturen entwickelt haben, die das Ausmaß des Problems im Jahr 2007 völlig falsch eingeschätzt hatten.

Die Regierung Obama hat versucht, schärfere Vorschriften

einzuführen. Mit dem Dodd-Frank Wall Street Reform and Consumer Protection Act wurden 2010 die Kapitalanforderungen an Banken erhöht und riskante Investitionstätigkeiten reguliert. Doch schon bald nach dem Regierungsantritt Donald Trumps im Juni 2017 beschloss der US-Kongress, zahlreiche dieser Vorschriften abzuschwächen. Auch die Pläne für eine Finanztransaktionssteuer innerhalb der EU, mit der die extreme Geschwindigkeit der Geldströme gedrosselt werden sollte, sind infolge intensiver Lobbyarbeit des Finanzsektors verwässert worden (eine detaillierte Darstellung findet sich in Kastner 2017). Und Investmentfirmen, die keine Banken sind (also beispielsweise Hedgefonds), fallen gar nicht erst unter diese Regulierungsansätze, obwohl ihr Gebaren erheblich zur Instabilität des Systems beiträgt.

Den Neoliberalen zufolge hemmen sämtliche nach 2008 unternommenen Versuche, die Banken von unverantwortlichem Handeln abzuhalten, so schwach sie auch sein mögen, lediglich den Handel, weil sie die Streuung von Risiken erschweren und damit Innovationen verhindern. Manchmal verweisen sie auch darauf, dass Investoren, die nicht auf kurzfristige Aktienpreissteigerungen spekulieren, also etwa Risikokapitalgeber, darauf angewiesen seien, einige Gelder in volatilen Märkten anzulegen, um ihre langfristigen Investitionen gegenzufinanzieren. Dem muss man jedoch den Gesamtverlust an Wohlstand gegenüberstellen, zu dem es nach dem Zusammenbruch eines unzureichend regulierten Systems kommt, wie er 2008 eintrat.

Man kann mit Recht behaupten, dass die Erwartung, der Staat werde die Banken freikaufen – weil sie »systemrelevant« (*too big to fail*) seien –, diese ermutigte, unverantwortliche Risiken einzugehen, und dass die nach 2008 erfolgten Rettungsmaßnahmen ihnen einen neuen Anreiz gaben, künftig noch größere Risiken zu akzeptieren. Als klar wurde, dass keiner der für das Desaster Verantwortlichen bestraft werden würde, hieß es, die Banker seien »unverhaftbar« (*too big to jail*). Doch auch hier muss man abwägen, nämlich den durch die Rettung verursachten Schaden gegen die Gefahr eines totalen Zusammenbruchs der Weltwirtschaft, zu dem es hätte kommen können, wenn man nichts unternommen hätte, um das Ausbluten der Aktienwerte zu stoppen.

Ein guter Ansatz waren die »Stresstests«, denen sich die Banken nach 2008 unterziehen mussten. Dabei überprüfen Mitarbeiter der Zentralbanken, ob eine Bank mit bestimmten Markterschütterungen fertigwerden würde. Besteht sie den Test nicht, muss sie ihre Kapitalausstattung verbessern oder die Fusion mit einer anderen Bank anstreben. Diese von der Europäischen Zentralbank (EZB), der US Federal Reserve und der Bank of England verlangten Tests waren sehr streng. Die Banken haben sie begrüßt, da sie halfen, das Bankensystem vor übertrieben risikofreudigen Akteuren zu schützen.

Der Vertrauensverlust der Banken untereinander war eine der bedrohlichsten unmittelbaren Folgen der Krise. Das Vertrauen der Kleinanleger suchte die EZB mittels eines Einlagensicherungsfonds zu stärken (Vergleichbares unternahm auch die Bank of England). Er sieht vor, dass Banken eine Versicherung abschließen, die private Einlagen bei Finanzdienstleistern bis zu einer Höhe von 100 000 Euro garantiert. Banken und andere Finanzmarktakteure haben diese Maßnahme begrüßt, weil sie wissen, dass sie Kleinanleger ohne eine derartige Vorrichtung kaum daran hindern könnten, ihr Geld bei Ausbruch einer neuen Krise unverzüglich und massenhaft abzuziehen. All das sind interessante Reformen des neoliberalen Wirtschaftsmodells, die die Notwendigkeit externer, also staatlicher (oder zentralbanklicher) Eingriffe und Regulierungen anerkennen und zugleich die Marktwirtschaft bewahren.

Was können wir aus der Krise über die Postdemokratie lernen?

Die unterschiedlichen Reaktionen innerhalb der Finanzbranche auf die verschiedenen in Reaktion auf die Krise getroffenen Maßnahmen entsprechen dem, was man in einer Postdemokratie zu erwarten hat: Wenn die Politik Finanzunternehmen mit hilfreichen Zusicherungen beispringt, stößt das auf Zustimmung; wenn sie deren Risikobereitschaft zum Schutz der Allgemeinheit Schranken auferlegen will, wehren sich die betroffenen Firmen dagegen, selbst wenn sie auf lange Sicht von solchen Maßnahmen profitieren würden.

Das Problem liegt darin, dass weder die Banken noch die Staaten nach 2009 langfristigen Aspekten besondere Aufmerksamkeit schenkten. Die Banken wollten möglichst schnell zu den enormen Profiten zurückkehren, die sich mit hochriskanten Transaktionen erzielen ließen; wenn sie in kurzer Zeit genügend Geld verdienten, könnten sie sich, so glaubten sie, beim nächsten Crash vielleicht einfach zurücklehnen und abwarten. Da zudem der Finanzsektor als Ganzes, einschließlich gewisser Banken, für das Funktionieren der Gesamtwirtschaft unerlässlich ist, hielten die Behörden es für notwendig, solche Banken auf Kosten der Allgemeinheit zu retten, falls sie in Schieflage gerieten. Sie suchten dann mit allen Mitteln darauf hinzuwirken, dass die Banken so schnell wie möglich wieder profitabel würden, damit sie ihre Rettungsmaßnahmen einstellen konnten. Und das ging am schnellsten, wenn sie die Rückkehr zu hochriskanten Krediten zuließen.

In der Tat gibt es Hinweise auf eine Wiederkehr der riskanten Finanztransaktionen auf sekundären Märkten, selbst der Subprime-Hypotheken in den USA. Die Banken erfuhren in der Krise, wie abhängig wir von ihnen geworden sind und wie weit die Staaten zu gehen bereit sind, um sie vor den

Folgen ihrer Verantwortungslosigkeit zu schützen. Die Fehlanreize des sogenannten moralischen Risikos – bei dem andere die Folgen meines Handelns auszubaden haben – haben sich eher noch vermehrt. Auch hat der erwähnte digitalisierte Aktienhandel in den letzten Jahren große Fortschritte gemacht. Sehr wohlhabende Investoren verfügen heute über technische Möglichkeiten, minimale Marktbewegungen aufzuspüren und Wertpapiere in Sekundenbruchteilen anzukaufen und zu veräußern. Man könnte sagen, dass der Handel damit effizienter wird – allerdings öffnet die Technik auch parasitären Verfahren Tür und Tor.

Stellen wir uns zwei Finanzunternehmen vor. Firma A beginnt, eine bestimmte Aktie zu kaufen. Firma B hat kein Interesse an dieser Aktie, verfügt aber über schnellere Computer als A. Diese stellen fest, dass A die Aktie nachfragt, und nutzen ihren Geschwindigkeitsvorteil, um eine hohe Stückzahl zu erwerben, bevor Firma A das kann. Anschließend verkauft B die Aktie zu einem höheren Preis an A weiter. Das Verfahren hat keinerlei Nutzen, abgesehen davon, dass B auf Kosten von A Profit gemacht hat. Da diese Art, qua Ausnutzung minimaler Preisschwankungen zu handeln, Transaktionen gewaltigen Umfangs nötig macht, kann sie leicht erhebliche Kursschwankungen herbeiführen und ohne jede Notwendigkeit Krisen heraufbeschwören.

Der ehemalige britische Schatzkanzler und Premierminister Gordon Brown erklärte 2018 in einem BBC-Interview (Jack 2018), er halte es für unwahrscheinlich, dass man die umfassende Kooperation der Staaten, die die Welt 2008 vor einer Wiederholung der Katastrophe von 1931 bewahrt hat, heute noch einmal zustande bringen könnte. Wahrscheinlicher sei, dass die Regierungen einiger Länder ihre nationalen Interessen den Erfahrungen von 2008 zum Trotz auf Kosten anderer Länder verteidigen würden. So kündigte insbesondere die Regierung Trump an, dass sie sich aus zahlreichen Formen der internationalen Kooperation, insbesondere aus Handelsabkommen, zurückziehen werde – eine Politik, die Trumps Nachfolger Biden rückgängig zu machen versprach. China, Hauptziel der protektionistischen Politik Trumps, wäre daher vermutlich weit weniger als noch 2008 geneigt, den USA in einer Krise beizuspringen. Großbritannien hat sich inzwischen aus der auf ausgedehnten Kooperationsvereinbarungen beruhenden EU verabschiedet. Auch in Russland ist die Bereitschaft gesunken, sich an gemeinsamen internationalen Maßnahmen zu beteiligen, und in Ungarn und Polen sind zum Zeitpunkt der Niederschrift dieser Überlegungen nationalistische Regierungen am Ruder.

Die Entwicklungen, die 2008 zur Krise führten, sich über die Rettungsmaßnahmen hinaus fortsetzten und die Finanzmärkte bis heute unsicher machen, entsprechen ziemlich genau dem Modell einer postdemokratischen Politik (siehe dazu insbesondere die Untersuchung Greta Krippners [2012] zur Deregulierung der Finanzmärkte). Das vor allem für die USA typische Personalkarussell, auf dem Mitarbeiter von Banken übergangslos in Behörden und wieder zurück wechseln, ist ein gutes Beispiel dafür. Mehrere der Akteure, die seit den achtziger Jahren maßgeblich am Abbau des 1931 entwickelten Systems der Bankenregulierung beteiligt waren, arbeiteten entweder vor oder nach ihrer Tätigkeit im US-Finanzministerium für Hedgefonds und Investmentbanken. Manche von ihnen kamen aus dem Sektor und kehrten in ihn zurück, nachdem sie durch Veränderungen des Rechtsrahmens dafür gesorgt hatten, dass Investmentgeschäfte riskanter und profitabler wurden. Goldman Sachs, die größte Investmentbank der Welt, tat sich dabei besonders hervor. Einige ihrer Führungskräfte waren zuvor unter demokratischen und republikanischen Präsidenten als Staatssekretäre im Finanzministerium tätig. In vielen Teilen Europas brachten die Ideen des sogenannten Dritten Wegs der Sozialdemokratie sogar Regierungen der linken Mitte dazu, den Vertretern großer Konzerne weit mehr Gehör zu schenken als den Menschen, deren Interessen sie zu vertreten behaupteten.

In meiner damaligen Darstellung der postdemokratischen Politik habe ich insofern stark vereinfacht, als ich allgemein von Wirtschaftseliten sprach und nicht weiter auf den unterschiedlichen politischen Einfluss von Konzernen verschiedener Sektoren einging. Wie wir im vorigen Kapitel gesehen haben, weisen die Sektoren, denen zumeist strategische Bedeutung beigemessen wird – also Energie, Lebensmittel, Rüstung, Arzneimittel und zunehmend auch Informationstechnologie –, zugleich die stärksten oligopolistischen Tendenzen auf, die eine verstärkte politische Einflussnahme der führenden Konzerne befördern. Aber selbst sie reichen an die privilegierte politische Stellung des Finanzsektors nicht heran. Sein Produkt ist schlicht – Geld, das Lebenselixier der Wirtschaft. Das ist zwar schon seit langem so, hat sich aber verstärkt, seit Handelsinnovationen wie die oben diskutierten die Profitmöglichkeiten auf den Finanzmärkten in Höhen getrieben haben, die weit über denen anderer Bereiche liegen, und seit die Deregulierung dazu geführt hat, dass Staaten den Finanzmarktakteuren jeden Wunsch von den Augen ablesen, um Investitionen ins Land zu ziehen.

Die klarste Analyse dieser Entwicklung und ihrer Folgen für die Demokratie hat Wolfgang Streeck (2013) vorgelegt. Aus seiner Sicht sind heutige »demokratische« Regierungen nicht mehr nur ihren Bürgern, dem *Staatsvolk**, gegenüber verantwortlich, sondern darüber hinaus dem *Marktvolk**. Das Staatsvolk ist im Nationalstaat verwurzelt, seine Angehörigen sind Bürger, die im Rahmen ihrer Bürgerrechte agieren; sie wählen (gelegentlich), äußern ihre Meinung öffentlich und in Umfragen, verhalten sich dem Staat gegenüber loyal und erwarten von ihm, dass er Güter und Dienstleistungen des täglichen Bedarfs bereitstellt. Die Angehörigen des Marktvolks hingegen agieren international, sie sind keine Bürger, sondern Investoren, und stellen als solche zivilrechtlich einklagbare Forderungen; sie äußern ihre »Meinung« zur Politik des Landes (jederzeit), indem sie staatliche Schuldverschreibungen ankaufen oder veräußern, zeigen keine Loyalität, sondern rasch wechselnde Grade von »Vertrauen« und erwarten von den Regierungen, dass diese die Schulden bedienen.

Streeck ist es weniger um die bekannte Problematik des Konzernlobbyismus als um die tiefer greifende Transformation staatlicher Zuständigkeiten infolge der wachsenden Staatverschuldung zu tun. Im Kern geht es ihm um den Übergang vom *Steuerstaat** zum *Schuldenstaat**. Ersterer steht primär in Beziehung zu seinen Bürgern (dem Staatsvolk), deren Zustimmung zur Erhebung von Abgaben er bedarf. Der Schuldenstaat erhält diese Verbindung zwar aufrecht, ergänzt sie aber durch eine zweite, die ihm ebenfalls, wie die Besteuerung, als wichtige Einnahmequelle dient: die zu den globalen Finanzmärkten, auf denen er sich Geld leiht – weshalb er sich auch gegenüber dem Marktvolk verantworten muss.

Das Beharren neoliberaler Politiker auf niedrigen Steuersätzen hat die Abhängigkeit der Staaten von Krediten zur Finanzierung ihrer öffentlichen Aufgaben vergrößert. Zugleich hat der Aufstieg sekundärer Märkte die Finanzhäuser in die Lage versetzt, ebenso wie in riskante Privatkundenkredite auch in riskante Staatskredite zu investieren. Je mehr die Regierungen auf Kredite zurückgreifen mussten, desto mehr Einfluss hat daher das Marktvolk gewonnen, und desto weniger vermögen die Staaten ihrer Verpflichtung gegenüber dem Staatsvolk gerecht zu werden.

Hätten stärkere Demokratien die Krise besser bewältigt?

Die Krise von 2008 bewies daher zweierlei: dass sich die Finanzindustrie, der Schlüsselsektor des Neoliberalismus, den Regeln der Marktwirtschaft zu entziehen vermochte und dass sie in ihrer neuen Rolle den allgemeinen Trend hin zur Postdemokratie verstärkte.

Hätte es irgendetwas geändert, wenn sowohl die Kräfte der Demokratie als auch die des Marktes stärker gewesen wären? Es lohnt sich, diesen Gedanken einmal durchzuspielen.

Wir können mit guten Gründen davon ausgehen, dass eine Politik, die anderen Gesellschaftsgruppen mindestens so viel Aufmerksamkeit gewidmet hätte wie der Finanzelite, nicht so leicht bereit gewesen wäre, den Deregulierungsbegehren der Banken nachzugeben. Die seit 1931 eingeführten Vorschriften hatten die Aufgabe, die Gesellschaft und die übrige Wirtschaft vor riskanten Manövern der Finanzbranche zu schützen – deren Neigung zum Vabanquespiel keineswegs Spekulation war, sondern historische Tatsache. Hätten sich die Politiker in den neunziger Jahren mit einem breiteren Spektrum von Meinungen auseinandergesetzt und wären nicht so viele insbesondere US-Finanzpolitiker ständig zwischen Wirtschaft und Regierungsbehörden hin und her gewechselt, hätten mahnende Stimmen gewiss leichter Gehör gefunden, und die Deregulierung wäre weniger umfassend ausgefallen.

Bezeichnenderweise nahm der Deregulierungsprozess in den USA seinen Anfang, wo die extrem Reichen weit ungenierter Lobbyismus betreiben als in den meisten europäischen Ländern. Großbritannien, dessen Regierungen bereits in den achtziger Jahren die Interessen der Wirtschaft privilegierten und die Arbeitnehmer und deren Vertreter in eine ausgesprochen schwache Position drängten, folgte rasch. Andere EU-Staaten, in denen der politische Einfluss der verschiedenen Gesellschaftsgruppen damals noch besser ausbalanciert war, gingen bei Deregulierungen zunächst deutlich langsamer vor. Das Tempo beschleunigten sie erst, als die Wirtschaftsleistung in den USA und Großbritannien aufgrund der Maßnahmen stark zu wachsen schien. Nun schwenkten sowohl die einzelnen Staaten als auch die EU selbst auf den angloamerikanischen Weg ein. Zudem wären im Gefolge der Krise von 2008 vermutlich größere Schritte hin zu mehr Regulierungen unternommen worden, wenn die Interessen von Gruppen außerhalb des Finanzsektors stärkeren Einfluss auf die Regierenden gehabt hätten.

Es lässt sich jedoch auch einiges gegen diese These anführen. So waren die meisten Wirtschaftsexperten vor 2008 überzeugt, dass die neuen Vorgehensweisen an den Finanzmärkten ohne Risiko seien. Das folgte aus der Markteffizienzhypothese, die der US-amerikanische Wirtschaftswissenschaftler Eugene Fama bereits 1970 vorgelegt hatte (Fama 1970). Sie besagte, dass die Aktienpreise sämtliche relevanten Informationen enthielten, die für rationale Investitionsentscheidungen notwendig seien. Robert Shiller (2000), ebenfalls ein bedeutender amerikanischer Finanzwirtschaftler, wandte ein, dass Aktienmärkte nicht selten einem »irrationalen Überschwang« verfielen, und warnte früh vor den im Hypothekenmarkt der USA lauernden Gefahren, ohne jedoch größere Beachtung zu finden. Fama redete den Leuten nach dem Mund, Shiller ihnen ins Gewissen. Da viele Ökonomen Aussagen der ersteren Kategorie den Vorzug gaben, ist es durchaus verständlich, dass fachfremde Politiker sie für anerkannte Wahrheiten halten konnten.

Selbst noch nach dem Crash beharrten Verfechter von Famas Theorie darauf, dass sie die Lage richtig eingeschätzt hätten, und führten die Krise auf marktverzerrende Eingriffe der Staaten zurück. Obwohl feststeht, dass ein erheblicher Mangel an Information auf Seiten der Investoren eine wichtige Rolle bei ihren Investitionsentscheidungen insbesondere im Bereich der Subprime-Hypotheken gespielt hat, die den Crash schließlich auslösten, verlieh die Schwedische Reichsbank Fama 2013 den Alfred-Nobel-Gedächtnispreis für Wirtschaftswissenschaften (der auch Wirtschaftsnobelpreis genannt wird) – allerdings gemeinsam mit Shiller.

Es lässt sich nicht mit Gewissheit sagen, ob für alle Gesellschaftsgruppen ansprechbare Politiker der Markteffizienzhypothese skeptischer begegnet wären und den Mut aufgebracht hätten, der klügeren Minderheit unorthodoxer Ökonomen Glauben zu schenken. Immerhin schien die Deregulierung, die der Welt die neuen sekundären Märkte eingebracht hatte, das ökonomische Problem der Knappheit zu lösen und Geringverdienern auf beispiellos einfache Weise eine Kreditaufnahme möglich zu machen, um ein Haus zu kaufen oder andere große Ausgaben zu tätigen. Man könnte daher sagen, es sei die Pflicht einer Demokratie, dafür zu sorgen, dass solche Möglichkeiten auch verwirklicht werden. Insofern erscheint es zumindest möglich, dass auch eine widerstandsfähigere Demokratie, die Konzernlobbyisten vorsichtiger begegnet wäre, die Finanzkrise nicht aus sich selbst heraus verhindert hätte. Denn dafür hätte sie zweier weiterer Dinge bedurft: einer größeren Meinungsvielfalt unter den Experten und weniger stark verzerrter Märkte.

Rechtspopulisten verunglimpfen Fachwissen gern als elitär und undemokratisch, doch sollte sich eine Demokratie im eigenen Interesse bemühen, die Erkenntnisse von Experten heranzuziehen, um stets die bestmöglichen Entscheidungen zu treffen: Erkenntnis ist der beste Freund der Demokratie. Wenn eine demokratische Mehrheit eine Brücke auf eine

Weise zu bauen beschließt, von der Ingenieure strikt abraten, tut sie gut daran, sich zu ihrer eigenen Sicherheit an deren Rat zu halten und die Baupläne zu revidieren. Das wirft allerdings drei Probleme auf. Erstens sind die Erkenntnisse der Gesellschaftswissenschaften inklusive der Wirtschaftswissenschaft selten so gut gesichert wie die der meisten Naturwissenschaften, deren Hypothesen in der Regel unter Laborbedingungen überprüft werden können. Daher sieht sich die Politik, wenn sie Experten befragt, hier häufig auch grundsätzlichen Meinungsverschiedenheiten gegenüber.

Das zweite Problem ist das bereits angesprochene Regulatory capture, die Vereinnahmung des Regulators durch den zu regulierenden Wirtschaftszweig. Nicht selten gelingt es den Akteuren eines Bereichs, ein Monopol auf das diesen betreffende Fachwissen zu errichten; regulierungswillige Behörden sind auf dieses Wissen angewiesen und folgen daher oft den Vorschlägen der für die zu regulierenden Unternehmen tätigen Experten. Die Problematik verschärft sich, in den Natur- ebenso wie in den Gesellschaftswissenschaften, weil das Wissen immer spezialisierter und für Außenstehende schwerer begreiflich wird und weil Forschungsvorhaben auf vielen Gebieten so teuer geworden sind, dass sie nur noch für Organisationen finanzierbar sind, die erwarten können, aus den gewonnenen Erkenntnissen Profit zu schlagen. Das im vorigen Kapitel diskutierte International Life Sciences Institute mit seinen industriefreundlichen Studien ist ein leuchtendes Beispiel dafür. Unternehmen lassen sowohl in eigenen Laboratorien wie an Universitäten forschen, denen sie Mittel zur Verfügung stellen. Banken und andere Firmen der Finanzbranche nutzen die Erkenntnisse von Wirtschaftswissenschaftlern, fördern deren Forschungsvorhaben und bieten ihnen hoch dotierte Positionen. Unparteiische Experten zu finden wird zunehmend schwierig, solange keine Wege gefunden werden, die Finanzierung tatsächlich unabhängiger Forschung zu sichern.

Drittens: Der Bankensektor hätte nach 2008 nicht solche politischen Probleme geschaffen, wenn einige der dort tätigen Unternehmen nicht so groß gewesen wären, dass sie zur Bedrohung des gesamten Systems hätten werden können.

Während wir bis jetzt eher die Schwächen der Demokratie betrachtet haben, die zu Deregulierungsexzessen führten, wenden wir uns nun den Deregulierungen zu, die zu einer Schwächung der Demokratie führen können. Deregulierungen haben die Krise zumindest mitverursacht, und daraus ist ein ganzes Spektrum an Problemen für die Demokratie erwachsen.

Demokratische Regierungen müssen verhindern, dass sie systemischen Erschütterungen hilflos ausgeliefert sind, wenn Unternehmen ins Wanken geraten, die aufgrund ihrer schieren Größe als unverzichtbar erscheinen. Es gibt zwei Möglichkeiten, dieses Ziel zu erreichen. Die erste besteht darin, die Märkte effizienter zu machen – indem man entweder verhindert, dass potenziell marktbeherrschende Unternehmen entstehen, oder diese zerschlägt, falls sie sich bereits herausgebildet haben. Letzteres ist die im vorigen Kapitel erwähnte klassische Vorgehensweise der Wettbewerbshüter in Kartellrechts- oder Antitrust-Verfahren, die von den zuständigen Behörden, insbesondere dem EuGH, schon häufig mit Erfolg angewendet worden ist.

In manchen Sektoren verbietet sich ein solcher Ansatz allerdings, da in ihnen Größe Voraussetzung für effizientes Wirtschaften ist, so dass die Zerschlagung von Großunternehmen negative Folgen für alle hätte, und in ihnen sowohl der Marktzugang als auch das Verlassen des Marktes nicht ohne weiteres möglich sind. Unter solchen Umständen gibt es keine Alternative zur zweiten Möglichkeit, die Demokratie vor den Gefahren eines solchen Monopols zu schützen: strenge Regulierung oder Vergesellschaftung. Eines der Kennzeichen der Postdemokratie ist die Abschaffung eines oder beider dieser Schutzmechanismen in vielen Sektoren, vor allem im Finanzsektor.

Fazit

»Mehr Demokratie« allein hätte uns die Krise von 2008 nicht erspart. Denn die Politiker hätten in jedem Stadium, von den Anfängen der Deregulierung bis zu den abschließenden Rettungsmaßnahmen, mit guten Gründen behaupten können, sie täten nur, was gemäß dem Versprechen, ein dereguliertes Finanzsystem werde das altehrwürdige Problem der Knappheit lösen, das Beste für Land und Leute sei. Um nicht in die Falle der Deregulierungen zu tappen, hätte die Demokratie Hilfe von außen gebraucht. Zunächst einmal hätten ihre Vertreter immer dort Zugang zu unabhängigen Experten und ihren abweichenden Erkenntnissen haben müssen, wo die Gefahr bestand, dass eine herrschende Lehrmeinung von mächtigen Interessen hervorgebracht worden war oder diesen zumindest diente. Das wiederum hätte hinreichend diverse und unabhängige Formen der Finanzierung der Wissensproduktion, größeres Misstrauen gegenüber der Rolle von Konzernen und anderen wohlhabenden Akteuren bei der Finanzierung von Forschung und Wissensverbreitung sowie Massenmedien und eine Öffentlichkeit vorausgesetzt, die ein waches Interesse an den Ergebnissen jener Forschung und der in ihrem Umkreis geführten Debatten genommen hätten.

Diese Voraussetzungen sind angesichts der Komplexität

vieler Wissensgebiete kaum zu erfüllen – nicht zuletzt, weil für den Einzelnen wenig Anreiz besteht, sich tiefer in ein Thema einzuarbeiten, da seine Meinung anschließend so gut wie keine Rolle spielt. Dennoch halten sich Gesellschaften mit relativ demokratischen Institutionen in dieser Hinsicht immer noch besser als Gesellschaften ohne sie. Nur in Demokratien kann eine Öffentlichkeit entstehen, in der eine Erkenntniskonkurrenz möglich ist. Doch auch eine wohlinformierte demokratische Gesellschaft kann schlechte oder »falsche« Entscheidungen treffen. Beispielsweise könnte eine Bevölkerungsmehrheit, obwohl sie Zugang zu verlässlichen, ausgewogenen Informationen über die Umweltzerstörung durch fossile Brennstoffe hat, befinden: »Was geht uns die Welt an, in der unsere Enkel in 30 Jahren leben? Wir wollen, dass das Benzin heute billig ist.« Das wäre eine demokratische Entscheidung, die sich aus demokratischer Perspektive nur dann kritisieren ließe, wenn die Sachlage verzerrt dargestellt worden wäre und mächtige Interessen die öffentliche Auseinandersetzung vor allem zugunsten einer Seite beeinflusst hätten – wie es ja tatsächlich geschieht. Der wachsende Einfluss von Großkonzernen auf die Wissensproduktion und -verbreitung verschärft das Problem. Wir können es auch nicht dadurch lösen, dass wir den Ungeborenen ein Stimmrecht bei Wahlen verleihen. Die Demokratie kann der Verantwortung für künftige Generationen nur dann nachkommen, wenn die Lebenden das wollen; dass sie dies wollen, ist nicht ausgeschlossen – der Wert, den viele ihren Nachkommen beimessen, zeigt sich an dem Erfindungsreichtum, mit dem sie sich bemühen, ihren Wohlstand unter Umgehung der Erbschaftssteuer an ihre Kinder weiterzugeben.

Zudem bedarf die Demokratie der Unterstützung eines Marktes, der verhindert, dass dominante Unternehmen aufgrund eines unvollkommenen Wettbewerbs »systemrelevant«

werden und entsprechenden Druck auf sie ausüben können. Selbstverständlich muss Lobbyismus in einer Demokratie möglich sein, das gehört ganz einfach zu einer freien Gesellschaft. Problematisch wird es erst, wenn Vertreter von Partikularinteressen über die Mittel verfügen, ein Maß an Druck zu erzeugen, das anderen nicht zur Verfügung steht, und mit Folgen für die Gesamtgesellschaft drohen, wenn man ihren Forderungen nicht nachgibt. Kleine und mittlere Unternehmen könnten höchstens dann derartigen Druck erzeugen, wenn sie sich in großer Zahl zusammenschlössen, was aber wieder eigene Probleme mit sich brächte. Plädoyers für die Regulierung oder Bekämpfung von Monopolen und Oligopolen stellen zumeist auf wirtschaftliche Vor- und Nachteile ab, nicht auf die Folgen für die Demokratie. Es könnte durchaus sein, dass Demokratie nur möglich ist, wenn die Ungleichheit ein gewisses Maß nicht überschreitet und auf den Märkten echter Wettbewerb herrscht.

4. Die europäische Schuldenkrise

In der Finanzkrise des Jahres 2008 konnte man die Postdemokratie, wenn auch mit einigen nicht unwesentlichen Einschränkungen, in Aktion erleben. Noch unheilvoller erschien vielen Kommentatoren der Umgang mit den Schuldnerstaaten während der Eurokrise ab 2010: nämlich als eine Verleugnung der Demokratie. Darum handelte es sich nicht – aber doch um einen klaren Fall gelebter Postdemokratie und ein Beispiel für die Dominanz des »Marktvolks« über das »Staatsvolk«. Doch auch hier spielten Umstände eine Rolle, die die Sache etwas komplizierter machen, als sie auf den ersten Blick erscheint.

Die wichtigsten Tatsachen sind folgende: Wie im vorigen Kapitel erwähnt, befanden sich unter den riskanten Wertpapieren, in die ein deregulierter Finanzmarkt enorme Gelder gepumpt hatte, auch Staatsschuldverschreibungen mehrerer Länder. Diese Papiere ähnelten sozusagen den Privatkrediten von Haushalten mit niedrigen Einkommen. Als sie sich als nahezu wertlos erwiesen, blickten die Banken enormen Verlusten ins Auge. Größerer Schaden ließ sich nur abwenden, indem man die Investoren davon überzeugte, dass die Staaten ihren Zahlungsverpflichtungen nachkommen würden. Auch hier wieder drohte ein Bankenzusammenbruch, der ohne staatliche Rettungsmaßnahmen die gesamte Weltwirtschaft gefährden konnte. Regierungen und Wähler standen vor einem Dilemma: Entweder riskierten sie den Kollaps der Weltwirtschaft, oder sie akzeptierten die Verpflichtung zur Rückzahlung der Schulden. Letzteres würde entweder erhebliche Steuererhöhungen oder Einsparungen bei den öffentlichen Ausgaben, möglicherweise beides notwendig machen. Für welches Vorgehen man sich auch entschied: Der damit einhergehende jähe Kaufkraftverlust würde zu einem Rückgang der Binnennachfrage sowie der Wirtschaftstätigkeit führen und damit die Rückzahlung der Schulden erschweren – ein Teufelskreis.

Die Schuldnerländer in der Eurozone befanden sich in einer besonders unkomfortablen Situation. Es ist alles andere als einfach, eine Währung zu lenken, wenn sich dabei mehrere Regierungen einigen müssen, die sämtlich über fiskalische Autonomie verfügen. Entweder es gibt Regeln, an die sich alle halten müssen, wodurch jedoch die Steuerautonomie (der sogenannte Fiskalföderalismus innerhalb der EU) eingeschränkt würde, oder man muss sich auf ein Vorgehen mittels eines gemeinsamen finanzpolitischen Instruments einigen. Katastrophalerweise entschieden sich die Gründer des Euros für letzteren Weg, und zwar vornehmlich aus zwei Gesichtspunkten. Zum einen wollten die Staaten ihre Steuerautonomie wahren. Zweitens spielte ein ganz anderer Aspekt eine Rolle, dessen Reiz jedoch darin lag, dass er mit dem ersten kompatibel war. Um diesen Aspekt und die nachfolgenden Entwicklungen der Eurokrise zu verstehen, müssen wir etwas weiter ausholen.

Aus Gründen, die ich unten erläutern werde, unterlag die deutsche (anfangs noch westdeutsche) Finanzpolitik der Doktrin, dass eine Zentralbank von der Politik unabhängig agieren müsse und kein anderes Ziel als eine niedrige Inflationsrate verfolgen dürfe. In seit den siebziger Jahren andauernden, von mehreren französischen Regierungen angestoßenen Diskussionen über die Einführung einer gemeinsamen europäischen Währung zeigte sich Westdeutschland stets zurückhaltend. Die Deutschen fürchteten, dass die Regierungen anderer Staaten vor allem in Südeuropa ihre Inflationsbedenken ignorieren und die Stabilität einer gemeinsamen

Währung untergraben würden. Da Westdeutschland das wirtschaftsstärkste Land der EU war, schien das Projekt einer Gemeinschaftswährung chancenlos.

Nach dem Fall der Mauer und dem Zusammenbruch des Ostblocks brauchte die westdeutsche Regierung allerdings die Zustimmung der anderen zur Aufnahme Ostdeutschlands in ein vereintes Deutschland. Dafür musste die vormalige DDR zudem der EU beitreten dürfen, ohne sich erst in die Schlange der Beitrittskandidaten einzureihen. Falls Deutschland die Wiedervereinigung verwehrt geblieben wäre, hätte die zu erwartende Immigrationswelle aus dem Osten dem Westen enorme Lasten auferlegt und eine ausgeblutete, instabile Ex-DDR hinterlassen. Daher bot die französische Regierung an, die deutsche Wiedervereinigung im Austausch für die Zustimmung Westdeutschlands zu einer gemeinsamen europäischen Währung zu unterstützen.

Westdeutschland hatte also praktisch keine Wahl, konnte aber zugleich die Führung in allen Fragen übernehmen, die die Regeln für die EZB, die als gemeinsames finanzpolitisches Instrument über den Euro wachen sollte, und insbesondere die Inflationsvermeidung betrafen. Dabei sollten die EU-Mitgliedsländer ihre Steuerpolitik unter der Voraussetzung, dass sie die Inflation niedrig hielten, weiterhin selbst bestimmen können. Die Übernahme der deutschen Vorstellungen spielte dann auch bei der Etablierung der jungen Währung auf den Finanzmärkten eine wichtige Rolle, da unter den globalen Investoren zunächst erhebliche Skepsis gegenüber der Stabilität und Lebensfähigkeit einer länderübergreifenden Währung herrschte. Die strengen Regeln zur Inflationsbekämpfung sollten das Vertrauen in die neue Währung stärken. Allerdings war die deutsche Finanzpolitik selbst voller Widersprüche, die in der Folge auf den Euro übergingen. Man muss sie berücksichtigen, wenn man verstehen will, was ab dem Jahr 2010 in der Eurozone geschah.

Deutschland hatte als nahezu einziges der vom Zweiten Weltkrieg geschwächten westlichen Länder seit der Staatsgründung 1949 eine strenge Währungspolitik verfolgt. Anderswo in Westeuropa und auch in Nordamerika orientierte man sich an den Theorien des britischen Wirtschaftswissenschaftlers John Mayard Keynes, versuchte also, mit finanzpolitischen Mitteln die Nachfrage zu steuern. Wenn die Nachfrage der Endverbraucher sank und eine Rezession drohte, erhöhte man die Staatsausgaben und/oder senkte die Steuern; stieg die Nachfrage so sehr, dass Inflation drohte, reduzierte der Staat seine Ausgaben und/oder erhöhte die Steuern. Ziel waren langfristig ausgeglichene Budgets. Manche Beobachter, vor allem Finanzmarktakteure, bezweifelten jedoch, dass eine Regierung nötigenfalls den Mut zu Ausgabensenkungen beziehungsweise Steuererhöhungen aufbringen würde, was wiederum zu der Befürchtung führte, dass eine keynesianische Ökonomie aufgrund politischer Rücksichtnahmen auf eine steigende Geldentwertung hinauslaufen müsse.

Tatsächlich jedoch hatte es in Deutschland in den Jahren vor dem Aufstieg Hitlers extrem hohe Inflationsraten gegeben, weshalb die westdeutschen Politiker nach dem Krieg jeder Politik skeptisch gegenüberstanden, die zu einer höheren Inflation führen konnte. Sie etablierten daher eine strenge Geldpolitik, die in den folgenden Jahrzehnten mit dem deutschen Wirtschaftswunder assoziiert und schließlich auf die neue europäische Gemeinschaftswährung übertragen wurde.

In Wirklichkeit lag die Sache allerdings ein bisschen komplizierter. Als Westdeutschland Ende der sechziger Jahre seine erste Rezession erlebte, begann man auch dort die keynesianische Nachfragesteuerung zu übernehmen. Doch schon während der Erholung unmittelbar nach dem Krieg hatte die deutsche Finanzpolitik von entsprechenden Maßnahmen der europäischen Nachbarn und der USA profitiert. Infolge der Zerstörungen, die die Niederschlagung der Naziherrschaft mit sich gebracht hatte, waren die Deutschen extrem arm; ihre Wirtschaft war nicht auf Binnenkonsum eingestellt, und die Erholung der Industrie setzte mit von Exporterfolgen ein, die zumindest zum Teil erst dadurch möglich wurden, dass das Konsumentenvertrauen in den wichtigsten Abnehmerländern durch keynesianische Maßnahmen gestützt wurde. Das sogenannte Wirtschaftswunder kann daher im Grunde nicht als Beispiel für Wirtschaftswachstum ohne Nachfragesteuerung gelten. Auch kann es nicht als Modell für andere Länder dienen, da es logisch unmöglich ist, dass alle Länder zur gleichen Zeit Exportüberschüsse generieren.

Eher ein Mythos sind auch die Behauptungen der Deutschen, ihre strenge Geldpolitik sei für das Wirtschaftswachstum des Landes entscheidend gewesen. Unter dem im vorigen Kapitel beschriebenen System von Bretton Woods schwankten die Währungen nicht nach Angebot und Nachfrage auf den Geldmärkten, sondern waren in einem Verhältnis zum US-Dollar festgelegt, das nur von den Staaten selbst verändert werden konnte. Dazu kam es nur selten, nämlich dann, wenn ein Land seine Währung an eine erheblich aus dem Ruder laufende Wirtschaftsleistung anpasste.

Nach der Niederlage im Krieg hatte Westdeutschland mit der Deutschen Mark ein neues Zahlungsmittel eingeführt, das anfangs auf einen extrem niedrigen Wechselkurs fixiert wurde. Als die deutsche Wirtschaft kräftig wuchs, erfuhr die Mark eine Reihe von Aufwertungen und wurde schließlich zu einer der stabilsten und härtesten Währungen der Welt. Da ihr Marktwert jedoch kontinuierlich weiter stieg und

Aufwertungen selten (1961 und 1969) erfolgten, war sie die meiste Zeit über unterbewertet und daher eigentlich überhaupt keine harte Währung.

Nachdem die USA 1972 den Zusammenbruch des Systems von Bretton Woods herbeigeführt hatten, weil sie den Dollar abwerten wollten, wurden die wichtigsten Währungen auf den weltweiten Finanzmärkten frei gehandelt; folgerichtig stieg der Wert der D-Mark und verteuerte Deutschlands Exporte. 1979 überstieg die Instabilität der freien Wechselkurse das erträgliche Maß, weil Investoren wiederholt auf den Wertverlust dieser oder jener Währung spekulierten. Die Europäische Wirtschaftsgemeinschaft (wie die EU damals noch hieß) etablierte daraufhin das Europäische Währungssystem (EWS), um die Wechselkursschwankungen in gewissen Grenzen zu halten. Regierungen und Notenbanken sollten den Wert ihrer Währungen mithilfe der Zinssätze weitgehend stabilisieren. Das EWS konnte die Währungen wirtschaftsschwacher Länder jedoch nicht vor extremem Spekulationsdruck schützen, weshalb sie ihre Zinssätze zuweilen in wirtschaftsschädliche Höhen treiben mussten. Das tat beispielsweise Großbritannien 1992 – und musste daraufhin den EWS verlassen.

Das EWS war von seinen Architekten als Vorstufe zu einer Währungsunion konzipiert worden, obwohl die Bundesbank diesem Schritt vor den oben geschilderten Entwicklungen im Zusammenhang mit der Wiedervereinigung stets zurückhaltend gegenübergestanden hatte. Als der Euro 1999 schließlich an den Start ging, machte er dem Währungsdurcheinander ein Ende, nicht nur unter den Euro-Mitgliedsstaaten, sondern auch über diese hinaus, da nun ein großer Bereich entstand, in dem Währungsspekulation nicht mehr möglich war.

Abgesehen vom Schutz schwächerer Währungen vor spekulativen Angriffen war mit dem Euro aus Sicht der Mitgliedsländer ein komplexes Geflecht aus Verpflichtungen und Vorteilen verbunden. Regierungen und Zentralbanken konnten die Zinssätze nicht mehr nach eigenem Gutdünken festlegen. Statt ihrer setzte die EZB unter Berücksichtigung der wirtschaftlichen Gesamtentwicklung im Euroraum einen generellen Zinssatz fest. Das führte dazu, dass die wirtschaftsschwächeren Länder vor allem Südeuropas von Zinssätzen profitierten, die niedriger waren, als sie es im Fall des Fortbestands ihrer eigenen Währungen gewesen wären. Infolgedessen konnten die Unternehmen in diesen Ländern mehr investieren, und ihre Wirtschaft wuchs. Umgekehrt mussten wirtschaftsstärkere Länder wie Deutschland Zinssätze akzeptieren, die höher lagen, als ihre wirtschaftliche Situation rechtfertigte, was ihr Wachstum verlangsamte. Zur gleichen Zeit verlor die junge Währung auf dem Geldmarkt an Wert, da Investoren aus Drittländern das Projekt eher skeptisch beurteilten. Wie in den ersten Jahrzehnten der D-Mark kam Deutschland auf diese Weise einmal mehr zu einer unterbewerteten Währung, und seine Exporte boomten; andere wirtschaftsstarke Euroländer profitierten ebenfalls. Die wirtschaftsschwächeren Länder aber kamen nun mit Exportpreisen auf den Markt, die höher lagen, als sie unter Beibehaltung ihrer schwächeren Währungen gewesen wären.

Zu Beginn der Eurokrise war allgemein in Vergessenheit geraten, dass die südeuropäischen Länder lange von ihren schwächeren Währungen und den daraus resultierenden niedrigen Exportpreisen profitiert hatten. So war zum Beispiel mehreren Sektoren der italienischen Wirtschaft innerhalb des ziemlich geschlossenen europäischen Marktes der früheren Europäischen Wirtschaftsgemeinschaft (EWG) die Aufgabe zugefallen, niedrigpreisige Güter für das nördliche Europa zu produzieren: etwa Textilien und Bekleidung, Haushaltsgeräte sowie qualitativ hochwertige, aber billiger als in Nordeuropa hergestellte Güter wie Werkzeugmaschinen und Kraftfahrzeuge. Die Kostenvorteile erzielte man zunächst durch niedrigere Reallöhne als im Norden, doch als Italien wohlhabender wurde, schloss sich die Lohnschere allmählich. Um sich den Preisvorteil zu erhalten, nahm man dann immer wieder Abwertungen der Lira vor. Als Gründungsmitglied der EWG verfolgte Italien diese Strategie am längsten, aber auch Griechenland, Portugal und Spanien gingen, nachdem sie Mitglieder geworden waren, ähnlich vor.

In den neunziger Jahren zeigte sich jedoch, dass die Niedrigkosten-Strategie nicht durchzuhalten war. Die Ankunft der ehemaligen sozialistischen Länder Mitteleuropas auf dem kapitalistischen Weltmarkt und schließlich in der EU selbst bedeutete den Markteintritt neuer Wettbewerber, die weit niedrigere Arbeitslöhne zahlten als die meisten westlichen Länder. Und welche Defizite der Staatssozialismus auch immer gehabt haben mochte – die Arbeitskräfte waren gut ausgebildet, und die Unternehmen geboten über erhebliches technisches und sonstiges Know-how. In den Technikbranchen konnten sie mit ihren italienischen und spanischen Konkurrenten mithalten. Um diese Zeit begann auch das seit 1974 (zunächst als Multifaserabkommen) bestehende Welttextilabkommen auszulaufen, mit dem die westlichen Länder diese Branche mit Hilfe von Strafzöllen gegen fernöstliche Konkurrenz schützten. Das Abkommen endete im Dezember 2004. Der Textilsektor war besonders für die südeuropäischen Ökonomien von großer Bedeutung gewesen.

Nicht zuletzt aufgrund dieser Entwicklung verlor der Süden seine Funktion als Niedriglohnregion Europas. Vor allem in Italien plädierten nun Politiker, Wirtschaftsführer und Gewerkschaften gleichermaßen dafür, dass die Hersteller auf höherwertige und teurere Produkte für obere Marktsegmente umschwenken und weniger über den Preis als über die Qualität konkurrieren sollten. Die Aufnahme in die Eurozone galt ihnen als unterstützender Schritt: Wettbewerbsfähigkeit ließ sich nun nicht mehr über Abwertungen und niedrige Preise herstellen, da alle an eine gemeinsame Währung gebunden waren, die ihre Exporte verteuerte und sie deshalb zwang, ihre Effizienz und Qualität zu steigern.

Daher schien die der Gründung des Euros zugrundeliegende Logik den Bedürfnissen aller beteiligten Ökonomien zu entsprechen. Spekulative Angriffe auf einzelne nationale Währungen würde es nicht mehr geben, Deutschland und andere wirtschaftsstarke Länder gewannen durch eine für ihre Verhältnisse unterbewertete Währung an Wettbewerbsfähigkeit, wirtschaftsschwächere Länder profitierten von Zinssätzen, die niedriger lagen, als es ihre eigenen Ökonomien gerechtfertigt hätten, und erhielten überdies Anreize, die Qualität ihrer Produkte zu verbessern und ihre alte, nicht mehr tragfähige Rolle innerhalb der europäischen Wirtschaft aufzugeben.

Der Fehler des Systems war, dass es sich an einer zu eng gefassten Wirtschaftstheorie ausrichtete. Man ging davon aus, die Unternehmen in den südeuropäischen Ländern würden, nachdem deren Regierungen die Möglichkeit versperrt war, ihre Währungen immer wieder abzuwerten, mehr oder weniger automatisch auf den sich daraus ergebenden negativen Anreiz steigender Kosten reagieren. Um tatsächlich greifen zu können, hätte diese Strategie staatlicher Eingriffe zur Verbesserung von Infrastruktur, Ausbildung, Unternehmensberatung und anderen öffentlichen Dienstleistungen bedurft. Vor allem Spanien unternahm auch einige Schritte in diese Richtung, die EU unterstützte ihre südlichen Regionen mit großen Logistik- und anderen Infrastrukturprojekten. Insgesamt jedoch dominierten in der Politik dieser Länder, insbesondere in Griechenland und Italien, Klientelismus und nicht selten auch Korruption. So waren während der Militärdiktatur von 1967 bis 1974 die griechischen Reeder – die ihren Reichtum dem profitabelsten Wirtschaftssektor des Landes verdankten – in den Genuss einer permanenten Steuerbefreiung gekommen; keine der folgenden demokratischen Regierungen sah sich in der Lage, daran etwas zu ändern, da sowohl die großen Parteien als auch die Massenmedien finanziell in hohem Maße von den Reedern abhängig waren. In Italien waren die Regierungen Silvio Berlusconis, des reichsten Mannes des Landes, vor allem damit befasst, Gesetze zum Schutz des Regierungschefs vor Strafverfolgung wegen mutmaßlicher Vergehen in seinem Geschäfts- und Privatleben zu erlassen.

Die deutsche Regierung stand der Aufnahme von Ländern mit wirtschaftlichen Problemen in die Eurozone zurückhaltend gegenüber und verlangte, dass sie sich zuvor einer Art Bonitätsprüfung unterzögen. Dem stand der Wunsch sowohl der Europäischen Kommission als auch der französischen Regierung entgegen, die Stabilität der neuen Währung durch eine größtmögliche Ausweitung der Eurozone zu gewährleisten. Daher war unklar, wie streng die Aufnahmetests ausfallen sollten. Italien versicherte, dass es die formalen Anforderungen erfüllen werde, doch wie wir heute wissen, hat sich zumindest Griechenland den Zugang zum Euro durch geschönte Wirtschaftskennzahlen verschafft.

Ein weiteres Beispiel für die Blauäugigkeit der ausschließlich an ökonomischen Aspekten orientierten Euroeinführung war die Annahme, man müsse lediglich darauf achten, dass die Teilnehmerländer ein bestimmtes Inflationsniveau einhielten und ihre Staatsschulden begrenzten. Infolgedessen unterschied die EZB nicht, ob ein Staat mit einer Kreditaufnahme konstruktive Zwecke (wie etwa Infrastruktur-

oder Bildungsmaßnahmen) verfolgte oder lediglich Pensionen oder andere Versorgungsleistungen erhöhen wollte, ohne zur Refinanzierung Steuern anheben zu müssen. Die von den Deutschen durchgesetzten Regeln hinderten die EZB zudem daran, keynesianische Verfahren, also eine vorübergehende Schuldenaufnahme in bestimmten Konjunkturlagen zuzulassen, um einer drohenden Rezession entgegenzuwirken. Die Regierungen waren zufrieden damit, dass sich die EZB aus ihrer Finanzpolitik weitgehend heraushielt, doch letztlich hatte dies wahrscheinlich einschneidendere Folgen, als ein Mehr an fiskalischem Föderalismus gezeitigt hätte. Sogar Frankreich und Deutschland verfehlten zeitweilig ihre Inflationsziele. Die EZB drückte ein Auge zu, nicht so sehr, weil sie damit auf kluge Weise eine Rezession vermeiden wollte, sondern weil diese Länder wirtschaftlich zu relevant waren, um sie zu bestrafen.

Viele Beobachter wiesen auf die Geburtsfehler des Euros hin, doch kaum jemand sah voraus, welche Macht ihn schließlich ins Wanken bringen sollte: das von der Deregulierung der Finanzmärkte entfesselte System eines unverantwortlichen Handels mit Krediten, das wir im vorigen Kapitel untersucht haben. Solange sie nur die Inflation niedrig hielten, konnten die Euro-Staaten munter neue Schulden machen, indem sie Staatsschuldverschreibungen auf den Geldmärkten verkauften. Auf diese Weise heizten sie gemeinsam mit den durch Subprime-Kredite finanzierten Eigenheimkäufern das System des Handels mit Anleihen weiter an.

Nach dem Finanzmarkt-Crash von 2008 schreckten die Investoren vor dem Ankauf ungesicherter Kredite zurück, ganz gleich, ob die Schuldner Staaten oder Privatleute waren, und den Banken, die solche Papiere in großen Mengen hielten, drohte der Verlust des Kundenvertrauens. Wie so oft auf dem Geldmarkt, drehte sich auch hierbei alles um Glaubensfragen. Hielten die Investoren ein Land für im Grunde wirtschaftlich stabil, führte auch eine hohe Schuldenaufnahme nicht zu einer Krise des Vertrauens in die Banken, die dem Land Kredite gegeben hatten; galt die nationale Wirtschaft hingegen als schwach, war eine solche Krise fast unvermeidlich. Das erklärt auch, warum Spanien, obwohl seine Staatsverschuldung unter der Deutschlands lag, im Gegensatz zu diesem eine Schuldenkrise durchleiden musste.

Besondere Aufmerksamkeit galt den südeuropäischen Ländern und Irland. Im Jahr 2010 zeigte sich, dass den Banken, bei denen diese Länder verschuldet waren, der Zusammenbruch drohte – was unter Umständen eine erneute weltweite Bankenkrise hätte zur Folge haben können. Zwei europäische Institutionen – die EZB und die EU-Kommission – sowie, da die Krise globale Auswirkungen hatte, der IWF beschlossen, den betroffenen Staaten Bedingungen zur Haushaltssanierung aufzuerlegen, um das Vertrauen in die kreditgebenden Banken wiederherzustellen. Die drei Institutionen schlossen sich zur sogenannten Troika zusammen. Das russische Wort bezeichnet ein »Dreigespann« – doch zumindest im Fall Griechenlands wurde noch ein viertes, nie offiziell bestätigtes Zugpferd angeschirrt. Wie die Journalistin Aditya Chakrabortty (2012) aufdeckte, nahmen auch Lobbyisten des International Institute for Finance (IIF), das 450 Privatbanken aus aller Welt repräsentiert, an den Diskussionen der Troika über die Bedingungen für die Beteiligung der Banken teil. Anstatt heitere Assoziationen an eine fidele Kutschfahrt zu wecken, hätte man daher besser von den »vier Reitern der Apokalypse« sprechen sollen – das wäre sowohl numerisch als auch hinsichtlich der Folgen treffender gewesen.

Während die üblichen, auf die Inflationssteuerung ausgerichteten Mechanismen der Eurozone die Steuerpolitik der

Mitgliedsländer nicht betroffen hatten, waren die nun den südeuropäischen Staaten und Irland auferlegten Bedingungen unzweideutiger Ausdruck einer neoliberalen Ideologie. Entsprechend lag der Schwerpunkt nicht auf Steuererhöhungen, sondern auf der Kürzung der Staatsausgaben.

Im Fall Griechenlands, dem Land mit der höchsten Staatsverschuldung, wurde das besonders deutlich. Die im Memorandum of Understanding vom Februar 2012 (Government of Greece 2012) festgelegten Bedingungen sahen vor, dass das Land einen Großteil der Vorschriften zur Regulierung des Arbeitsmarkts und zum Arbeitnehmerschutz abbauen sollte, außerdem sollten die Gewerkschaften ihren Einfluss auf die Festlegung von Mindestlöhnen weitgehend verlieren. Hauptziel der auf den Arbeitsmarkt bezogenen Bedingungen war es, die Arbeitnehmer uneingeschränkt der Macht des globalen Arbeitsmarkts auszuliefern, wodurch die griechische Wirtschaft gezwungen wurde, nur noch über niedrige Preise (also niedrige Löhne) zu konkurrieren; die Idee der Höherqualifizierung der Arbeitskräfte, mit der man die Aufnahme der südeuropäischen Länder in die Eurozone ursprünglich gerechtfertigt hatte, wurde stillschweigend fallengelassen. Für den Bereich der Infrastruktur, etwa Transport und Energie, interessierte sich die Troika lediglich mit Blick auf die Forderung nach Privatisierungen, die Unternehmen aus nordeuropäischen Ländern die Aussicht auf gute Geschäfte eröffnen würden. Ein substanzielles Interesse an Infrastrukturverbesserungen an sich ließ das Memorandum nicht erkennen.

Die Bedingungen für die Rettung Griechenlands enthielten auch einige sinnvolle Reformen, die etwa die Ineffizienz der Staatsverwaltung, eines der großen Probleme des Landes, betrafen. Zudem gab es Elemente, die den Wohlhabenden unlieb waren, nämlich umfangreiche Maßnahmen gegen Steuervermeidung und -hinterziehung, Korruption und gegen die exzessiven Profite, die im Bereich der Arzneimittelversorgung erzielt wurden. Andere Reformen etwa im Bereich des Arbeits- und Gewerberechts entsprachen sowohl einer neoliberalen wie einer sozialdemokratischen Agenda. Die Hauptlast der Sparstrategie hatten jedoch die normalen Arbeitnehmer zu tragen, vor allem die Angestellten des öffentlichen Dienstes, die im Gegensatz zu vielen anderen keine Möglichkeit der Steuervermeidung hatten. Weit weniger sicher war, ob die Wohlhabenden und die in Griechenland ziemlich zahlreichen Selbständigen ihre Steuern zahlen würden und ob es gelingen könnte, die Korruption auszumerzen und deutliche Effizienzgewinne in der öffentlichen Verwaltung zu erzielen. Da Griechenland Rohstoffe und Halbfertigwaren nach wie vor auf dem Weltmarkt einkaufen musste, konnte man nur die Ausgaben für Arbeit und sozialpolitische Maßnahmen reduzieren, um Wettbewerbsfähigkeit herzustellen. Die griechischen Arbeitnehmer hatten nur die Wahl, für den Erhalt von Rechten zu kämpfen, mit denen sie wenig gewinnen konnten, oder sich auf eine jahrelange Austerität einzustellen, bis ihre Lohnkosten mit denen in Osteuropa und dem Fernen Osten konkurrieren konnten.

Ein weiteres Griechenlandabkommen, das dritte Hilfspaket von 2015, zeigte, dass die Troika immerhin einen gewissen Lernprozess durchlaufen hatte. Die Steuerpflicht wurde auf zusätzliche Einkommensarten ausgedehnt und mehr Wert auf konstruktive Maßnahmen gelegt. Darüber hinaus haben sich die Regeln für die Eurozone im Laufe des Krisenmanagements geändert. Einerseits wurden der öffentlichen Hand noch härtere Sparmaßnahmen auferlegt, andererseits wurde wenigstens anerkannt, dass man die Steuerung einer Währung nicht allein an Inflationszielen orientieren kann. Außerdem wurde ein Schritt hin zu mehr Flexibilität gemacht.

All das betrifft jedoch die Zukunft. Uns interessiert hier vor allem die Behauptung, dass der Umgang mit der Eurokrise antidemokratisch oder gar postdemokratisch war. Die betroffenen Staaten standen vor der Wahl, entweder die harten Sparvorschriften zu akzeptieren, die ihnen die Troika und de facto auch das IIF auferlegten, oder den Euroraum zu verlassen und zu ihren nationalen Währungen zurückzukehren. Diese wären Spekulationen schutzlos ausgeliefert gewesen und mit Sicherheit auf extreme Tiefstände gefallen.

Insbesondere britische Euro-Gegner haben gelegentlich behauptet, die Befreiung von einer von Deutschland dominierten Währung hätte die Wettbewerbsfähigkeit dieser Länder mit einem Schlag verbessert und ihnen rasch wieder Wohlstand beschert. Doch übersahen sie bei ihrer Hypothese gleich mehrere Faktoren. Erstens verbilligt die Abwertung einer Währung zwar die Exporte, verteuert aber zugleich die Importe und treibt damit die Inflation. Eine moderate Abwertung kann sich unter Umständen trotzdem lohnen, doch hätten sich die betroffenen Länder auf den heutigen Finanzmärkten, auf denen der sogenannte Leverage-Effekt umfangreiche schuldenfinanzierte Leerverkäufe ermöglicht, wahrscheinlich auf einen totalen Zusammenbruch ihrer Währung gefasst machen müssen. Zudem sind importierte Vorleistungen in den heutigen hochintegrierten Ökonomien fester Bestandteil der meisten Güter und Dienstleistungen. Laut einer Studie der OECD (2017) kann der Importanteil der Exporte auch in wirtschaftsstarken Ländern sehr hoch liegen. Dadurch vermindert sich das durch eine Abwertung erzielte Mehr an Wettbewerbsfähigkeit deutlich. Und so war es auch keine Überraschung, dass keiner der betroffenen Staaten diesen Schritt riskieren wollte. Sie waren entschlossen, innerhalb der Gemeinschaftswährung zu verbleiben.

In zwei Ländern, Griechenland und Italien, weigerten sich

die amtierenden Regierungen (in Griechenland eine Mitte-links-, in Italien eine Mitte-rechts-Koalition), die Bedingungen der Troika zu akzeptieren. Daraufhin schlug diese vor, Übergangsregierungen unter neuen Ministerpräsidenten – zwei ehemaligen Mitarbeitern von Goldman Sachs – einzusetzen, und stellte das jeweilige Parlament vor die Wahl, entweder den Maßnahmen zuzustimmen oder die Eurozone zu verlassen. In beiden Fällen entschied es sich für Ersteres.

Die Übergangskabinette amtierten relativ kurz; in Griechenland brachten die Wahlen 2015 eine von der Linkspartei Syriza geführte neue Regierung an die Macht, die die Bedingungen der Troika ablehnte. Sie ließ ein Referendum abhalten, in dem sich die Griechen gegen die Annahme der Bedingungen aussprachen; ihre Minister gingen daher mit einem starken Mandat in das nächste Treffen mit der Troika. Doch diese blieb ungerührt, Griechenland akzeptierte die Bedingungen schließlich. Noch im selben Jahr rief Syriza Neuwahlen aus und blieb bis zu ihrer Wahlniederlage 2019 stärkste Partei.

Der Umgang mit der Eurokrise und die Postdemokratie

Die Bewältigung der Eurokrise trug alle Merkmale postdemokratischer Politik. Wie bei der im vorigen Kapitel untersuchten Finanzkrise von 2008 genoss die Bankenrettung unumschränkte Priorität, während die Arbeitnehmer die Lasten zu tragen hatten und die Regierungen die unpopulären Maßnahmen und harten Einschnitte bei ihren Bürgern durchsetzen mussten. Die Banken, deren unverantwortliche Kreditvergabe eine der Hauptursachen der Krise gewesen war, mussten zwar einen Schuldenschnitt akzeptieren, nahmen aber sonst keinen größeren Schaden. Man gewährte Griechenland und anderen Schuldnerstaaten keinen (über den erwähnten Schuldenschnitt hinausgehenden) Schuldenerlass, wie es einige Formen des Insolvenzrechts für Unternehmen vorsehen. Den Wählern in Deutschland wurde nicht einmal deutlich gesagt, dass man mit den »Hilfen« für Griechenland tatsächlich die deutschen Banken rettete, also ihre eigenen Ersparnisse. Viele Deutsche glaubten lieber, dass es die »faulen Griechen« seien, die ihre Hilfe benötigten.

Man hat wiederholt darauf hingewiesen, dass das deutsche Wort *Schuld** nicht nur eine Zahlungsverpflichtung, sondern auch eine Verfehlung bezeichnet. Die Bezeichnung des Kreditgebers hat ebenfalls eine zweite Bedeutung: Ein *Gläubiger** kann auch ein religiöser Mensch sein (diese Verbindung schwingt im englischen Wort *creditor* ebenfalls mit, das vom lateinischen Verb *credere*, glauben, abstammt). Üblicherweise gilt, dass der, der sich zu glauben entscheidet, die Verantwortung für diesen Glauben mit dem teilt, an den er zu glauben beschlossen hat. Kredite sind das gemeinsame Risiko von Darlehensgeber und -nehmer, und nach den Regeln der Buchhaltung teilen sich beide die Verantwortung dafür, womit auch beide einen Anreiz haben, mit Bedacht zu agieren (Amato und Fantacci 2012 [2009]; 2014 [2012]). Aber das Wort »Bedachtsamkeit« ist aus dem Wörterbuch der größten Finanzmarktakteure längst verschwunden. Und so haben sie in der Griechenlandkrise denn auch ganz unverhüllt gezeigt, dass sie nicht nur »systemrelevant« sind, sondern auch zu relevant, um Verantwortung für ihr Handeln zu übernehmen.

Die in der Troika vertretenen, formell mit dem Krisenmanagement beauftragten Institutionen verfügten nur über eine indirekte demokratische Legitimation. Zwar gelten die EZB, die Europäische Kommission und der IWF als demokratische Einrichtungen, da sie ihr jeweiliges Mandat durch vom Volk gewählte Regierungen erhalten haben, doch ist gerade diese indirekte Form der Legitimation typisch für eine Postdemokratie, in der die Verfahren der Demokratie strikt eingehalten werden, aber ihres Wesenskerns, ihrer Substanz weitestmöglich beraubt sind. Das von den Bürgern direkt gewählte Europäische Parlament spielte jedenfalls überhaupt keine Rolle. Die mehr oder weniger geheime Teilnahme von Vertretern des IIF war ebenfalls pure Postdemokratie, die stillschweigende Einbettung privater und partikularer Unternehmensinteressen in staatliche Entscheidungsprozesse. Italien und Griechenland wurden vorübergehend Ex-Banker als neue Ministerpräsidenten verordnet, die Parlamente mussten sie auf typisch postdemokratische Weise formal bestätigen. Dann ließ man die Griechen zwar eine neue Regierung wählen, die das ihnen aufgezwungene Übergangskabinett ablöste, ignorierte aber das Ergebnis der Volksabstimmung, in der sie dem Memorandum der Troika die Annahme verweigerten.

Damit illustriert der Umgang mit der Eurokrise auf eindrucksvolle Weise die postdemokratische Praxis. Wie am Ende des dritten Kapitels muss man allerdings auch hier die Frage stellen, wie ein demokratischer Umgang mit den Problemen hätte aussehen können. Dass man die wichtigste demokratische Institution der EU, das Europäische Parlament, außen vor ließ, lag hauptsächlich daran, dass Großbritannien, obgleich nicht Mitglied des Euroraums, im Zuge der im Land wachsenden EU-Skepsis ein Veto gegen dessen Beteiligung eingelegt hatte. Dass Griechenland sich nicht an das Ergebnis der Volksabstimmung hielt, lässt sich mit der Tatsache erklären, dass man auf die Hilfe der anderen Länder des Euroraums angewiesen war, wenn man diesen nicht verlassen wollte. Die griechische Öffentlichkeit konnte nicht im Ernst erwarten, dass sie über die richtigen Hilfsmaßnahmen befinden könne, die Bürger der übrigen Euroländer aber nicht.

Stellen wir uns vor, man hätte das Europäische Parlament einbezogen und in allen Mitgliedsländern Referenden über die Rettungsmaßnahmen abgehalten. Gut möglich, dass das Parlament ein kreativeres und konstruktiveres Rettungspaket verabschiedet hätte, möglicherweise sogar einen »Marshallplan« für die südeuropäischen Länder, wie ihn der Deutsche Gewerkschaftsbund ins Gespräch brachte, ohne allerdings im europäischen Norden auf große Zustimmung zu stoßen. Eventuell hätte man den Zeitraum für die Rückzahlung der Schulden verlängert, wie es schließlich auch geschah – allerdings erst, nachdem man den Bürgern der Schuldnerländer viele Härten zugemutet hatte. Ein weniger von Banken dominiertes Gremium hätte sich womöglich früher dazu durchgerungen. Es ist jedoch unwahrscheinlich, dass sich die Bürger der nordeuropäischen Länder für Maßnahmen ausgesprochen hätten, die ihren Banken (und damit ihren eigenen Ersparnissen) höhere Einbußen zugemutet hätten.

Dass die Ministerpräsidenten Griechenlands und Italiens ausgetauscht werden müssten, war eine antidemokratische, postdemokratisch legitimierte Forderung der Troika. Allerdings konnte auch keiner der abgesetzten Ministerpräsidenten als vorbildlicher Demokrat gelten. Den Fall Silvio Berlusconi habe ich im ersten Kapitel geschildert. Parteien, die wie seine Forza Italia von reichen Geschäftsleuten gegründet und geführt werden, kennen wir eigentlich aus Ländern anderer Weltregionen, in denen die Zivilgesellschaft zu schwach ist, um bedeutende Bewegungen von unten hervorzubringen. Solche Parteien traten in Mitteleuropa auf den Plan, als die dortigen Demokratiebewegungen in den neunziger Jahren an Kraft zu verlieren begannen. In Griechenland hatten sich links- wie rechtsliberale Parteien vor der Gründung von Syriza und anderen neuen Bewegungen die Interessen der Reeder zu eigen gemacht und deren Privilegien nicht angetastet.

Wären die enormen Einkünfte der Reeder über die Jahrzehnte korrekt besteuert worden, hätte Griechenland die gigantische Staatsverschuldung vermutlich vermeiden können.

Zwar war das Vorgehen der Troika, Parlamente zur Wahl von ihr benannter Regierungschefs zu zwingen, mit Sicherheit postdemokratisch, doch das waren auch schon die auf diese Weise abgelösten Kabinette gewesen. In beiden Ländern hatten die jeweiligen Regierungen hohe Schulden gemacht, um populäre Sozialprogramme zu realisieren, die sie nicht durch höhere Steuereinnahmen finanzieren wollten. Diese Politik hatte nichts mit keynesianischer Nachfragesteuerung zu tun, es handelte sich um chronisches Schuldenmachen und die zynische Manipulation der Wähler durch ständiges Hinausschieben der unvermeidlichen Folgen. Selbst für starke Demokratien ist es schwer, mit derartigen Manipulationen ohne fremde Hilfe fertigzuwerden.

Kritikern der Gemeinschaftswährung zufolge hätten die Schuldnerländer, wenn sie sich vom Euro ferngehalten hätten, ihre Geldangelegenheiten mittels ihrer demokratischen Institutionen selbst in Ordnung bringen können, ohne ihren Bürgern die Belastungen aufzuerlegen, die sie nach 2010 aushalten mussten. Ob das zutrifft, hängt davon ab, wie sich ihre Verschuldung außerhalb des Euroraums entwickelt hätte. Wahrscheinlich hätten sie ihre Staatsschulden auch weiterhin über eine Kreditaufnahme auf sekundären Märkten finanzieren können, auf denen man, wie wir gesehen haben, jeden Kreditwunsch bereitwillig akzeptierte, und wären 2008 in den Kollaps dieser Märkte hineingezogen worden. Statt einer Krise des gesamten Euroraums und der folgenden Intervention durch die Troika hätten diese Länder je für sich einen katastrophalen Zusammenbruch ihrer nationalen Währung erlebt, der weit über die »Anpassung« hinausgegangen wäre, die Befürworter der Abwertungsstrategie für möglich halten.

Bei einem solchen Wertverlust suchen Regierungen überall auf der Welt in der Regel Hilfe beim IWF, der für seine Unterstützung beim Schuldenabbau zumeist Bedingungen stellt. Da der IWF Teil der Troika war, ist keineswegs klar, ob die Sache für die betroffenen Staaten anders ausgegangen wäre.

Das postdemokratische Europa

Die europäische Schuldenkrise deckte eine ganze Reihe gravierender institutioneller Schwachstellen auf. Dazu zählt zunächst die Neigung nationaler Regierungen, hohe Ausgaben mit niedrigen Steuersätzen zu verbinden. Sowohl in einer Demokratie wie auch in einer Postdemokratie bestehen erhebliche Anreize für eine solche Praxis– schließlich können die Regierenden auf diese Weise ihre Beliebtheit beim Volk steigern. Das bringt uns zurück zu der Grundsatzfrage, wie sich die Bürger einer Demokratie davor schützen können, dass ihre gewählten Vertreter die ihnen anvertraute Macht missbrauchen.

Man könnte ganz einfach behaupten: In einer starken Demokratie sind die Bürger wachsam und können jeden Fehltritt bestrafen, weshalb das Problem überhaupt nur unter postdemokratischen Verhältnissen besteht – wer die Demokratie stärke, schütze sie daher zugleich vor Amtsmissbrauch. Das zu glauben wäre jedoch naiv. Selbst in einer starken direkten Demokratie könnte es durchaus sein, dass die Wähler dafür stimmen, die Kuh zu schlachten, die sie melken wollen – sprich: dass sie für hohe Staatsausgaben *und* niedrige Steuern votieren. Deshalb müssen wir uns, wie schon im dritten Kapitel, mit den Institutionen befassen, deren Aufgabe es ist, die Demokratie vor denen zu schützen, die sie repräsentieren sollen. Je schwächer eine Demokratie ist, desto wichtiger werden diese Institutionen. Eine Demokratie kann sich nicht vollständig selbst schützen – sie braucht Institutionen dafür, die sie mit ihrem Mandat legitimiert, die aber selbst nicht demokratisch verfasst sind. Das wird ihnen oft vorgehalten und ermöglicht ihren Gegnern sogar die Behauptung, ihre Abschaffung werde die Demokratie stärken. Wir werden darauf in den folgenden Kapiteln näher eingehen.

Eine zweite Schwachstelle war das deregulierte Finanzsystem selbst, das den Staaten eine exzessive Verschuldung überhaupt erst ermöglichte. In dieser Hinsicht handelte es sich bei der Eurokrise lediglich um ein Epiphänomen der zu Recht so genannten Finanzkrise, mit der wir uns im dritten Kapitel befasst haben. Was dort über den Einfluss der Postdemokratie gesagt wurde, gilt auch hier.

Schließlich sind da noch die Konstruktionsfehler der Gemeinschaftswährung selbst. Wie oben dargestellt, resultierten sie aus den systemischen Irrtümern eines rein ökonomischen Ansatzes in der Finanzpolitik und einigen historischen Besonderheiten in Deutschland, aber auch aus dem Bedürfnis, der neuen Währung eine starke Position auf dem globalen Währungsmarkt zu sichern. Man kann spekulieren, ob eine lebendigere Demokratie auf europäischer Ebene flexiblere Regeln für die Gemeinschaftswährung hervorgebracht hätte, doch steckt hinter dieser Unwägbarkeit eine größere, aber auch leichter lösbare Frage: die nach dem demokratischen Status der EU-Institutionen. Als die Krise weitere Kreise zog, änderten sich die Aufgaben der EZB; ihre Verantwortung wurde ausgeweitet. Heute gleicht sie eher einer echten Zentralbank als einem simplen Währungshüter. Dies geschah in kleinen Schritten und stets als Reaktion auf Schwierigkeiten, wobei das vorrangige Ziel in der Regel darin bestand, die Banken zu bestimmten Verhaltensweisen zu ermutigen. Sie profitierten daher auch am meisten.

Heute ist eine exakte Bestimmung der Aufgaben der EZB für die europäische Wirtschaft nötig, die auch die Folgen ihres Handelns für das Nord-Süd-Gefälle berücksichtigt. Sinnvolle Vorschläge dazu hat die Hans-Böckler-Stiftung, eine Forschungseinrichtung des Deutschen Gewerkschaftsbundes, vorgelegt (Watt und Watzka 2018). Entsprechende Reformen setzen allerdings voraus, dass man den neoliberalen Denkrahmen verlässt und über eine weitere Integration der Wirtschaft im Euroraum nachdenkt.

In *Postdemokratie* habe ich das Europäische Parlament als geradezu lupenreinen Fall von Postdemokratie bezeichnet. Es weist sämtliche Merkmale einer demokratischen Einrichtung auf: Wahlen, wechselnde Mehrheiten, Debatten und Kontroversen. Aber es ist praktisch überhaupt nicht in den Köpfen und Herzen der europäischen Bürger verwurzelt. Bei den Wahlen zum Europäischen Parlament lag die Beteiligung lange Zeit niedrig und sank weiter, bis sie 2019 auf knapp über 50 Prozent stieg. Zwar haben politisch verwandte Parteien europaweite Zusammenschlüsse gebildet, doch haben diese nur geringe Bedeutung, da nach wie vor die nationalen Gruppierungen zur Wahl stehen.

Anders als so gut wie alle Regierungen europäischer Staaten agiert die Europäische Kommission, sozusagen die Regierung der EU, als vom EU-Parlament separate Institution. Sie ist dem Parlament gegenüber auch nicht rechenschaftspflichtig, das bei Gesetzesprojekten zwar mitreden, selbst aber keine Gesetze beschließen kann. Im Rahmen des Vertrags von Lissabon wurde 2007 beschlossen, das Amt des Präsidenten des Europäischen Rates einzuführen. Es sollte für mehr Demokratie stehen, gleichsam als Gegengewicht zum EU-Kommissionspräsidenten, dem Chef der EU-Verwaltung, der zuvor der höchstrangige Vertreter der EU war. Da jedoch beide Präsidenten von den Regierungen der Mitgliedsländer bestimmt werden, sind ihre Ämter allenfalls Beispiele für indirekte Demokratie. Indirekt demokratische Verfahren, bei denen gewählte Volksvertreter einen Amtsinhaber bestimmen, sind zwar keine Erfindung der Postdemokratie, passen aber gut zu ihr beziehungsweise fördern sie, da das Verfahren zwar formal als demokratisch gerechtfertigt gelten kann, eine substantielle Beteiligung der Öffentlichkeit jedoch ausgeschlossen ist.

Einige Beobachter wollen in den eingeschränkt demokratischen Strukturen der EU eine Konstruktion wiedererkennen, die Friedrich von Hayeks Projekt einer Verlagerung wirtschaftspolitischer Entscheidungskompetenzen weg von demokratischen Nationalstaaten hin zu transnationalen Institutionen entspricht (Bonefeld 2017; Streeck 2015b). Von Hayek gehörte zur ordoliberalen Schule österreichischer und deutscher Ökonomen, die in den dreißiger Jahren eine kapitalistische Wirtschaftsordnung zu entwerfen begannen, in der die Wirtschaft möglichst autonom agieren sollte, frei von politischer Einmischung nationalsozialistischer oder kommunistischer Prägung, aber auch von allgemeinen demokratischen Forderungen, die Bürger vor den destruktiven Kräften des Marktes zu schützen.

Die Ordoliberalen glaubten allerdings nicht an einen unregulierten Kapitalismus, wie er später in der US-amerikanischen neoliberalen Theorie dominierte, sondern hielten Regulierungen durchaus für notwendig, um den Wettbewerb aufrechtzuerhalten und die Auswirkungen des Markts auf andere Lebensbereiche zu begrenzen. Ihre Ideen prägten die deutsche Finanzpolitik, mit deren Grundlagen wir uns in diesem Kapitel bereits befasst haben, nachhaltig. Von Hayek persönlich hatte später auch immensen Einfluss auf das Denken der britischen Premierministerin Margaret Thatcher und des ebenso neoliberal eingestellten US-Präsidenten Ronald Reagan.

Sowohl Bonefeld wie Streeck vertreten die Auffassung, dass die schwachen, nur indirekt demokratischen Institutionen der EU auf von Hayeks Ideen zurückgehen. Darum begreifen sie die Verschiebung politischer Entscheidungen von den Nationalstaaten zur EU als eine Schwächung der Demokratie – oder, so könnte man auch sagen, als eine Intensivierung der postdemokratischen Tendenzen, die sich bereits auf nationaler Ebene entwickelt haben. Vor allem Streeck schließt daraus, dass ein Rückbau der EU nötig sei, damit man demokratische Verhältnisse auf der Ebene wiederherstellen könne, auf der sie sich immer am besten durchgesetzt hätten: der des Nationalstaats.

Abgesehen davon, dass sich im Jahr 1939 in Deutschland formulierte Ideen nicht ohne weiteres auf die EU-Institutionen des 21. Jahrhunderts anwenden lassen, haben wir es hier mit zwei Problemen zu tun. Erstens: Wenn die EU ausschließlich eine Verkörperung ordoliberaler Ideen sein soll, müsste sie sich praktisch ausschließlich darauf beschränken, durch Institutionen, die sich der Demokratie entziehen, die Wettbewerbsordnung zu gewährleisten und auf jegliche Sozial- und Infrastrukturpolitik verzichten. Eine solche EU käme zwar den Wunschvorstellungen der neoliberalen Nationalisten in Großbritannien recht nahe – doch waren gerade sie es, die mit Nachdruck darauf hingearbeitet haben, dass das Land die Union verlässt. Entweder hatten sie eine stark verzerrte Wahrnehmung der EU, oder das Bild, das Bonefeld, Streeck und andere von ihr entwerfen, ist einseitig, rückt zwar einige Punkte zu Recht ins Zentrum, übersieht aber andere gänzlich. Richtig ist offenbar Letzteres. Im Lauf der Jahre hat die EU ihre Institutionen immer mehr demokratisiert, außerdem hat sie sozial- und infrastrukturpolitische Projekte zur Umverteilung von Ressourcen aus dem Nordwesten in den Süden und Osten des Kontinents finanziert.

Es ist einfach, sich über die Ohnmacht des Europäischen Parlaments lustig zu machen, doch stellt es noch immer den weltweit einzigen Versuch dar, eine transnationale Demokratie zu etablieren. Das Parlament hat über die Jahre an Einfluss gewonnen, und wenn dies nicht schneller geschehen ist, liegt das vor allem daran, dass die nationalen Politiker einem Bedeutungszuwachs der Europaabgeordneten mit eher gemischten Gefühlen gegenüberstehen, nicht daran, dass sie Hayek gelesen haben. Auch gibt es durchaus eine europäische Sozialpolitik, die zwar in den letzten Jahren in den Hintergrund getreten ist und abgeschwächt wurde, aber nach wie vor Teil des »Besitzstands der EU« ist, der Gesamtheit des gültigen EU-Rechts, das neue Mitgliedsländer übernehmen müssen.

Zweitens unterstellen Bonefeld und Streeck, dass – obwohl die Volkswirtschaften heute zunehmend global vernetzt sind – eine Rückkehr zur nationalen Wirtschaftssouveränität möglich sei. Dafür müssten allerdings gewisse Voraussetzungen erfüllt sein. Entweder dürften sich die demokratischen Staaten nur noch mit jenen Wirtschaftsproblemen befassen, die sie alleine bewältigen können, und müssten alles, was internationale Zusammenarbeit voraussetzt, einem unregulierten Markt überlassen. Damit würde man aber die essenziell postdemokratische Bedingung akzeptieren, dass die Politik keinerlei Zugriff auf die Ebenen hat, auf denen die entscheidenden Entwicklungen stattfinden – was durchaus nach von Hayeks Geschmack wäre.

Die Alternative ist, dass sich jedes Land so weit wie möglich vom Welthandel abkoppelt, Zollschranken und regulatorische Mauern gegen die anderen errichtet, seine Exporte und Importe auf ein Minimum zurückfährt, die Kapitalbewegungen einschränkt und den Handel mit Fremdwährungen unterbindet. Dann wäre die Wiederherstellung der nationalen Souveränität auf dem Gebiet der Ökonomie möglich. Die Fürsprecher dieses Ansatzes stellen sich eine Rückkehr in die Welt von Bretton Woods vor: Damals waren Zollschranken in vielen Volkswirtschaften wie auch der jungen EWG üblich, Kapitalbewegungen unterlagen staatlichen Begrenzungen, die Wechselkurse waren festgelegt. Doch Bretton Woods war Vorstufe und Motor einer Liberalisierung des Welthandels, einer Abkehr von den festungsartig abgeschotteten Nationalökonomien der dreißiger Jahre hin zu mehr Zusammenarbeit und internationalen Regeln.

Bretton Woods ist selbst ein Beispiel einer internationalen Wirtschaftsregulierung, ebenso wie der IWF, die OECD, die Weltbank und andere seither gegründete Institutionen. Die Zölle wurden in mehreren Runden des Allgemeinen Zoll- und Handelsabkommens GATT schrittweise abgebaut, die Kapitalbewegungen von immer mehr Fesseln befreit. Auf GATT folgte schließlich die stärker integrierte Lenkung durch die Welthandelsorganisation (WHO). Für eine »Rückkehr« in die Welt von Bretton Woods müssten Schritte in die genau entgegengesetzte Richtung unternommen werden: die Errichtung nationaler Handelsbarrieren, die Abschaffung internationaler Organisationen, also genau das, was Präsident Trump in lobender Absicht einen Sieg des Patriotismus über Multilateralismus und Globalisierung nannte. Der Welthandel würde einbrechen, das Verhältnis zwischen den Ländern von zunehmenden Spannungen geprägt. Auch sollte man nicht vergessen, dass sich sozialdemokratisch regierte Länder (etwa in Skandinavien sowie zeitweilig Großbritannien und Deutschland) während der Geltung des Bretton-Woods-Abkommens häufiger für den Abbau von Handelsschranken eingesetzt haben als Länder, in denen die Konservativen (Frankreich, Italien) beziehungsweise Faschisten (Portugal, Spanien) an der Macht waren.

Wie alle Systeme, die eine Geschichte haben, können auch Wirtschaftssysteme nicht einfach in frühere Zustände »zurückkehren«. Es ist etwas ganz und gar anderes, ob sich Volkswirtschaften auf Integration und Liberalisierung zubewegen oder ob sie sich zu entflechten und Grenzen aufzubauen versuchen. Das bringt uns zurück zur im ersten Kapitel diskutierten parabelartigen Entwicklung historischer Phänomene, hier nicht mit Bezug auf die Demokratie, sondern auf die internationalen Wirtschaftsbeziehungen. Bei einer Parabel werden zwar alle Werte auf der Y-Achse – also hier die der weltwirtschaftlichen Integration – zweimal erreicht, doch hat sich der Wert auf der X-Achse, der Zeitpunkt, inzwischen geändert. Wenn wir unterstellen, dass Menschen stets berücksichtigen (oder zu berücksichtigen versuchen), wo sie herkommen und was ihnen widerfahren ist, dann hängt auch der Charakter menschlicher Institutionen grundlegend von ihrer zeitlichen Verortung ab.

In den ersten Nachkriegsjahren suchten die fortgeschrittenen Länder des Westens die Balance zwischen der Aufrechterhaltung einer demokratischen nationalen Autonomie und liberalem internationalem Engagement zu halten. Ihre relativ sozialen liberalen Demokratien internationalisierten (beziehungsweise globalisierten) sich jedoch zunehmend, wodurch die Demokratie an Macht und Einfluss verlor. Die derzeit in weiten Teilen der Welt, insbesondere in den USA, zu beobachtende Entwicklung in die entgegengesetzte Richtung geht einher mit unfreundlichen Maßnahmen gegen frühere Partnerländer und einer Abkehr von Institutionen der internationalen Zusammenarbeit. Wenn Volkswirtschaften stark in internationale Verwertungsketten eingebunden sind und

Unternehmen und Investoren über die jeweiligen Landesgrenzen hinweg tätig sind, zieht der Entschluss zu einer Ent-Globalisierung den Abbruch vieler Wirtschaftsbeziehungen nach sich, die zu weiteren Verwerfungen und Kostensteigerungen führen. Die Einnahmen aus dem Außenhandel gehen spürbar zurück. Arme Länder, die in den Welthandel eintreten wollen, prallen an den Zollschranken der reichen Länder ab und fallen in ihrer Entwicklung und bezüglich ihres Lebensstandards zurück, womit sich die Kluft zwischen reichen und armen Weltregionen vertieft.

Ein Rückbau der internationalen Integration würde uns daher keineswegs einfach nur »zurück« in die siebziger Jahre führen. Generell würden die Feindseligkeiten zwischen den Nationen zunehmen, während aufgrund der sinkenden Einnahmen aus dem Außenhandel Einkommen und Wohlstand schwinden – die technologischen Fortschritte jedoch, die den Anteil der Arbeit an der Produktion von Waren und Dienstleistungen reduziert haben, blieben ungeschmälert erhalten, weshalb auch eine Rückkehr zu den Beschäftigungsstrukturen der siebziger Jahre ausgeschlossen wäre. Mit zunehmendem Nationalismus würden die Abneigung gegen andere Nationen und das Misstrauen gegen Fremde, auch bereits im Land lebende, zunehmen. Zudem könnten autonome, kooperationsunwillige, einander bekämpfende Nationalstaaten nichts gegen die größte Gefahr unternehmen, der sich die Menschheit derzeit gegenübersieht: den Klimawandel. Die Gefahren für unser Klima machen an Staatsgrenzen nicht Halt, ihre Bekämpfung setzt internationale, sogar globale Zusammenarbeit voraus. Nicht zufällig leugneten Trump und seine Umgebung die Realität grenzüberschreitender Umweltgefahren beharrlich.

Probleme wie die internationale Bankenregulierung, die Steuervermeidung, der Steuerwettbewerb und der Umweltschutz erfordern entweder komplett undurchlässige Grenzen, die unmöglich sind, oder die Schaffung geeigneter zwischenstaatlicher Institutionen. Die Demokratie befindet sich daher in einer verzwickten Lage, denn sie kann die Globalisierung nicht rückgängig machen, die sie in vielerlei Hinsicht hintertreibt und schwächt. Den für mich einzig denkbaren Ausweg habe ich anderswo (Crouch 2018) schon einmal skizziert: Erstens müssen wir die regionalen internationalen Institutionen stärker mit demokratischen Komponenten ausstatten. Die EU ist in dieser Hinsicht weltweit ein Vorbild. Ihr Parlament mag schwach und postdemokratisch sein, aber es gibt wenigstens eins, zudem ist die EU das einzige existierende komplexe System zwischenstaatlicher Zusammenarbeit, das über Handelsvereinbarungen hinaus Regeln zu Arbeitsbedingungen, sozialen Rechten, zum Gesundheitswesen, zur Sicherheit und zum Umweltschutz sowie zur Kultur und Wissenschaft umfasst. Das alles sind wertvolle Einrichtungen. Wir müssen Wege finden, sie tiefer im Alltag der Bürger Europas zu verankern, anstatt sie wegen ihrer unbestreitbaren demokratischen Defizite zu verspotten.

Auch die Institutionen der EU haben ihre Lernfähigkeit unter Beweis gestellt. Als Anfang 2020 die Corona-Pandemie über Europa und die Welt hereinbrach und die Regierenden zwang, die Staatsausgaben in großem Umfang zu erhöhen, blieben Forderungen aus, die damit einhergehenden neuen Schulden so rasch wie möglich abzubauen und zur Austeritätspolitik zurückzukehren. Stattdessen wurden umfangreiche Finanzhilfeprogramme aufgelegt, um den Mitgliedsstaaten bei der Bewältigung der Krise zu helfen. Vermutlich trifft die Notwendigkeit, zusammenzurücken und einander zu helfen, angesichts einer Pandemie auf größere Zustimmung in der europäischen Bevölkerung als bei der vorausgegangenen Staatsschuldenkrise. Und auch wenn Lernfähigkeit allein noch keine Demokratie macht, ist sie doch eine unabdingbare Voraussetzung derselben.

Viele internationale Probleme, etwa der Klimawandel, machen ein nicht nur regionales, sondern globales Handeln erforderlich. Globale demokratische Institutionen sind allerdings kaum vorstellbar. Wir könnten jedoch von den nationalen Politikern aller Länder fordern, offen zuzugeben, dass es Probleme gibt, die sich ihrem Zugriff entziehen, und dass sie deshalb im Rahmen internationaler Einrichtungen mit anderen zusammenarbeiten müssen. Dann könnte das Handeln nationaler Regierungen innerhalb solcher Einrichtungen auch Gegenstand lebhafter innenpolitischer Debatten sein. Wäre es nicht, zum Beispiel, denkbar, dass eine Oppositionspartei die mangelnde Bereitschaft einer Regierung, im Rahmen der WHO gemeinsam mit anderen Staaten gegen Sklaverei, Kinderarbeit und unmenschliche Arbeitsbedingungen vorzugehen, zu ihrem zentralen Wahlkampfthema macht?

Die 2019 entstandene internationale Schülerbewegung »Fridays for Future« deutet darauf hin, dass die Bürger der nächsten Generation eine internationale Politik nach diesem Muster verlangen könnten. Doch auch ohne derartigen demokratischen Druck beginnen die OECD, der IWF und die Weltbank die Grenzen ihrer alten neoliberalen Annahmen zu erkennen. Inzwischen berücksichtigen sie Ungleichheit, die Notwendigkeit steuerlicher Umverteilung und konstruktiver politischer Eingriffe weit stärker als zuvor. Dazu sind sie offenbar gerade deshalb in der Lage, weil sie eine internationale Perspektive haben und sich nicht auf parteipolitische Manöver einlassen müssen. Da es aber, außer der EU, keine demokratischen Institutionen oberhalb der nationalstaatlichen Ebene gibt, eignet ihrem Handeln ein Mangel an demokratischer Legitimität. Daher müssen sich nationale Foren bemühen, sie in die demokratischen Debatten hineinzuziehen und einzubinden. Der Grad an Demokratie wird in diesen Institutionen immer niedrig sein und stärker an eine Postdemokratie als an eine echte Demokratie gemahnen – doch wir haben nur die Wahl zwischen dieser Lösung und einer Weltwirtschaft, die sich jeder demokratischen Kontrolle entzieht.

5. Den Teufel mit dem Beelzebub austreiben: Die Politik des nostalgischen Pessimismus

In den letzten Jahren sind in den meisten europäischen Ländern, den USA und anderswo Bewegungen entstanden, die ähnliche Klagen über die heutigen Demokratien vorzubringen scheinen, wie ich sie in *Postdemokratie* geäußert habe, und insbesondere den Vorwurf äußern, dass die Politik von Eliten dominiert werde, während normale Bürger kein Gehör mehr fänden. Diese sogenannten populistischen Bewegungen kommen aus dem gesamten politischen Spektrum, die mit Abstand wichtigsten jedoch stammen vom rechten Rand (also nicht aus der neoliberalen, sondern aus der konservativen Rechten) und sind vor allem dadurch gekennzeichnet, dass sie die Sehnsucht nach einer vergangenen Welt artikulieren. Da die Parteien des Mainstreams nostalgischen Regungen keinen Platz einräumen und lieber für stete Veränderung und das werben, was sie jeweils für Fortschritt halten, füllen die neuen konservativen Bewegungen eine Marktlücke, indem sie – historisch zumeist fragwürdige – Bilder einer goldenen Vergangenheit heraufbeschwören und vor einer drohenden Invasion warnen, die »unsere« heile Welt zerstören werde. Die Invasoren, von denen sie reden, sind natürlich Immigranten, insbesondere Anhänger ihnen fremder Religionen. Daneben wenden sich die Nostalgiker auch gegen die internationalen Institutionen, die die Nationalstaaten zur Kooperation und zur teilweisen Aufgabe ihrer Souveränität zwingen und die nationalen Alleingänge der Vergangenheit unmöglich machen. Neue Akteure in der Wirtschaft gelten ihnen in erster Linie als Gefahr für die althergebrachten Branchen und Berufsbilder. Auch sind sie dagegen, dass

Frauen in bislang Männern vorbehaltene Bereiche vordringen und Verhaltensweisen kritisieren, auf die Männer zu Recht stolz seien. Verantwortlich für all diese Verwerfungen seien die Liberalen: Da der Liberalismus die Akzeptanz von Diversität impliziere, fördere eine liberale Elite derartige Verhaltensweisen und zwinge sie der konservativen Bevölkerung gegen deren Willen auf.

Dass Nostalgie und Pessimismus signifikante Merkmale von Wählern fremdenfeindlicher Parteien der äußersten Rechten sind, haben die niederländischen Sozialwissenschaftler*innen Eefje Steenvoorden und Eelco Harteveld (2017) anhand von Daten aus dem Jahr 2012, also vom Beginn des gegenwärtigen Wiederauflebens der Xenophobie, belegt. Sie verglichen Umfrageergebnisse aus acht europäischen Ländern: Belgien, Dänemark, Finnland, Frankreich, den Niederlanden, Norwegen, Schweden und der Schweiz. Eine besonders starke Neigung zu Nostalgie und Pessimismus zeigten Wähler der äußersten Rechten in den skandinavischen Ländern und den Niederlanden. Dort wurden, wie die Autor*innen anmerken, diverse Liberalisierungsschritte entschiedener durchgeführt als in den anderen drei Staaten. Seit 2012 hat die Zahl der Länder, in denen ähnliche Stimmungen vorherrschen, erheblich zugenommen. So haben Edoardo Campanella und Marta Dassù (2019) diese Gefühlslagen bei vielen britischen Bürgern, die 2016 für den Brexit stimmten, und bei vielen Wählern Donald Trumps im selben Jahr nachgewiesen.

Die rechtskonservativen Bewegungen wandeln nostalgische Regungen in ein politisches Nullsummenspiel um, bei dem die eine Seite nur genau das gewinnen kann, was die andere verliert: Außenstehende und Neuankömmlinge sollen ausgegrenzt und abgewiesen werden, um in einer kleiner werdenden Welt Raum für die »echten« Deutschen, Briten, Niederländer und so weiter zu schaffen. (Der bekannteste Vertreter des Verfahrens dürfte Adolf Hitler sein, der den Überfall auf die Nachbarländer Deutschlands bekanntlich damit rechtfertigte, das deutsche Volk benötige »Lebensraum im Osten«.) Diese Haltung ist zutiefst von Pessimismus und Hoffnungslosigkeit durchdrungen. Jegliche Einwanderung müsse verhindert werden. Die Nationalstaaten sollten die Fesseln internationaler Kooperation abstreifen; es gelte den Eintritt anderer Weltregionen in bislang vom reichen Westen monopolisierte Märkte einzuschränken; die altvertrauten Berufsbilder und Branchen seien vor Veränderungen zu schützen; Frauen sollten sich wieder auf ihre Aufgaben in Haushalt und Erziehung »besinnen«; Menschen mit unorthodoxer Sexualität sollten diese nicht ausleben dürfen. Die Nostalgiker in christlich geprägten Gesellschaften glauben, dass das Christentum allen anderen Religionen überlegen sei, und fordern die Christen auf, sich lieber auf ihre traditionellen Werte zu besinnen, anstatt diverse Formen der Abweichung von ihnen zu tolerieren. (Entsprechendes gilt in vielen vom Islam oder einer anderen Religion dominierten Gesellschaften.)

Nicht jeder, der einzelne dieser Auffassungen vertritt, stimmt notwendig auch allen anderen zu. So kann etwa innerhalb von feministischen Bewegungen durchaus eine Skepsis gegenüber gewissen Formen des Islams, die Frauen strikt auf ihre traditionellen Rollen verweisen, anzutreffen sein. Manche antiislamischen Bewegungen wiederum geben sich betont israelfreundlich, um ihre Feindschaft gegenüber der arabischen Welt herauszustellen, vertreten aber zugleich antisemitische Stereotype. Die rechten Parteien und Gruppierungen jedoch, die im Namen solcher Strömungen antreten, suggerieren oft zumindest unter der Hand, dass sie all diesen Ressentiments zugetan sind und jedes einzelne politisch umsetzen wollen.

Da die Politik des nostalgischen Pessimismus notwendig illiberal ist und antidemokratische Tendenzen aufweist, kann sie nur sehr begrenzt zur Kritik postdemokratischer Zustände herangezogen werden. Tatsächlich werde ich zu zeigen versuchen, dass ihre Vertreter den Teufel postdemokratischer Verhältnisse mit einem antidemokratischen Beelzebub auszutreiben versprechen. Mein Ausgangspunkt ist dabei der politisierte nostalgische Pessimismus, auch wenn die Begriffe Fremdenfeindlichkeit und Populismus häufiger genannt werden. Zwar ist Fremdenfeindlichkeit zweifellos ein zentrales Motiv für die Ablehnung von Einwanderung, internationaler Zusammenarbeit und der globalisierungsbedingten Veränderungen der Wirtschaft. Wir müssen aber über diese enge Charakterisierung hinaus auch den Maskulinismus und andere Formen der Erbitterung angesichts von Veränderungen und Fortschritt berücksichtigen, um die Anziehungskraft dieser Bewegungen und die ihnen zugrundeliegenden Emotionen angemessen einschätzen zu können.

Der Begriff des »Populismus« greift zu kurz, weil er sich generell auf Bewegungen anwenden lässt, die abseits der etablierten Parteien agieren und keinen besonders hohen Organisationsgrad haben. Bei ihrem Erscheinen auf der politischen Bühne verstoßen sie mit ihrem Auftreten gegen etablierte (formelle und informelle) politische Verhaltensregeln, fungieren dabei aber als Sprachrohr ihrer Anhänger, in der Regel politische Außenseiter, die weder Erfahrung mit noch Respekt vor diesen Regeln haben. Populistische Bewegungen dringen ungebeten, laut und ruppig in einen Raum vor, in dem verschiedene Gruppen überaus rücksichtsvoll miteinander verhandeln. Darum erscheint es naheliegend, sie als Kritiker der Postdemokratie zu verstehen. Ein so definierter Populismus kann einfach die Form sein, die eine neue Bewegung annimmt, um sich Einlass in den politischen Mainstream zu verschaffen. Von niemandem eingeladene Neulinge können einen Raum schwerlich betreten, ohne zu stören – und wie könnten der Wandel der politischen Repräsentation und die Erneuerung der Demokratie vorankommen, ohne dass gelegentlich ungebetene Gäste auftauchen? Wenn sich ein System politischer Repräsentation abgenutzt hat und für Gesellschaftsstrukturen und Probleme von gestern steht, muss jede Erneuerung die Form von Störungen dieses Systems annehmen. Die Postdemokratie hätte sich erst dann endgültig durchgesetzt, wenn die etablierten Parteien das System so fest im Griff hätten, dass sich keine neuen Bewegungen mehr bilden könnten.

Natürlich verabscheuen die etablierten Parteien die Eindringlinge und stigmatisieren sie als Populisten – das heißt, als Vertreter von Bewegungen, die weder ein umfassendes Programm vorweisen können noch tief in der Gesellschaft verwurzelt sind, sondern lediglich jede verfügbare Unzufriedenheit ausnutzen, um sich politische Vorteile zu verschaffen. Wenn populistische Bewegungen etwas mehr als das sind und Interessen vertreten, die bisher vernachlässigt wurden, entwickeln sie sich über kurz oder lang zu Parteien mit entsprechenden Strukturen und Programmen; sie werden »Fuß fassen« und sich einen festen Platz auf der politischen Bühne erobern, nachdem sie Bekanntheit errungen und neue Themen auf die politische Tagesordnung gesetzt haben.

Viele Populisten behaupten, keine eigenen politischen Absichten zu verfolgen, sondern lediglich dem Willen der Wähler beziehungsweise »des Volkes« Ausdruck zu verleihen. Das ist ein naiver Ansatz, da es nicht möglich ist, dass »das Volk« ohne eine strukturierte, ausführliche Debatte einen politischen Willen entwickelt. Eine Bewegung, die tatsächlich nur Sprachrohr sein wollte, würde ihre Anhängerschaft leicht an besser organisierte Gruppen verlieren. Ein Beispiel dafür ist die italienische Fünf-Sterne-Bewegung, die ihre politischen Positionen über Umfragen in den sozialen Medien entwickelte und für die Bürger sprechen wollte, die mit den politischen Eliten des Landes unzufrieden waren. Im Rahmen ihrer von 2018 bis 2019 dauernden Regierungskoalition mit der Lega (bis 2018: Lega Nord), einer hochgradig fremdenfeindlichen Partei, mit der sie ursprünglich nicht viel gemein hatte, driftete sie vorübergehend weit in Richtung nationalistische Rechte. Dann verließ die Lega die Koalition, und die Fünf-Sterne-Bewegung regierte zusammen mit dem linksliberalen Partito Democratico. Vermutlich kam das den Vorstellungen des Großteils der Unterstützer dieser Bewegung sogar entgegen, konnte sie aber dennoch nicht vor einem rapiden Identitäts- und Zustimmungsverlust bewahren.

Die meisten Bewegungen verfügen jedoch durchaus über ein eigenes politisches Programm. Dabei ist auch ein Populismus der Mitte möglich. So schlug Emmanuel Macrons zentristische Bewegung La République En Marche (LREM) bei den französischen Präsidentschaftswahlen 2016 sämtliche etablierten Parteien mitsamt dem rechtsextremen Front National (FN)* aus dem Feld. Da LREM hauptsächlich von der Aversion gegen den FN zusammengehalten wurde, fällt es der Bewegung seitdem schwer, ihr Momentum zu bewahren. Andere populistische Bewegungen sind der Linken zuzuordnen. Die wichtigsten sind in problembeladenen schwachen Demokratien in Südamerika entstanden und können kaum als Gegner der Postdemokratie gelten. Die wichtigsten europäischen Vertreter des linken Populismus sind Syriza in Grie-

* Im Juni 2018 benannte sich der damalige Front National (Nationale Front) in Rassemblement National (Nationale Sammlung) um (Anm. d. Übers.).

chenland, Podemos Unidos in Spanien, La France Insoumise in Frankreich und Aufstehen in Deutschland.

Syriza, die bislang einzige populistische Linkspartei, die (von 2015 bis 2019) in einer gefestigten Demokratie an die Regierung gelangt ist, hielt sich an die verfassungsmäßigen Normen. Zwar hatte sie einige für populistische Bewegungen typische Konflikte mit der Justiz, zweifelte aber die Unabhängigkeit der Gerichte nie an.

Seit Anbruch der Moderne stehen die liberale und die sozialistische Linke in aller Regel für die Idee des »Fortschritts«, die Konservativen hingegen eher für die Bewahrung des Alten. In jüngerer Zeit haben der Niedergang der produzierenden Industrie und des Bergbaus vor allem gewerkschaftlich organisierten, männlichen Arbeitern Anlass zur Nostalgie gegeben – und damit der Linken. Wenn Teile der Arbeiterbewegung nun aus Pessimismus versuchen, ihren alten Status zu bewahren, indem sie andere ausgrenzen und einengen, geben sie die Offenheit und den Universalismus auf, die immer zentrale Eigenschaften der Linken waren. Wenn sie Systeme zu schützen suchen, die nur einigen wenigen einen hohen Lebensstandard verschaffen können, nähern sie sich der konservativen Rechten an, der rechtmäßigen Heimat von Exklusion und nostalgischem Pessimismus. Es ist bemerkenswert, dass La France Insoumise, Aufstehen und Teile des linken Flügels der britischen Labour Party inzwischen begonnen haben, einwanderungsfeindliche und antieuropäische Positionen zu übernehmen. Die dänischen Sozialdemokraten haben zwar keine EU-feindlichen Positionen vertreten, sich jedoch antiislamisch geäußert.

Der Rechtspopulismus ist der mit Abstand bedeutendste Hort pessimistischer Nostalgiker, und er ist die derzeit am schnellsten wachsende politische Richtung. Irland und Portugal sind die einzigen westeuropäischen Länder, in denen er nicht auftritt. Zum Zeitpunkt der Niederschrift dieses Textes dominiert der rechte Populismus die politische Landschaft in Brasilien, Ungarn, Indien, Italien, Polen, Russland, der Türkei und Großbritannien sowie bis vor Kurzem in den USA; in Bulgarien, Tschechien, der Slowakei und Slowenien gewinnt er an Bedeutung. In Österreich, Dänemark, Estland, den Niederlanden, Norwegen und der Schweiz waren rechtspopulistische Parteien bereits kleinere Koalitionspartner oder Unterstützer von Mitte-rechts-Regierungen, in Frankreich ist der FN schon erheblich länger gut etabliert. Die relativ neuen Parteien in Belgien, Deutschland und Schweden haben auch dort politische Wirkung erzielt. Zwar sind sie nicht an bestimmte sozioökonomische Gruppen gebunden, doch sehen Anhänger wie Gegner häufig Repräsentanten der »Abgehängten« in ihnen, worunter in der Regel arme und ökonomisch marginalisierte Menschen verstanden werden. Neben diesen befällt jedoch offenbar nicht wenige, die aus der Mitte der Gesellschaft kommen, ein Gefühl des »Abgehängtseins«, wenn sie für sicher gehaltene Rechte oder ihnen vermeintlich zustehende Privilegien zu verlieren glauben.

Der Begriff des »nostalgischen Pessimismus« umfasst all diese Möglichkeiten, nicht nur die Opfer wirtschaftlichen Niedergangs. Da die politische Rechte ihrem Wesen nach antiegalitär ist, suchen Rechtspopulisten ihre Gegner nicht unter den Reichen und Mächtigen, sondern wenden sich stattdessen gegen jene Gruppen – etwa Immigranten und andere ethnische Minderheiten –, die ihrer Ansicht nach den Status oder die überkommenen Vorrechte jener bedrohen, die sie zu repräsentieren behaupten. Um Verwechslungen mit anderen Erscheinungsformen populistischer Politik zu vermeiden, werde ich diese nostalgischen und pessimistischen Ausprägungen des Rechtspopulismus, wie das seine Anhänger teilweise selbst tun, unter der Bezeichnung »Neue Rechte« zusammenfassen.

Was ist nostalgischer Pessimismus?

Menschen mit konservativer Gemütsverfassung – wie sie jeden von uns zeitweilig überkommen kann – schätzen stabile, vertraute Verhältnisse. Wenn wir den Eindruck haben, dass diese unwiederbringlich dahin sind, empfinden wir Nostalgie. Für sich genommen, handelt es sich um eine stille Traurigkeit, die nicht notwendig pessimistisch oder politisch ist und ohne weiteres mit der Überzeugung einhergehen kann, dass etwas gutes Neues an die Stelle des verschwindenden Alten treten wird. Wenn sie sich jedoch mit Pessimismus verbindet und auf das Feld der Politik übergreift, kann sie sich in eine überwältigende Wut verwandeln, die sich Feindbilder schafft und anderen vorwirft, die besseren Zustände von damals zerstört zu haben. Die Wut von Pessimisten ist nicht mit der von Menschen vergleichbar, die glauben, dass irgendjemand ihre Zukunftschancen verbaut. Sie ist notwendig defensiv, ausgrenzend, potenziell lebensverneinend und neigt daher zu gewalttätigen Ausdrucksformen.

Obwohl sich diese Gefühlslage im Westen in erster Linie gegen Muslime richtet und vermutlich vor allem die Terroranschläge radikaler Islamisten viele Menschen in die Arme der Neuen Rechten treiben, ist der radikale Islamismus selbst eine Ausdrucksform des nostalgischen Pessimismus. So bezeichnete sich die Terrororganisation Al Qaida, die jahrelang an der Spitze des radikalen Islamismus stand, als »die Armee, deren Soldaten den Tod lieben«. Nichts verkörpert Pessimismus deutlicher als ein Selbstmordattentat. Zwar spielen ethnische Herkunft und Hautfarbe für islamistische

Gruppen – anders als für viele nostalgische Pessimisten im Westen – kaum eine Rolle, weil der Islam, ähnlich wie der Katholizismus, keine bestimmte ethnische Zugehörigkeit privilegiert. Ansonsten jedoch beruht der radikale Islamismus auf ähnlichen Ressentiments, wie sie die Neuen Rechten pflegen – der Ablehnung von allem, was angeblich eine Gefahr für die jeweils für richtig gehaltene Lebensweise darstellt, und der erklärten Feindschaft gegen ganz ähnliche Gruppen: Atheisten, Anhänger anderer Religionen oder liberalerer Strömungen des Islams selbst, Modernisierer und Globalisierer, die traditionelle Lebensweisen und kulturellen Separatismus ablehnen, sowie gegen Frauen, die sich ihren traditionellen Rollen verweigern, und Menschen mit unorthodoxer Sexualität.

Sowohl die radikalen Islamisten als auch die Anführer der äußersten Rechten im Westen behaupten, dass sie Optimisten seien und auf eine Rückkehr zu den alten Werten hinarbeiteten. Aber die Zukunft, der sie entgegensehen, ist von der Sehnsucht nach der Vergangenheit geprägt, einem besseren Gestern, in das sie zurückkehren wollen. Die konservative britische Regierung glaubt, Großbritannien werde außerhalb der EU wieder die wirtschaftliche und militärische Rolle in der Welt einnehmen, die ihm zu Zeiten des Empires zukam. Die Freiheitliche Partei Österreichs (FPÖ), bis vor kurzem noch Koalitionspartner in einer Regierung, träumt von einem Bündnis mit den mitteleuropäischen Ländern, die einst zum Habsburgerreich gehörten. Die ungarische Regierungspartei Fidesz spricht von der Wiederherstellung »Großungarns«, das Teil desselben Reichs war. Die Terrorbewegung Islamischer Staat träumt von der Wiedererrichtung des Kalifats. Auch Trump versprach 2016 mit seinem zentralen Slogan »Make Amerika Great Again« bekanntlich, die USA »wieder« groß zu machen.

Es ist falsch, in den Bewegungen der Neuen Rechten ein Äquivalent der faschistischen Bewegungen der Zwischenkriegszeit zu sehen, da sie mit Ausnahme der Islamisten nicht offen sagen, dass sie ihre Gegner mit Gewalt aus dem Weg räumen wollen. Sie gehören jedoch zur selben politischen Familie und tragen dieselben Merkmale: Nationalismus, Fremdenfeindlichkeit, Ablehnung liberaler Werte. Die damaligen faschistischen Bewegungen waren in ihrem Verhältnis zu Vergangenheit und Zukunft zutiefst ambivalent. Mussolinis Partito Nazionale Fascista gab sich zukunftsorientiert. Es gelang ihr, die Unterstützung der italienischen Futuristen und weiterer Teile der kulturellen Avantgarde auch anderer Länder zu gewinnen. Insbesondere nach seinem Pakt mit dem Vatikan setzte Mussolini jedoch eine Rückkehr zu konservativen sozialen Praktiken durch, etwa in Hinblick auf die Rolle der Frau und den Umgang mit Ausländern. Hitlers Nationalsozialisten waren stärker nostalgisch gestimmt. So verstand sich das von ihnen seit den zwanziger Jahren propagierte »Dritte Reich« schon vom Namen her als Nachfolger des Deutschen Kaiserreichs. Was den Einsatz neuester Technologien in der Industrie und beim Militär betraf, waren die Nazis jedoch durch und durch modern. Hingegen war man in Portugal unter Salazar und im Spanien Francos entschieden konservativer und rang sich erst unter dem Druck des katholischen Opus Dei Ende der fünfziger Jahre zu einer »konservativen Modernisierung« der Wirtschaft durch.

Alle diese Bewegungen haben – ähnlich wie die radikalen Islamisten heute – die Politik des nostalgischen Pessimismus an ihr logisches Ende geführt: die Vernarrtheit ins Morden. Wer in einer kleiner werdenden Welt, in der Konflikte notwendig Nullsummenspiele sind, etwas vermeintlich oder tatsächlich existenziell Bedrohtes festhalten will, sucht mit allen Mitteln einen (sowohl wörtlich als auch metaphorisch verstandenen) Raum zu erobern und strebt daher nach der physischen Vernichtung aller anderen, die diesen Raum beanspruchen.

In der Zwischenkriegszeit machten die Faschisten keinen Hehl aus ihrer Vorliebe für Gewalt. Auch die heutigen pessimistischen Bewegungen verfügen fast immer über einen gewaltbereiten Flügel, den die führenden Leute, wenn auch mit einer gewissen Ambivalenz, meist noch im Zaum zu halten versuchen. So steht in Ungarn die gewaltbereite, antijüdische, fremdenfeindliche Partei Jobbik (Bewegung für ein besseres Ungarn) rechts von der Fidesz, der Partei des Ministerpräsidenten Orbán, die zahlreiche Verbindungen zu ihr unterhält, aber bei Wahlen gegen sie antritt.

Ein ähnlich ambivalentes Verhältnis pflegt die polnische Regierungspartei Recht und Gerechtigkeit (Prawo i Sprawiedliwość, PiS) zu einigen extrem nationalistischen, antijüdischen Gruppierungen. In Frankreich erreichten die Proteste der sogenannten Gelbwesten gegen Präsident Macron 2018/19 ein selbst für ein Land, in dem Demonstrationen auch früher schon in Straßenkämpfe übergegangen sind, ungewöhnliches Maß an Gewalttätigkeit. An diesen Protesten waren Gruppen der extremen Rechten ebenso beteiligt wie solche der extremen Linken, und es ließ sich kaum unterscheiden, von wem welche Übergriffe ihren Ausgang nahmen.

Nach dem Brexit-Referendum und der Wahl Donald Trumps 2016 sowie dem Regierungseintritt der Lega in Italien zwei Jahre später kam es in dem jeweiligen Land vermehrt zu Hassverbrechen gegen ethnische Minderheiten. Bekanntlich war es auch Donald Trump, der sagte, dass sich unter den Teilnehmern der rechtsextremen Demonstrationen im August 2017 in Charlottesville »sehr gute Leute« befunden hätten (wobei er die Gegendemonstranten großzügig einschloss), und der mit Blick auf die Grenze zwischen

Mexiko und den USA die »Schönheit« von Stacheldraht rühmte. Die »alternative Rechte« in den USA betont bei jeder Gelegenheit die Unveräußerlichkeit des verfassungsmäßigen Rechts jedes Bürgers, Waffen zu besitzen, mit sich zu führen und zu benutzen. Als einige Brexit-Hardliner unter den Tory-Abgeordneten der damaligen Premierministerin Theresa May im Herbst 2018 ihre Stärke demonstrieren wollten, taten sie dies ausgerechnet, indem sie einen Gesetzentwurf hintertrieben, mit dem die Regierung Privatleuten auf Wunsch der Polizei den Erwerb großkalibriger Waffen mit hoher Reichweite verbieten wollte.

Der einzige bedeutende Vertreter der heutigen »Neuen Rechten«, der politische Gewalt gegen Oppositionelle im Inland explizit befürwortet, ist der 2018 zum Präsidenten Brasiliens gewählte Jair Bolsonaro. Er blickt mit unverhohlener Nostalgie auf die Militärdiktaturen der sechziger bis achtziger Jahre zurück, unter denen die Folterung und Ermordung politischer Gegner zum Alltag gehörten. Bemerkenswert ist, dass drei prominente Neurechte – Orbán, Trump und Matteo Salvini (Parteichef der Lega und bis August 2019 stellvertretender Ministerpräsident Italiens) – enthusiastische Bewunderer Bolsonaros sind. Der brasilianische Politiker vertritt die ganze Palette des nostalgischen Pessimismus: explizite Sehnsucht nach einem bestimmten Abschnitt der Vergangenheit, Neigung zur Gewalt, evangelikalen Fundamentalismus, eine zutiefst traditionalistische Vorstellung von der Rolle der Frau, Homophobie, Leugnung des menschengemachten Klimawandels (die sich in seinen Plänen zur Intensivierung des Raubbaus an den tropischen Regenwäldern des Landes widerspiegelt) sowie die Verachtung ethnischer Minderheiten (in seinem Fall nicht Immigranten, sondern die Nachkommen der brasilianischen Ureinwohner).

Zu den Forderungen, mit denen die Neuen Rechten die etablierten Eliten unter Druck zu setzen versuchen, gehört in der Regel die nach mehr direkter Demokratie, die es den Bürgern ermögliche, ihrer Unzufriedenheit mit sie bevormundenden Institutionen Ausdruck zu verleihen. Dabei ist diese Forderung nicht mehr als ein Taschenspielertrick: Die komplexen Fragen, vor denen moderne Gesellschaften stehen, lassen sich nicht per Abfrage des Bürgerwillens entscheiden. Tatsächlich wird der beschworene Volkswillen ja auch immer von Meinungsführern gedeutet, die ihn zuweilen sogar zu personifizieren behaupten. Das haben Yves Mény und Yves Surel 2001 in ihrer Studie zum Populismus gezeigt, als dessen gegenwärtiges Wiederaufflammen noch in den Sternen stand.

Ähnliche Untersuchungen haben in jüngerer Zeit Jascha Mounk (2018) und Jan-Werner Müller (2016) vorgelegt. Ihnen zufolge sind derartige Bewegungen stets auf einen vom Vertrauen ihrer Anhänger getragenen charismatischen Anführer angewiesen, da der Populismus, den sie verfechten, keine vermittelnden Instanzen duldet. Der Anführer behauptet, für »*das* Volk« zu sprechen, ja, es zu verkörpern. Dabei ist immer von »dem« Volk die Rede, von einer singulären Masse mit einer feststehenden Meinung, die keinen Raum für Minderheiten oder Abweichungen lässt. Wer die Mehrheitsmeinung nicht teilt, wird als Feind des Volkes verdammt, dem jedes Mitspracherecht entzogen gehöre. Alle staatlichen Instanzen, die sich dem Willen »des« Volkes, wie ihn der populistische Anführer versteht, in den Weg stellen könnten, werden ebenfalls zu Feinden der Demokratie erklärt. Den erwähnten Autoren zufolge ist die Einschwörung auf einen starken Anführer das Pendant der von diesen Bewegungen gepflegten Feindseligkeit gegenüber ethnischen Minderheiten im Inland sowie den Bewohnern anderer Länder. Diese

Feindseligkeit lässt die nationale Bevölkerung als bruchlose Einheit erscheinen, weshalb jeder Widerspruch dem Anführer gegenüber unvermeidlich den Vorwurf des Verrats nach sich zieht.

Solche populistischen Meinungsführer müssen sich nicht vor den Desillusionierungen fürchten, mit denen sich gewöhnliche Parteien konfrontiert sehen, wenn sie an die Macht gelangt sind und feststellen, dass sich ihre Versprechen nicht in vollem Umfang verwirklichen lassen. Letztlich versprechen die »alternativen Rechten« ihren Anhängern nichts als die Legitimierung ihrer Ressentiments und ihres Hasses – ein Angebot, das weder mit steigender Inflation noch mit Einschnitten in die Staatsausgaben kollidieren kann. Sie müssen höchstens dann um ihre Glaubwürdigkeit bangen, wenn ihre Anhänger zu zweifeln beginnen, ob die Zielscheiben ihres Hasses tatsächlich die Ursachen ihrer Unzufriedenheit sind. Die Geschichte lehrt uns nicht, ob es zu einem solchen Umdenken kommen kann. Die erfolgreichen xenophoben Bewegungen der Zwischenkriegszeit schafften freie Wahlen nach ihrer Machtübernahme ab.

Was unter dem Einfluss des nostalgischen Pessimismus aus der Demokratie wird, lässt sich genauer sagen, wenn wir einige der oben angeführten Beispiele unter die Lupe nehmen.

USA

In die Republikanische Partei unter der Führung Donald Trumps haben, wie sich spätestens Ende 2020 zeigte, die meisten Elemente neurechter Bewegungen Eingang gefunden. Seit Jahrzehnten schon spalten sogenannte Kulturkriege die amerikanische Politik. Dabei stehen konservative Auffassungen zu Religion, Gender und Ethnie, Befürwortung der

Todesstrafe und des Rechts auf Waffenbesitz diversen Formen des Liberalismus gegenüber.

Viele US-amerikanische Rechte neigen einem fundamentalistischen Christentum zu, das sich vor allem über die entschiedene Ablehnung von Abtreibungen definiert. Daraus ergibt sich eine bestimmte Haltung in Genderfragen, nämlich die Ablehnung vieler der Freiheiten und Rechte, die sich die Frauen in den USA erkämpft haben, namentlich solche, die den weiblichen Körper betreffen. Nicht nur Männer, auch konservativ denkende Frauen vertreten diese Haltung.

Ein weiterer grundlegender Bestandteil des konservativen Mindsets ist das Eintreten für das individuelle Recht, hochentwickelte Schusswaffen mit sich zu führen und zu benutzen. Diese Haltung ist nostalgisch, da sie sich auf die frühe Geschichte der USA beruft – obgleich die Waffen, die mitzuführen man damals für unbedenklich hielt, unhandliche einschüssige Musketen und keine halbautomatischen Sturmgewehre waren. Der Befürwortung des Rechts auf Waffenbesitz liegt ein gewaltbereiter Pessimismus zugrunde, der unterstellt, dass es jederzeit zu Situationen kommen könne, in denen man sich und sein Eigentum mit todbringender Gewalt verteidigen müsse.

Ähnliches gilt für die Unterstützer der Todesstrafe in der US-amerikanischen Rechten. Beide Gruppen bestreiten für gewöhnlich auch, dass es Belege für einen menschengemachten Klimawandel gibt. Während all diese Auffassungen bei den Superreichen und den in umweltbelastenden Branchen tätigen Konzernen, die die kulturkonservativen Bewegungen in den USA finanzieren, auf Zustimmung stoßen, passt die Leugnung des Klimawandels zudem bestens zur Stimmungslage des nostalgischen Pessimismus: Die Welt wird offensichtlich immer schlechter, wir müssen unsere unmittelbaren Interessen verteidigen, was geht uns eine weit entfernte Zukunft an?

Nostalgie grundiert auch die Ablehnung wissenschaftlicher Erkenntnisse durch viele Konservative in den USA, zumal die Naturwissenschaften exemplarisch für Modernität stehen. Ein Beleg dafür war der Widerwille der Trump-Administration, während der Corona-Pandemie die Ratschläge der Mehrheit der medizinischen Experten zu befolgen. Zwar bilden die Klimawandelleugner in dieser Hinsicht die vorderste Front, doch betrifft das Phänomen darüber hinaus viele andere Dinge, etwa die wörtliche Interpretation der biblischen Schöpfungsgeschichte oder die generelle Ablehnung von Impfungen zur Eindämmung ansteckender Krankheiten. Letztere Idee, mit der auch Trump sympathisierte, gewann in Italien im Zuge des Aufstiegs der dortigen Neuen Rechten ebenfalls erheblich an Unterstützung.

Die überwiegende Mehrheit der Anhänger dieser Bewegungen in den USA sind Weiße; die Hautfarbe ist denn auch eine der wichtigsten Bruchkanten, an denen sich die Politik des Landes spaltet. Die Forderung, Angehörige von Minderheiten auszugrenzen oder gleich »nach Hause zu schicken«, gehört zu den potentesten Ausdrucksformen des nostalgischen Pessimismus. Trump erwies solchen Regungen im Juli 2019 seine Reverenz, als er vier farbige weibliche Kongressmitglieder per Twitter der Unterstützung islamistischer Terrorgruppen bezichtigte und ihnen die Rückkehr in ihre »total kaputten und von Kriminalität befallenen« Herkunftsländer empfahl – tatsächlich ist nur eine der vier Abgeordneten nicht in den USA zur Welt gekommen. Was Trump mit seinen Bemerkungen jedoch vor allem insinuierte, war die Behauptung, dass Angehörige mancher Ethnien unabhängig von ihrem Geburtsort im Grunde keine Amerikaner seien: Wenn sie dem Land den Rücken kehrten, würden mehr Raum und Ressourcen für die »echten« Amerikaner übrig bleiben.

Die US-amerikanischen Alt-Right-Bewegungen sind zudem strikt nationalistisch eingestellt und lehnen jegliche Einschränkung der globalen politischen, ökonomischen und insbesondere militärischen Dominanz des Landes ab. Ein weiteres zentrales Element des US-amerikanischen Neokonservatismus ist die Ablehnung von Organisationen der internationalen Zusammenarbeit, wie sie sich lebhaft in Trumps Feindseligkeit gegenüber den UN, der NATO, der EU und der WHO gezeigt hat.

Diesem Bereich des Gemeinwesens in den USA steht ein im weitesten Sinne als liberal zu definierender Teil der Gesellschaft gegenüber. Auch unter den Befürwortern des kulturellen Liberalismus finden sich durchaus gläubige Menschen, vor allem aber glauben sie an die Gleichstellung der Ethnien und Geschlechter und sind internationalistisch gesinnt.

Das Thema sexuelle Identität beziehungsweise Orientierung hat in der Auseinandersetzung um die richtige Lebensweise in den letzten Jahren ebenfalls eine immer größere Rolle gespielt. Dabei plädiert die Rechte dafür, die überkommenen, eindeutigen Unterscheidungen beizubehalten, die ihrer Auffassung nach zunehmend verwischt werden, und fördert die Intoleranz gegenüber anderen Lebensentwürfen. Die Liberalen hingegen stehen für Toleranz und ein positives Verhältnis zu Diversität und Veränderung. Allerdings sind sie in Verfechter des (mit Standpunkten der europäischen Sozialdemokraten vergleichbaren) Egalitarismus und Vertreter des Neoliberalismus gespalten. Letzterer bildet in den USA seit den siebziger Jahren, also deutlich länger als in Westeuropa, das Zentrum des politischen Konsenses. Das hat zwar zu einer erheblichen Verbreiterung der politischen Mitte geführt, aber auch dazu, dass viele eigentlich auf die Folgen der Deregulierung der Finanzmärkte zurückzuführenden Probleme, die in Teilen der Bevölkerung für Unmut sorgten, der kulturellen, nicht der wirtschaftlichen Globalisierung in die Schuhe geschoben werden konnten. Auch die amerikanischen Neoliberalen selbst finden sich in diesen Kulturkriegen mitunter auf verschiedenen Seiten wieder. Vielen gelten jegliche auf Religion, Gender oder ethnische Zugehörigkeit zurückzuführenden Einschränkungen ebenso wie eine progressive Besteuerung oder der Sozialstaat als bloße Fesseln der freien Wirtschaft, weshalb sie sich aus dem Kulturkampf der Konservativen heraushalten. Andere schließen sich ihm an, um die neoliberale Ökonomie auf diese Weise aus dem Schussfeld der Konservativen zu nehmen, wie Nancy MacLean (2018) in ihrer Studie über die Rechte in den USA gezeigt hat.

Trump selbst bediente sich nach Belieben bei beiden Positionen. Bei seinen Attacken gegen Immigranten, Handelsabkommen und internationale Organisationen berief er sich auf konservative Werte, während er zugleich die Deregulierung der Finanzmärkte vorantrieb. Obgleich er selbst zur US-amerikanischen Wirtschaftselite gehört, sich mit seinem Reichtum brüstet und 2016 auf dem Ticket einer etablierten Partei gewählt wurde, gerierte er sich zugleich als typischer neurechter Outsider und wiederholte mantraartig, dass das Land von wohlhabenden Liberalen beherrscht werde, die dessen traditionelle Werte untergraben und sowohl die Einwanderung als auch die Einbindung in eine Kompromisse verlangende Weltordnung zu verantworten hätten. Zunächst auf erheblichen Widerstand seitens des Establishments der Republikaner gestoßen (die ihm dann allerdings immer bereitwilliger folgten), zeigte Trump die für Populisten typische Ungeduld gegenüber formalen Institutionen, nicht zuletzt, indem er Richter angriff, die ihm unliebsame Entscheidungen getroffen hatten, und schließlich unter Verweis auf eine angebliche Verschwörung des liberalen Establishments die Gültigkeit der Wählerstimmen bestritt, die 2020 zu seiner Abwahl führten.

Nicht alle Aspekte US-amerikanischer Institutionen sind für westeuropäische Beobachter ohne weiteres zu durchschauen. Zum Beispiel hat die US-Verfassung eine Staatsreligion nie vorgesehen; die in vielen europäischen Ländern im 19. und frühen 20. Jahrhundert ausgetragenen Konflikte über die Rolle der Kirche blieben dem Land damit erspart. Paradoxerweise können die verschiedenen Bekenntnisse (wie auch die Agnostiker) deshalb umso leichter informellen Einfluss auf die US-Politik nehmen. Infolgedessen spielen politisierte Religionskonflikte in den USA eine größere Rolle und polarisieren mehr als in Westeuropa. Ebenso ist die US-Verfassung Vorbild für die Trennung von politischer und judikativer Macht, indem sie Erstere einem obersten Gerichtshof, dem Supreme Court, unterordnet, dem es obliegt, die Verfassung zu interpretieren. Auch dies hat paradoxerweise dazu geführt, dass der parteipolitisch ausgewogenen Besetzung der Richterposten größere Bedeutung zukommt.

Man kann die Gerichte institutionell vom Staat und seinen sonstigen Organen trennen, man kann aber nicht verhindern, dass sich die Vertreter bestimmter Kulturauffassungen in Parteien organisieren und beide unter ihre Kontrolle zu bringen suchen. Genau das geschieht schon seit langem. Die Folgen dieser Versuche hielten sich in Grenzen, weil Richter auf Lebenszeit berufen werden, so dass die Zusammensetzung der Gerichte die sich im Lauf der Zeit ändernden Mehrheitsverhältnisse widerspiegelt, und weil sich alle Seiten eine gewisse Zurückhaltung auferlegten und ihre Kandidaten nicht nur anhand ihrer politischen Einstellung, sondern auch aufgrund ihrer juristischen Kompetenz nominierten. Letzteres hat sich nun von Grund auf geändert, da besonders die Republikaner in den vergangenen Jahren auf verschiedene Weisen für die Berufung konservativer Richter vor allem an den Supreme Court gesorgt haben.

Mittel- und Osteuropa

Aus Gründen, mit denen wir uns im folgenden Kapitel befassen werden, tun sich die Bürger mittel- und osteuropäischer Staaten schwer damit, ihre politische »Heimat« zu finden. Parteien kommen und gehen, nicht wenige sind so etwas wie Privatunternehmen wohlhabender Einzelpersonen. Nach dem anfänglichen Enthusiasmus über die Befreiung nach dem Sturz des Staatssozialismus geht die Wahlbeteiligung vielerorts zurück. Viele Länder der Region haben sich mehrmals in ihrer Geschichte gegen Fremdherrschaft – durch Russland beziehungsweise die Sowjetunion, Deutschland oder Österreich-Ungarn – zur Wehr setzen müssen. Nationalistische Gefühle spielen daher in der Politik eine große Rolle.

Der erste führende Politiker der Region, der begriff, dass der konservative Nationalismus Politiker in die Lage versetzt, eine dauerhafte Beziehung zum Massenpublikum zu schmieden, war der Ungar Viktor Orbán. Er hat die Ideologie des Kulturkonservatismus im 21. Jahrhundert weiter getrieben als irgendjemand sonst. Seine »Mission« sieht er darin, eine Wende der gesellschaftlichen Werte hin zur Illiberalität auf Grundlage eines konservativen Christentums herbeizuführen. Als Land mit einer eigenständigen Sprache und vielen seit langem etablierten kulturellen Minderheiten bietet Ungarn dafür fruchtbaren Boden.

Orbáns Vision für sein Land orientiert sich am Ungarn des 1918 aufgelösten Habsburgerreichs und umfasst daher zumindest implizit Gebietsansprüche gegenüber Nachbarländern mit größeren ungarischen Minderheiten. Das Konzept des Illiberalismus dient ihm als Rechtfertigung dafür, die ungarischen Gerichtshöfe der Herrschaft der Politik zu unterwerfen. Auch die Freiheit der Wissenschaften hat er eingeschränkt, wobei er sich zunächst auf die Central European University in Budapest konzentriert hat, die von dem ungarisch-amerikanischen Milliardär George Soros finanziert wird, der auch zahlreiche andere Organe liberaler Theoriebildung in Europa und den USA unterstützt. Soros, der Jude ist, gilt der Alt-Right-Bewegung als Inbegriff (oder Gottseibeiuns) des verhassten Kosmopolitismus; in der italienischen und US-amerikanischen Rechten wird sein Name sogar als Schimpfwort benutzt. Mittlerweile werden Privatpersonen und Unternehmen, die Orbáns Partei Fidesz unterstützen, mit Aufträgen der öffentlichen Hand belohnt, während ihre Gegner leer ausgehen.

Inzwischen eifert die PiS in Polen Orbán nach. Ihr Chef, der ehemalige Ministerpräsident Jarosław Kaczyński, appelliert an dieselben nationalistischen, konservativen, katholischen Werte und bekämpft auf ähnliche Weise die Autonomie der Justiz. Einen Casus Belli lieferte in Polen und Ungarn – wie auch in Bulgarien, der tschechischen Republik, der Slowakei und Slowenien – der Versuch der EU, die mitteleuropäischen Länder zur Aufnahme eines Teils der Flüchtlinge zu überreden, denen es gelungen war, die griechischen und italienischen Küsten zu erreichen; die Weigerung dieser Länder hat dann ebenso ironischer- wie logischerweise der italienischen Neuen Rechten in die Karten gespielt.

Zum Russland Wladimir Putins steht der neuerstandene Nationalismus Mitteleuropas in einem widersprüchlichen Verhältnis, das sowohl auf den wechselnden Umgang des heutigen Russlands mit seiner sowjetischen Vergangenheit als auch auf die Position des Staatssozialismus innerhalb des Rechts-links-Spektrums zurückgeht. Die UdSSR ist den meisten mitteleuropäischen Nationalisten nachvollziehbarerweise ein rotes Tuch; die extreme Rechte in Polen beschimpft die EU als Äquivalent des Sowjetregimes – ein Topos, dessen sich auch britische Konservative bedienen. Andererseits bringt Orbán – ebenso wie in Italien Salvini – Putin einige Sympathie entgegen. Auch Trump machte wiederholt deutlich, dass er größere Sympathien für Putins Russland als für die EU und die NATO hege. Auf Putins Kundgebungen zu den russischen Präsidentschaftswahlen 2018 wiederum waren Transparente mit Bildern von ihm, Trump und Marine Le Pen zu sehen, der Chefin des ehemaligen Front National.

In Mitteleuropa drückt sich der nostalgische Pessimismus verwirrenderweise auch als Sehnsucht nach den Gewissheiten des Staatssozialismus aus, die der notorischen Ungewissheit einer neoliberalen Wirtschaft vorgezogen werden. In Ostdeutschland nennt man das Phänomen halb scherzhaft *Ostalgie**. Zudem macht sich das gegenwärtige russische Regime die zentralen Dogmen des Kulturkonservatismus zu eigen: Nationalismus, traditionelle Frauen- und Männerrollen, Ablehnung von Homosexualität, keine Schonung des politischen Gegners, hohe Gewalttoleranz und ein Faible für diverse Formen der Zurschaustellung militärischer Macht. Überdies trägt Russland zur Finanzierung von Bewegungen und Parteien der Neuen Rechten in Ungarn und Italien bei und spielte 2016 eine Hauptrolle bei der (weitgehend illegalen) Finanzierung sowohl von Trumps Wahlkampf als auch der Brexit-Kampagne in Großbritannien.

Kulturkonservative und fremdenfeindliche Parteien gibt es in fast jedem westeuropäischen Land. Einige dieser Parteien, besonders in Österreich und Schweden, haben Wurzeln, die direkt in die Zeit des Nationalsozialismus zurückreichen, auch wenn ihre heutigen Anführer versichern, damit nichts mehr zu tun haben zu wollen. In Dänemark und Norwegen haben Konservative und Liberale mit Duldung oder Unterstützung der Abgeordneten neurechter Parteien Minderheitsregierungen gebildet, in die sie deren Vertreter aber nicht aufgenommen haben. Nur in Italien, der Schweiz und Österreich haben Funktionäre solcher Parteien Regierungsposten bekleidet.

Die österreichische FPÖ fungierte seit dem Ende des Zweiten Weltkriegs als Sammelbecken für alle, die sich in die nationalsozialistische Vergangenheit zurücksehnen. Sie blieb unbedeutend, bis sie sich in den achtziger Jahren einer populistischen immigrantenfeindlichen Rhetorik zu bedienen begann, stagnierte dann weitgehend, bis nach der Flüchtlingskrise 2015 und der Ankunft muslimischer Flüchtlinge zahlreiche Wähler sowohl der Sozialdemokraten als auch der konservativen Österreichischen Volkspartei (ÖVP) zu ihr überliefen. Letztere reagierte darauf, indem sie sich als fremdenfeindliche populistische Partei neu aufstellte. Diese Umwandlung zahlte sich aus, bei den Nationalratswahlen 2017 überflügelte die ÖVP die Sozialdemokraten als stärkste Partei und bildete mit der FPÖ eine Koalitionsregierung, die 2019 infolge von Skandalen einiger FPÖ-Politiker zerbrach. Seither regiert die ÖVP mit den Grünen und hat ihre xenophobe Rhetorik weitgehend zurückgefahren. Die vorherige Koalition setzte zwar auch einige nostalgische Positionen um – so die teilweise Rücknahme des Rauchverbots in der

Gastronomie –, legte ihr Hauptaugenmerk aber auf den Abbau der Rechte von (insbesondere muslimischen) Immigranten.

Auch die Schweizerische Volkspartei (SVP) ist keine neue Bewegung, sondern aus Anfang des 20. Jahrhunderts gegründeten Bauernparteien hervorgegangen. Sie hatte zunächst wenig Einfluss auf die schweizerische Politik, bis sie sich in den neunziger Jahren – ähnlich wie die ÖVP zwanzig Jahre später – als fremdenfeindliche Bewegung neu erfand und rasch zu einer der wichtigsten Parteien des Landes wurde. Anfang dieses Jahrhunderts kehrten einige moderate Mitglieder der Partei den Rücken und gründeten eine konkurrierende konservative Gruppierung; seither hat sich die SVP zunehmend radikalisiert und im Gefolge der europäischen Flüchtlingskrise auch mehr Unterstützung gefunden. Heute ist sie die größte euroskeptische, immigrations- und flüchtlingsfeindliche Partei der Schweiz.

Zwar ist die SVP bei Wahlen seit 2003 die landesweit gesehen stärkste Partei, besetzt aber als stärkste Fraktion im Nationalrat nur rund 30 Prozent der Sitze und hat in den wechselnden Regierungskoalitionen lediglich eine Nebenrolle übernommen. Damit ist Italien das bislang einzige westliche Land, in dem einer Partei der Neuen Rechten zeitweilig eine dominierende Funktion in einer Regierung zukam. Die Lega wurde während des Umbruch des italienischen Nachkriegs-Parteiensystems zu Beginn der neunziger Jahre als separatistische Bewegung gegründet, die Norditalien vom Süden abspalten und dort den unabhängigen Staat Padanien ausrufen wollte. Sie hatte damit nur mäßigen Erfolg und erweiterte ihr Repertoire schließlich um die Hetze gegen muslimische Immigranten. Vor den Parlamentswahlen 2018 verabschiedete sich die Partei nicht nur vom Namensbestandteil »Nord«, sondern auch vom Separatismus und stellte sich als patriotische Partei für alle Italiener dar, im Wahlkampf setzte sie auf Islamfeindlichkeit und das angebliche Versagen der italienischen Regierungen und der EU in der Flüchtlingskrise. Ihr Anführer Matteo Salvini pflegt enge Verbindungen zu Viktor Orbán, beide unterstützten einander im Wahlkampf, obwohl sich gerade Orbán nachdrücklich dagegen wandte, dass die EU Italien durch die Verteilung der Flüchtlinge auf die anderen Mitgliedsländer hilft. Die wichtigsten übrigen rechten und rechtsliberalen Parteien Italiens schlossen sich der Lega an und führten 2018 einen erfolgreichen Wahlkampf, der zur Bildung einer kurzlebigen Regierungskoalition mit der Fünf-Sterne-Bewegung führte, nach deren Ende die Lega wieder in die Opposition ging.

Sowohl die Lega als auch die Fünf-Sterne-Bewegung lehnen die EU ab, konnten sich damit aber nicht durchsetzen, weil die italienische Öffentlichkeit der EU-Mitgliedschaft des Landes mehrheitlich positiv gegenübersteht. Mehr Erfolg hatte die Lega damit, die Rechte von Migranten und Flüchtlingen einzuschränken und die Hilfeleistungen zu reduzieren, zudem gelang es ihr, ein Klima genereller Fremdenfeindlichkeit zu schaffen, etwa indem sie die frühere Integrationsministerin Cécile Kyenge zur Zielscheibe erkor. Die im Kongo geborene Kyenge verbrachte den größten Teil ihres Lebens in Italien, wo sie als Augenärztin praktizierte, bevor sie in die Politik wechselte. 2013, als Kyenge Ministerin war, beschimpfte der Lega-Abgeordnete und Senats-Vizepräsident Roberto Calderoli sie öffentlich als »Orang-Utan«. Aufgrund dieser und ähnlicher Äußerungen von Mitgliedern der Lega bezeichnete Kyenge diese als eine rassistische Partei. Daraufhin verklagte sie der amtierende Innenminister Salvini 2018 wegen Beleidigung. Ein weiteres Ziel von Salvinis Feindseligkeiten war Domenico Lucano, Bürgermeister von Riace, einer kleinen Gemeinde in Kalabrien. Weil er Asylsuchende mit großem Erfolg in die lokale Wirtschaft und Gesellschaft integrierte, fand Lucano internationale Beachtung. Er wurde wegen Unterstützung illegaler Immigration verhaftet und durfte zeitweilig den Ort, dessen Bürgermeister er war, nicht mehr betreten.

Auch von der Unabhängigkeit der Justiz hält Salvini nicht viel. Im Juni 2019 ließ er Mitarbeiter des Innenministeriums prüfen, wie man verhindern könne, dass Richter, die in Migrationsfragen anderer Meinung als die Regierung sind, über Fälle urteilen, in denen Migranten eine Rolle spielen. Hintergrund waren drei Urteile von Richterinnen in Bologna und Florenz. Einen Monat später entschied eine Untersuchungsrichterin in Sizilien, dass Carola Rackete aus der Haft zu entlassen sei, die als Kapitänin eines deutschen Seenotrettungsschiffs 53 Flüchtlinge aus dem Mittelmeer geborgen und auf der italienischen Insel Lampedusa an Land gebracht hatte. Die Koalitionsregierung aus Lega und Fünf-Sterne-Bewegung hatte Schiffen, die Flüchtlinge an Bord hatten, die Einfahrt in italienische Häfen untersagt, Rackete war unmittelbar nach dem Anlegen festgenommen worden. Das Gericht befand jedoch, dass es kein kriminelles Vergehen sei, ein Schiff mit Flüchtlingen in einen Hafen zu bringen. Salvini insistierte, dass diese Entscheidung unhaltbar und skandalös sei, da die Richter genau wüssten, dass die Regierung jedes Anlanden von Schiffen mit Flüchtlingen ablehne.

Großbritannien und der Brexit

Im Vereinigten Königreich hat der nostalgische Pessimismus nicht zuletzt in der Entscheidung, die EU zu verlassen, Ausdruck gefunden. Auch wenn es offiziell so dargestellt wurde, als ermögliche das Abschütteln der engen Grenzen Europas den Aufstieg eines »globalen Britanniens«, stand im Zentrum der Debatte eine Kampagne, die darauf abzielte, die Einwanderung sowie die Zusammenarbeit mit den Nachbarländern einzuschränken – und damit die »Kontrolle« über das eigene Land »wiederzuerlangen«, wie es der wichtigste Slogan der Brexiteers versprach. Doch auch ein »globales Britannien« ist eine rückwärtsgewandte Vorstellung, da die Annahme, das Vereinigte Königreich könne außerhalb der EU »globaler« werden als das übrige Europa, ausschließlich darin gründet, dass es einst über ein gewaltiges Imperium herrschte und die Beziehung zu seinen Kolonien der zu seinen Nachbarländern vorzog; und so sind es denn auch vor allem die ehemaligen Mitgliedsländer des Empires, die die britische Regierung als Ersatz für die europäischen Handelspartner ins Auge gefasst hat.

Im Zuge des Brexit-Referendums und seiner Nachwirkungen traten zudem einige der Schwierigkeiten hervor, die neurechte Bewegungen typischerweise mit Verfassungen und der Gewaltenteilung zwischen Exekutive und Judikative haben. Kompliziert wurde die Sache dadurch, dass die britische Verfassung nicht kodifiziert ist, sondern sich aus Gewohnheitsrecht, Gesetzen mit Verfassungsrang und den Präzedenzfällen des Common Law zusammensetzt. Das konstitutionelle Recht kann daher – wie wahrscheinlich sonst nirgendwo in der demokratischen Welt – mit einfacher Parlamentsmehrheit geändert werden. Verfassungsrechtlich ist damit in Großbritannien nicht das Volk, sondern das Parlament der Souverän.

In der demokratischen Geschichte des Landes hat das Mehrheitswahlrecht in der Regel einer der beiden großen Parteien eine stabile parlamentarische Mehrheit eingebracht und sie befähigt, eine Regierung ohne Koalitionspartner zu bilden. Damit war in der Praxis nicht das Parlament, sondern die Regierung, im Grunde also die Premierminister*in der Souverän. Zwar war und ist die Regierung dem Prinzip der Rechtsstaatlichkeit beziehungsweise der »rule of law« insofern unterworfen, als sie sich an die geltenden Gesetze halten muss, doch sind die Gerichte mangels kodifizierter Verfassung oft nicht in der Lage zu entscheiden, ob sie gegen verfassungsmäßige Prinzipien verstoßen hat oder nicht. Insofern wacht keine juristische Autorität für Verfassungsfragen über die britische Regierung. Referenden werden zwar nur selten abgehalten, spielen aber innerhalb der wesensmäßig informellen Verfassung eine gewisse, wenn auch ziemlich unbestimmte Rolle. Aufgrund der Parlamentssouveränität sind sie grundsätzlich nicht bindend, haben also den Charakter einer Volksbefragung; allerdings entschied das Parlament im Fall des Brexit-Votums 2016, sich an das Ergebnis zu halten. Damit schuf es jedoch erhebliche Unsicherheit in der Frage, wie sich diese Abstimmung zu britischen Verfassungsnormen und zum Wahlrecht verhält.

Nach dem Referendum erklärte die neue Premierministerin Theresa May, es sei ihre Aufgabe, das Ergebnis zu interpretieren und die entsprechende Form der Ablösung von der EU herbeizuführen. Daraufhin wurden die Gerichte mit dem Argument angerufen, dass das Parlament von den Entscheidungen über die Austrittsbedingungen nicht ausgeschlossen werden dürfe. Der Oberste Gerichtshof in London gab den Antragstellern recht, woraufhin zwei führende konservative Tageszeitungen, *The Daily Mail* und *The Daily Telegraph*, die Richter mit großen Fotos auf ihren Titelseiten als »Volksfeinde« an den Pranger stellten – eine Bezeichnung, die in der Folge mehrere Minister übernahmen.

Die Regierung musste das Urteil akzeptieren, unternahm aber ein anderes Manöver, das außerhalb der Zuständigkeit der Gerichte lag. Sie brachte ein Gesetz durchs Parlament, die European Union (Future Relationship) Bill 2020, mit dem zunächst sämtliche mit der EU-Mitgliedschaft verbundenen Verordnungen des EU-Rechts in britisches Recht überführt wurden, und kündigte zugleich an, diese anschließend durch Verordnungen, also im Rahmen des Sekundärrechts, aufheben oder abändern zu wollen. Gemäß einem unter dem despotischen Regime Henrys VIII. im 16. Jahrhundert erlassenen Dekret müssen sekundärrechtliche Vorschriften nicht vom Parlament gebilligt werden. Da das EU-Recht weite Teile der öffentlichen Ordnung betrifft, lief das im Ergebnis darauf hinaus, viele Entscheidungen der Regierung von der Zustimmung des Parlaments unabhängig zu machen. Die weitere Debatte über den Brexit kreiste dann um dessen konkrete Ausgestaltung. Musste man sich vom gemeinsamen Markt zurück- und der Jurisdiktion des EuGH entziehen? Norwegen hat sich beiden unterworfen, ist aber nicht Mitglied der EU. Musste Großbritannien die Zollunion verlassen? Die Türkei gehört ihr an, ohne EU-Mitglied zu sein.

Da die Anführer der Brexit-Kampagne keiner Regierung, sondern nur einer für die Gelegenheit gebildeten disparaten Gruppe angehörten und keinerlei formelle Verantwortung für die Folgen ihres Handelns trugen, konnten sie ohne weiteres widersprüchliche Positionen zu den genannten Fragen vertreten und taten das auch. Da sich aus dem Referendum keine eindeutigen Antworten ergaben, verkündete die Premierministerin, dass es an ihr sei, den Willen des Volkes zu deuten. Sie verhandelte ein Abkommen mit der EU und den verbleibenden 27 Mitgliedsstaaten, fand aber im Parlament keine Unterstützung dafür, weil verschiedene Abgeordnetengruppen bezweifelten, dass es dem im Referendum ausgedrückten »Willen des Volkes« entspreche. Die Forderung, ein zweites Referendum abzuhalten, damit die Bürger ihre Meinung zu den Austrittsbedingungen äußern könnten, wiesen sie mit der Behauptung zurück, eine zweite Abstimmung sei undemokratisch, da das Volk bereits gesprochen habe.

Im Juni 2019 kündigte May ihren Rücktritt an, aufgerieben vom Widerstand derer, die einen Kompromiss mit der EU ablehnten, und derer, die wollten, dass Großbritannien Mitglied der EU blieb. Allerdings war ebenfalls klar, dass es im Parlament keine Mehrheit für einen sogenannten No-Deal-Brexit, einen EU-Austritt ohne jede Vereinbarung über die künftigen Beziehungen, geben würde. Daraufhin diskutierten die Konservativen offen, ob nicht ein neuer Premierminister einfach die nächste Parlamentssitzung so lange hinauszögern solle, bis der No-Deal-Brexit eingetreten wäre – mit der Begründung, dass sich das Parlament dem Volkswillen widersetze und daher undemokratisch sei.

Tatsächlich schickte der neue Premierminister Boris Johnson das Parlament Ende 2019 für fünf Wochen in einen Zwangsurlaub, bis der Oberste Gerichtshof dies für illegal erklärte. Daraufhin ließ Johnson von den Abgeordneten Neuwahlen beschließen, in denen er eine deutliche Stimmenmehrheit gewann. Dies ermöglichte es ihm, einen nach internationalem Recht bindenden Vertrag mit der EU durchs Parlament zu bringen, in dem die Bedingungen des britischen Austritts festgelegt wurden. Im Herbst 2020 kam Johnson jedoch zu der Auffassung, dass ihm einige der Verpflichtungen, die er mit dem Vertrag eingegangen war, nicht mehr gefielen, und ließ das Parlament ein Gesetz verabschieden, das der Regierung de facto erlaubte, sich über die Vereinbarungen hinwegzusetzen und damit internationales Recht zu brechen.

Die unzureichenden Bestimmungen des britischen Rechts in Bezug auf Volksabstimmungen erleichterten zudem die Durchführung illegaler Manöver im Rahmen der Brexit-Kampagne. Wie inzwischen bekannt wurde, haben mehrere der Neuen Rechten nahestehende US-Milliardäre (vor allem auch der im zweiten Kapitel erwähnte Robert Mercer) hohe Summen in die Kampagne gesteckt, meist über die IT-Firma Cambridge Analytica, was ebenso illegal war wie dass dieses Unternehmen in der Folge Daten über die politischen und sonstigen Ansichten einiger Millionen britischer Wähler sammelte und sie mit zahlreichen gezielten Botschaften über die sozialen Medien bombardierte. Bekannt ist auch, dass die russische Regierung, wiederum illegalerweise, rund 8 Millionen Pfund an Arron Banks überwies, einen der Anführer des »inoffiziellen« Flügels der Brexit-Kampagne, der das Geld ebenfalls für zielgruppengenaue Botschaften in den sozialen Medien nutzte. Weit mehr als eine Milliarde Botschaften wurden auf diese Weise unter Nutzung der im zweiten Kapitel beschriebenen Techniken über die sozialen Medien an Einzelpersonen ausgespielt. Das britische Wahlrecht sieht strenge Strafen für illegale Spenden vor, Kandidaten, die bei regionalen oder Parlamentswahlen nachweislich solche Zuwendungen erhalten haben, verlieren normalerweise ihren Sitz. Die »Leave«-Kampagne wurde zwar zu Strafzahlungen wegen illegaler Finanzierung verurteilt, doch die Regierung entschied, dass dies das Ergebnis des Referendums nicht entwerte.

Das britische Beispiel führt zentrale Elemente der antidemokratischen Einstellung der Neuen Rechten vor Augen, die glauben oder behaupten, dass die Justiz nicht berechtigt sei, Maßnahmen der Regierung auf ihre Rechtmäßigkeit hin zu überprüfen; dass sie selbst sich bei ihren Kampagnen nicht um gesetzliche Vorgaben scheren müssten; dass das Parlament sich fügen müsse, sobald das Volk gesprochen habe; dass das Volk nur einmal gefragt werden dürfe und die Deutung seines Willens einem Anführer überlassen müsse; dass es »das« Volk nur in der Einzahl gebe, weshalb selbst eine immerhin 48 Prozent umfassende Minderheit nicht »das« Volk sei und folglich keine demokratische Legitimation erteilen könne. Mit den meisten dieser Forderungen konnte sich die Neue Rechte nicht durchsetzen, ihre Angriffe auf verfassungsmäßige Institutionen konnten in der Regel abgewehrt werden, auch wenn sie diese spürbar schwächten. Auffällig aber bleibt, wie viele Elemente aus der Agenda des nostalgischen Pessimismus in den Auseinandersetzungen um den Brexit eine erhebliche Rolle gespielt haben.

Die Infragestellung verfassungsmäßiger Normen, die mit dem Brexit einherging, wirkte sich auch auf die öffentliche Meinung aus. In ihrer jährlichen Umfrage zur politischen Einstellung der Bevölkerung kam die Hansard Society 2019 zu dem Ergebnis, dass 55 Prozent der Briten gern von einem starken Führer (»strong leader«) regiert werden würden, der »die Regeln zu brechen bereit ist«, während lediglich 23 Prozent dieser Idee ablehnend gegenüberstanden (Hansard Society 2019). Eine große Minderheit (42 Prozent) würde der Regierung die Möglichkeit einräumen, Maßnahmen auch ohne Zustimmung des Parlaments zu verhängen. Zudem stimmte eine signifikante Mehrheit von 63 Prozent der Ansicht zu, dass das politische System »zum Vorteil der Reichen und Mächtigen manipuliert« werde. Nicht bekannt ist, ob zu denen, die das glaubten, auch eine Mehrzahl derer gehörte, die sich nach einem starken, zum Regelbruch bereiten Führer sehnten. Die Antwort auf diese Frage könnte uns einiges darüber verraten, ob das Wissen um die Probleme der Postdemokratie vermehrt zur Unterstützung neurechter Bewegungen führt.

Fazit: Die nichtdemokratischen Stützen der Demokratie

Im siebenten Kapitel werden wir uns mit weiteren Implikationen des nostalgischen Pessimismus für die politische Kultur postdemokratischer Gesellschaften befassen. Doch die antidemokratischen Tendenzen der fremdenfeindlichen und populistischen Neuen Rechten sollten deutlich geworden sein: das Beharren darauf, dass der Wille des Volks ohne Einschaltung vermittelnder Instanzen unmittelbar durch ihre Anführer umgesetzt werden solle; und das Kokettieren mit Hass und Gewalt, das unvermeidlich jede Bewegung auszeichnet, die Menschen aufgrund ethnischer Merkmale ausgrenzen will, weil sie glaubt, dass sie sich nur dann Vorteile verschaffen kann, wenn sie anderen etwas wegnimmt. Darüber hinaus wirft die Neigung der Neuen Rechten, formale Regeln geringzuachten und insbesondere jene Instanzen abzulehnen, die die Machtausübung demokratisch gewählter Amtsträger überprüfen, die Frage auf, in welche Richtung sich der nostalgische Pessimismus entwickelt und ob er sich langfristig in anderer Weise auf die Demokratie auswirken wird, als er es durch sein plötzliches Aufkommen getan hat.

Damit sind wir wieder bei den oben mehrfach angesprochenen nichtdemokratischen Stützen der Demokratie. Auch wenn wir als sinnvoll akzeptieren, dass wir unsere demokratischen Rechte nicht unmittelbar, sondern über gewählte Vertreter ausüben, muss unser Verhältnis zu diesen Vertretern doch immer problematisch bleiben. Sobald sie ein Amt übernehmen, haben sie Macht und können verlockt sein oder verleitet werden, diese zu missbrauchen – sei es, um sich schlicht zu bereichern, um Widersachern zu schaden oder aus einer Vielzahl anderer Gründe. Deshalb brauchen wir Parlamente, die das Handeln der Exekutive überprüfen; und wir brauchen eine unabhängige Justiz, der die Behörden zum Schutz der Bürger vor Machtmissbrauch und einigen Formen der Korruption unterworfen sind. Gerade weil sich populistische Bewegungen – vor allem, wenn sie sich vom nostalgischen Pessimismus nähren – für den makellosen, endgültigen Ausdruck der »Volksherrschaft« halten, sind sie tatsächlich Feinde der Demokratie. Sie lehnen Institutionen ab, die dem Schutz der Bürger vor Korruption, Manipulation und letztlich Unterdrückung dienen, da sie dem von ihren Anführern vertretenen »reinen« Volkswillen entgegenstünden.

Ein Grundproblem des Brexit-Referendums war der diesem zugesprochene Status einer unumkehrbaren, unwiederholbaren Willensbekundung, die über ein derart gewaltiges Maß an demokratischer Legitimität verfüge, dass selbst dem Volk, das diesen Willen bekundet hatte, niemals erlaubt werden könne, seine Entscheidung noch einmal zu überdenken – allein die Regierung sollte das Ergebnis interpretieren und immer wieder neu interpretieren dürfen. Der Brexit ist daher ein Musterbeispiel illiberaler Demokratie, nicht nur weil sein Ergebnis der Gefühlslage des nostalgischen Pessimismus entspricht, sondern auch aufgrund der konstitutionellen Innovationen, die er mit sich brachte.

Die plötzliche Entstehung verschiedener populistischer Bewegungen innerhalb einer Gesellschaft kann die Demokratie durchaus beleben, da diese Akteure vernachlässigte Themen aufs Tapet bringen und Druck auf etablierte Parteien und Eliten auszuüben vermögen. Doch wenn sich diese Bewegungen nicht rasch dazu durchringen, jene Institutionen anzuerkennen, die der Politik Beschränkungen auferlegen, kann ihr Fortbestehen zu einer Bedrohung für die Demokratie werden. Andererseits bleiben die Defizite demokratischer Institutionen, die durch das Aufkommen des Populismus aufgedeckt wurden, weiterhin problematisch.

Es kommt entscheidend darauf an, dass wir diese Defizite ernsthaft bekämpfen, anstatt die Korrumpierung und Übernahme des Staates und eines nicht mehr repräsentativen Parteiensystems durch Plutokraten zu verharmlosen und in postdemokratischer Selbstzufriedenheit zu versinken. Ungebärdige Eindringlinge müssen willkommen geheißen werden, solange sie akzeptieren, dass auch sie sich den Einschränkungen zu unterwerfen haben, die den Fortbestand der Demokratie gewährleisten sollen. Deren Zukunft wird nicht zuletzt davon abhängen, ob neue oder radikal umgebaute alte Parteien in der Lage sind, einen Meinungsaustausch mit den Wählern »auf Augenhöhe« herzustellen, anstatt sie über die sozialen Medien von oben auf postdemokratische Weise zu manipulieren und so zu tun, als würden sie für ein »Volk« sprechen, das derart vage definiert ist, dass Parteiführer jederzeit das als seinen angeblichen Willen ausgeben können, was sie dafür zu halten beschließen.

Die Tatsache, dass die vierjährige Präsidentschaft Donald Trumps in den USA mit einer Wahl endete, die mehr Wähler als je zuvor in der Geschichte der US-Präsidentschaftswahlen an die Urnen beziehungsweise Briefkästen brachte, zeigt, dass die von der Neuen Rechten aufgeworfenen Probleme tiefsitzende Emotionen auf Seiten ihrer Unterstützer *und* ihrer Gegner berühren. Damit stellt sich zugleich die grundlegende Frage, ob postindustrielle, postreligiöse, postmoderne Gesellschaften überhaupt stabile (partei)politische Bindungen hervorbringen können oder ob wir heute dazu verurteilt sind, uns als freischwebende Individuen von immer neuen Druckwellen mal hier-, mal dorthin treiben zu lassen. Der nostalgische Pessimismus beantwortet sie mit dem kompromisslosen Beharren auf Nation, ethnischer Zugehörigkeit und anderen kulturkonservativen Werten und Loyalitäten.

Haben die Linke und das Zentrum dem etwas entgegenzusetzen, das ebenso stark ist und sich aus der Empfindung sozialer Zugehörigkeit speist? Darauf scheint zumindest die breite Beteiligung an den US-Präsidentschaftswahlen 2020 hinzudeuten. Der Wahlkampf war in vielen Aspekten hässlich, und manche haben Sorge, dass er ein Modell für die Zukunft sein könnte. Aber wir sollten nicht vergessen, dass die Konflikte und Antipathien, die in den stabilen Demokratien der zweiten Hälfte des 20. Jahrhunderts herrschten, weit hässlicher und tödlicher waren als alles, was sich im Herbst 2020 in den USA abgespielt hat. Die Geburt eines Augenblicks der Demokratie ist mutmaßlich immer ein schmerzhafter Prozess.

Bevor man aus diesen Wahlen allzu viele Schlüsse zieht, sind jedoch drei Dinge zu beachten. Erstens müssen wir Europäer uns klarmachen, dass die Gesellschaft der USA im Gegensatz zu unseren Gesellschaften keine »postreligiöse« ist. Zweitens ist es noch viel zu früh, um einzuschätzen, ob eine mögliche, breit aufgestellte Bewegung gegen den nostalgischen Pessimismus über eine kohärente Identität und hinreichend Atem verfügen würde. Und drittens waren die Wahlen des Jahres 2020 allesamt von der Corona-Pandemie überschattet. Deren Auswirkungen auf Demokratie und Postdemokratie werden wir im folgenden Kapitel näher untersuchen. Anschließend nehmen wir unsere Suche nach den breiteren Implikationen des Aufstiegs des nostalgischen Pessimismus wieder auf, indem wir uns zunächst, im siebenten Kapitel, genauer ansehen, was aus den im 20. Jahrhundert entstandenen politischen Bindungen geworden ist, bevor wir im achten Kapitel die Potenziale anderer gegenwärtiger Kräfte und Bewegungen genauer unter die Lupe nehmen.

6. Die politischen Implikationen der Corona-Pandemie

Die Krise, die mit den vom Coronavirus SARS-CoV-2 ausgelösten Erkrankungen im Jahr 2020 über die ganze Welt hereingebrochen ist, hat nicht nur auf medizinischem, sondern auch auf politischem Gebiet außergewöhnliche Folgen gezeitigt. In vielen demokratischen Ländern griffen die Regierenden zum Notstandsrecht, um die Krankheit mit Hilfe von Verordnungen zu bekämpfen, und verhängten teils drastische Maßnahmen, etwa den Lockdown weiter Teile der Wirtschaft oder das Verbot, die eigene Wohnung für andere als wenige vorgegebene Zwecke zu verlassen. Der internationale Reiseverkehr wurde stark eingeschränkt, und Menschen, die in bestimmte Länder einreisten oder aus ihnen zurückkehrten, mussten sich in Quarantäne begeben. Viele Bürger äußerten die nachvollziehbare Sorge, dass die Demokratie bedroht sei oder zerstört werde.

Muss man dieses Handeln der Regierenden also als weiteren Beleg für das Voranschreiten der Postdemokratie betrachten? Oder gar als bedeutenden Rückschlag für jede Form der Demokratie, ungeachtet der Vorsilbe? Um eine Antwort darauf geben zu können, müssen wir uns zunächst den Kontext der Ausbreitung des Virus genauer ansehen, der für die Demokratie hochgradig ungünstig war. Allerdings wurde am Umgang mit der Pandemie in vielen Ländern zugleich eine eindrucksvolle Stärke der Zivilgesellschaft deutlich, was paradox erscheint, da Zivilgesellschaft und Demokratie aufs engste miteinander verbunden sind. Was aus dieser Paradoxie wird, ist unter den Fragen nach den Langzeitfolgen der Pandemie eine der wichtigsten.

Viele Menschen im Westen hielten Covid-19 für etwas vollkommen Neues. Das ist einerseits nachvollziehbar, andererseits aber auch ein wenig verwunderlich. Die Familie der Coronaviren ist schon länger bekannt, zu den von ihnen verursachten Erkrankungen gehört auch die gewöhnliche Erkältung. Allerdings weist die vom Virus SARS-CoV-2 verursachte Erkrankung, wie erst nach einiger Zeit deutlich wurde, eine Reihe neuer Eigenschaften auf und hielt einige unerfreuliche Überraschungen bereit. Dass sich verschiedene Arten von Viren, darunter auch Coronaviren, in China und anderen Teilen des Fernen Ostens entwickeln, ist ebenfalls lange bekannt. Die Menschen in diesen Regionen der Welt haben sich an erhebliche staatliche Beschränkungen zu deren Bekämpfung gewöhnt und akzeptieren diese, so etwa die Vorschrift, bereits bei milden Atemwegserkrankungen Mund-Nase-Bedeckungen zu tragen. Ebenfalls bekannt ist, dass sich jedes Jahr diverse Formen der Influenza vom Fernen Osten aus in aller Welt ausbreiten; Covid-19 ist jedoch keine Influenza, weshalb eine Grippeschutzimpfung keine Immunität gegen das Virus verleiht.

Dass es früher oder später zu einer solchen Pandemie kommen könnte, wie sie das Coronavirus auslöste, galt unter Virologen und Epidemiologen spätestens seit dem Ausbruch des SARS-Virus in Hongkong im Jahr 2003 als ausgemacht. Auch neue, aggressive Formen der Vogelgrippe waren seit 2013 in China aufgetreten. Experten hatten die westlichen Staaten gewarnt, dass eine dieser Krankheiten irgendwann auf die gesamte Welt übergreifen und beträchtliche gesundheitliche und wirtschaftliche Schäden verursachen werde. Über die Weltgesundheitsorganisation hatten die Regierungen aller Länder Zugang zum gesammelten Wissen über diese Gefahr. Tatsächlich hatten auch viele westliche Gesundheitssysteme auf Grundlage dieser Daten begonnen, die zur

Bekämpfung einer Viruspandemie benötigten medizinischen Materialien und Geräte zu bevorraten und Notfallmaßnahmen zu planen. Im Zuge der Austeritätspolitik nach der Finanzkrise 2008 wurden jedoch viele dieser Vorräte wieder abgebaut. Gesundheitsbudgets wurden beschnitten, die Ausgaben auf das aktuell Notwendige konzentriert.

Das war zweifellos ein Staatsversagen, das sich allerdings nicht auf eine Funktionsschwäche der Demokratie zurückführen lässt. Zu deren Stärken kann es naturgemäß nicht gehören, ungewissen Risiken der Zukunft höhere Priorität als den unmittelbaren Forderungen der Gegenwart einzuräumen. Zu Recht oder nicht, die westlichen Gesellschaften waren auf das, was ihnen bevorstand, als das Coronavirus Anfang 2020 aus der chinesischen Provinz Hubei auf den Norden Italiens übersprang, nicht vorbereitet. Rasch wurde klar, dass sich dieses Virus extrem schnell ausbreitete, einen erheblichen Anteil der von ihm Befallen das Leben kosten konnte, andere schwerkrank machte und damit die Gesundheitssysteme zu überfordern drohte. Zugleich konnte die Krankheit bei manchen Menschen zwar alarmierend heftig ausfallen, doch zeigten viele andere lediglich milde, nicht von denen einer gewöhnlichen Erkältung zu unterscheidende oder sogar überhaupt keine Symptome. So gut das für die Betroffenen auch war – es erschwerte es ungeheuer, die Ausbreitung des Virus zu verfolgen.

Selbst neoliberalen Regierungen war es nicht möglich, das Phänomen einfach zu ignorieren und als reine Privatangelegenheit des einzelnen Bürgers abzutun. Der italienische Präsident Sergio Mattarella stellte fest: »*Non esiste la libertà di far ammolare gli altri*« (etwa: Eine Freiheit, andere krank zu machen, gibt es nicht). Wenn sie die Realität der Krankheit nicht rundweg ableugnen wollten, waren die Regierenden also gezwungen, etwas zu unternehmen, um deren Ausbreitung einzudämmen. Da sich das Virus durch zwischenmenschliche Kontakte ausbreitet, ließ sich sein Umsichgreifen nur durch eine Reduzierung dieser Kontakte aufhalten, was erhebliche Einschränkungen der Bewegungsfreiheit erforderlich machte. Angesichts der unklaren Datenlage waren Fehleinschätzungen und daraus resultierende Irrtümer praktisch unvermeidbar. Gesicherte wissenschaftliche Erkenntnisse zu Covid-19 lagen zunächst kaum vor, Virologinnen, Epidemiologen und Ärzte durchliefen eine ebenfalls rapide ansteigende Lernkurve.

Die zwischenmenschlichen Kontakte zu reduzieren hieß auch, alle wirtschaftlichen Aktivitäten einzuschränken, bei denen Beschäftigte in unmittelbaren Kontakt miteinander geraten – ein harter Schlag insbesondere für den Bereich der personenbezogenen Dienstleistungen, der in einer von Globalisierung und Automatisierung bestimmten Zeit Hauptmotor des Jobwachstums gewesen war. Personenbezogene Dienstleistungen, bei denen enger Kontakt zwischen Anbieter und Kunde unabdingbar ist, werden durch die Ausbreitung des Welthandels kaum in Mitleidenschaft gezogen und lassen sich auch nur in geringem Maß von Maschinen erbringen – aber enge Kontakte sind eben genau das, was dem Virus die weitere Ausbreitung ermöglicht. So verloren Millionen Menschen ihr Einkommen, viele gerieten in Armut. Um diese Nöte zumindest teilweise zu mildern, wurden die öffentlichen Ausgaben drastisch erhöht. Das ging unvermeidlich mit einer immensen Ausweitung der Staatsschulden einher, zumal die Steuereinnahmen aufgrund des Stillstands in vielen Wirtschaftssektoren erheblich einbrachen.

Es ist schwer zu sagen, was die demokratischen Regierungen unter diesen Umständen hätten anders machen können, als die Machtmittel zu ergreifen, die sie in die Lage versetzten, rasch zu handeln und zwischenmenschliche Kontakte wirksam zu reduzieren, obwohl das bedeutete, den Bürgern Beschränkungen ihrer Bewegungsfreiheit aufzuerlegen, die in Demokratien normalerweise undenkbar wären, und obwohl die Kenntnisse, auf deren Grundlage diese harten Einschnitte erfolgten, alles andere als gesichert waren. In einem Gesundheitsnotstand kann die Ausübung persönlicher Freiheitsrechte anderen Menschen Krankheit und sogar den Tod bringen. Daher muss man in solchen Situationen bereit sein, von außen auferlegte Einschränkungen zu akzeptieren, selbst wenn man nicht wissen kann, wie lange die einzelnen Maßnahmen aufrechterhalten werden müssen. Es genügt nicht, sich auf die Bereitschaft jedes Einzelnen zu verlassen, sich auch ohne Sanktionsandrohung Beschränkungen aufzuerlegen – schließlich kann man sich auch nicht darauf verlassen, dass Autofahrer in einer Welt ohne freiheitsbeschneidende Verkehrsregeln allein aus gesundem Menschenverstand Rücksicht auf Fußgänger nehmen würden.

Wir leben immer schon mit vielerlei Einschränkungen dieser Art; nur die extremsten Anhänger der Doktrinen des individuellen Egoismus lehnen sie ab. Die meisten von uns halten sich an solche Regeln, mit der Konsequenz, dass Sanktionen nur in Ausnahmefällen nötig sind. Der Covid-19-Notstand unterschied sich von anderen einschlägigen Fällen lediglich insofern, als er sehr plötzlich auftrat, man wenig über ihn wusste und er – aufgrund des Wesens der Pandemie, nicht aus politischen Gründen – bislang ungewohnte Beschränkungen der individuellen Bewegungsfreiheit erforderlich machte.

Um beurteilen zu können, wie sich die Demokratie im coronabedingten Notstand bewährte, müssen wir uns über die Aufzählung der faktischen Freiheitseinschränkungen hinaus folgende Fragen stellen: Haben formell demokratische Regierungen andere Maßnahmen ergriffen als Diktaturen? Und: Gibt es Hinweise darauf, dass Regierungen, die als formell demokratisch bezeichnet zu werden verdienen, die Machtmittel, zu denen sie während der Krise griffen, zur Verfolgung illegitimer Ziele missbrauchten?

In Hinblick auf den ersten Punkt sollte man erwarten, dass Regierungen und Politiker, die im Allgemeinen Rücksicht auf die öffentliche Meinung nehmen, auch darauf bedacht wären, die bürgerlichen Freiheiten nicht stärker als zur Kontrolle der Virusausbreitung unbedingt notwendig einzuschränken und bei der Durchsetzung der neuen Regeln die Menschenrechte zu respektieren. Von Diktaturen wäre zu erwarten, dass sie rascher zu härtestmöglichen Maßnahmen griffen, wenig Rücksicht auf grundlegende Menschenrechte nähmen und kaum Bedenken hätten, in ihrem Handeln über das tatsächlich Notwendige hinauszugehen.

Die einzige Regierung, die in Europa weit über das vernünftige Maß hinausging, war die ungarische, die eines Landes also, das viele Beobachter schon zuvor für nur noch teilweise frei und demokratisch gehalten hatten. Der ungarische Premierminister Viktor Orbán sicherte sich zunächst eine zeitlich unbeschränkte Notstandsermächtigung, die sich nicht auf Maßnahmen zur Bekämpfung des Virus beschränkte. Überdies wurden Personen, die der Verbreitung von aus Sicht der Regierung unzutreffenden Informationen über deren Maßnahmen schuldig befunden wurden, mit Freiheitsstrafen von bis zu fünf Jahren bedroht. Nichts Vergleichbares geschah in Ländern mit funktionierenden demokratischen Institutionen, selbst wenn diese aufgrund postdemokratischer Entwicklungen geschwächt waren.

Wie Diktaturen mit solchen Problemen umgehen, zeigt noch deutlicher das Beispiel Chinas, des Landes, in dem die Pandemie ihren Ausgang nahm. Die Bewohner der betroffenen Regionen durften ihre Wohnungen nicht verlassen, und die Polizei ging oft brutal gegen jeden vor, der in ihren Augen im Verdacht stand, erkrankt zu sein, und sich dennoch in der Öffentlichkeit aufhielt – was in zahlreichen Verhaftungen resultierte. Da ein derartiger Umgang mit Bürgern in China und anderen diktatorischen Regimen an der Tagesordnung ist, waren die Freiheits- und Persönlichkeitsrechte während der Corona-Pandemie nicht wesentlich stärker eingeschränkt als in gewöhnlichen Zeiten. Ein Gegenbeispiel dazu bildet Südkorea, ein anderes Land des Fernen Ostens, das allerdings über demokratische Institutionen verfügt. Hier kamen mit der Schließung vieler Wirtschaftssektoren, Einschränkungen der individuellen Bewegungsfreiheit, Maskenpflicht und polizeilicher Überwachung der Regeln ähnliche Maßnahmen wie in europäischen und anderen Demokratien zum Tragen. Sie wurden jedoch nicht mit Gewalt durchgesetzt, vielmehr wurde betont, dass der Staat das Problem nicht allein lösen könne, und immer wieder an die freiwillige Kooperation der Öffentlichkeit appelliert.

Es lässt sich kaum leugnen, dass die chinesische Reaktion in Hinblick auf die Eindämmung des Virus effektiver war als die jedes anderen Landes. So glauben zwar die meisten Menschen im Westen, dass man hierzulande der Vermeidung von Leiden und der Rettung von Leben höchste Priorität eingeräumt habe, und kritisierten jene, die sich gegen jede Einschränkung individueller Freiheiten wandten, doch wurde diese Priorität bei uns tatsächlich nirgendwo derart umfassend durchgesetzt wie in China. Mehr oder weniger stillschweigend wurden dem, was der Staat der Bevölkerung abverlangte, Grenzen gesetzt: ein unverzichtbares Mindestmaß an Demokratie. Zugespitzt formuliert: Wenn die Regierenden wissen, dass sie ein erneutes Mandat nur von den Wählern erhalten können, sind ihren Möglichkeiten, Macht und Gewalt einzusetzen, automatisch Grenzen gesetzt. Die härtesten in demokratischen Ländern verhängten Sanktionen zur Durchsetzung der Regeln waren Bußgelder, verbunden mit polizeilichen Warnungen und öffentlicher Anprangerung. Womöglich noch wichtiger: Abgesehen von Ungarn gab es in keinem dieser Länder Versuche, eine Debatte über die Coronamaßnahmen der Regierung oder Kritik an ihnen zu unterdrücken. Auch wenn die Parlamente in vielen Fällen durch Ausrufung eines zeitlich begrenzten Notstands suspendiert worden waren, überstand der grundlegende Unterschied zwischen Demokratien und autoritär regierten Staaten die Pandemie weitgehend unbeschadet.

Was die Frage betrifft, ob Regierungen, die ansonsten weitgehend im Rahmen der Regeln der Vernunft agierten, das Notstandsrecht darüber hinaus für andere Zwecke missbraucht haben, so muss man sagen, dass dergleichen durchaus vorgekommen ist – weniger wohl in Hinblick auf Einschränkungen der Bewegungsfreiheit als vielmehr in Hinblick auf mangelnde Transparenz, insofern die Regierenden die verordneten Maßnahmen nicht hinreichend begründeten oder ihre Irrtümer mit inkorrekten Informationen vertuschten. Zudem erhielten Polizeikräfte in mehreren Ländern das Recht beziehungsweise benutzten ihren Ermessensspielraum, um Maßnahmen gegen Bürger zu ergreifen, die unter normalen Umständen inakzeptabel gewesen wären. Weil die Möglichkeiten der Parlamente durch den Notstand eingeschränkt waren, griffen viele der sonst üblichen Kontrollmechanismen nicht.

Auch wurden allenthalben neue Regeln eingeführt, ohne Rücksicht darauf, ob die Bürger sie überhaupt befolgen konnten. So genossen etwa Geringverdiener in Unternehmen, die sich weigerten, für sichere Arbeitsbedingungen zu sorgen, und damit drohten, jeden zu feuern, der sich darauf nicht einlassen wollte, in den meisten Fällen keinerlei Schutz. Sozial isolierte Menschen, die sich keine Hilfskräfte für grundlegende Tätigkeiten in Haushalt und Pflege leisten konnten, hatten so gut wie keine Chance, die Vorschriften des Lockdowns einzuhalten. Andererseits ist solche mangelnde Rücksichtnahme auf die Armen und Vulnerablen in formellen Demokratien schon zu »normalen« Zeiten gängige Praxis und kann deshalb nicht dem Notstandsrecht zur Last gelegt werden.

Zumindest im Vereinigten Königreich wurde die Covid-19-Krise von der Regierung auch dazu genutzt, Ausrüstungs- und Dienstleistungsverträge ohne die üblichen Ausschreibungsverfahren und unter Geheimhaltung der Details zu vergeben. Mehrere dieser Verträge gingen an persönliche Freunde von Ministern oder diesen verbundene Unternehmen. Obwohl es im Land ein Netzwerk lokaler, in der Nachverfolgung ansteckender Krankheiten erprobter öffentlicher Gesundheitseinrichtungen sowie zahlreiche Universitäten mit gut ausgerüsteten Laboren gibt, lehnte es die Regierung bis fast zum Schluss ab, diese zu beauftragen. Stattdessen vergab sie ohne Ausschreibung Kontrakte an Unternehmen, die über keinerlei Erfahrungen auf dem Gebiet verfügten, wie das (dem deutschen Bundesrechnungshof vergleichbare) National Audit Office (2020) in einem im November veröffentlichten Bericht über diese Praktiken kritisierte.

Die Leitung der staatlich finanzierten, für die Testung und Kontaktverfolgung zuständigen Organisation wurde Baroness Dido Harding übertragen, die für die Tories im House of Lords sitzt und deren Ehemann Tory-Abgeordneter im

House of Commons ist. Eine Leitungsfunktion hatte sie zuvor lediglich als CEO des Telekommunikationsanbieters Talk Talk inne, der 2015 unter ihrer Führung wegen allzu sorglosen Umgangs mit Kundendaten in die Schlagzeilen geriet. Das Unternehmen musste eine hohe Strafe wegen mangelnder Sicherheitsvorkehrungen zahlen, Harding trat von ihrem Posten zurück. Anfang 2018 wurde sie in den Vorstand des Jockey Clubs berufen, eine Art Dachverband des Pferderennsports in Großbritannien, und war im März 2020 mitverantwortlich für die Entscheidung, die Rennen des Cheltenham Festivals stattfinden zu lassen, obwohl alle anderen großen Sportveranstaltungen an jenem Wochenende wegen der Pandemie abgesagt worden waren. Sie saß auch im Vorstand des Cheltenham Racecourse. Später fanden sich Hinweise darauf, dass eine hohe Anzahl Besucher bei der Veranstaltung mit dem Coronavirus infiziert wurde. Trotz dieser Vorgeschichte berief man Harding zur Chefin des nationalen Test- und Kontaktverfolgungsdienstes NHS Test and Trace.

Einige Wochen später, mitten in der Krise, beschloss die Regierung, Teile des staatlichen Gesundheitssystems, darunter NHS Test and Trace, unter einer neuen Dachorganisation, dem National Institute for Health Protection, zusammenzuführen. Statt eines erfahrenen Mediziners wurde Dido Harding mit der Leitung dieser Behörde betraut. Die Kritik an der geringen Effektivität, der mangelnden Qualifikation der Mitarbeiter und der undurchsichtigen Auftragsvergabe von NHS Test and Trace riss nicht ab. Obwohl alle ihr übertragenen Funktionen im Gesundheitswesen öffentliche Ämter sind, fungiert Harding nach wie vor als Parteipolitikerin im House of Lords, was in Großbritannien bislang als inakzeptabel galt.

Fälle wie dieser trugen zusammen mit bürokratischen Erschwernissen bei den Lockdowns dazu bei, das Vertrauen in staatliche Institutionen auf unheilvolle Weise zu untergraben. In einem Notstand dieser Art, in dem nicht alle vorliegenden Informationen allen gleichermaßen zugänglich sind, ist Vertrauen besonders wichtig. Während der Vorwurf, die Regierungen hätten autokratisch agiert, in Bezug auf die große Mehrheit formell demokratischer Länder zweifellos übertrieben war, war die Behauptung, die Demokratie komme in der Pandemie zu kurz, sehr wohl begründet. Angesichts der Tatsache, dass das Vertrauen in den Staat in vielen Ländern durch postdemokratische Entwicklungen untergraben wurde, und angesichts der Tatsache, dass sich Krisen wie die Corona-Pandemie aller Wahrscheinlichkeit nach wiederholen werden, dürften viele Angehörige der politischen Klasse bedauern, dass sie das Vertrauen der Öffentlichkeit über eine lange Zeit für selbstverständlich gehalten und missbraucht haben. Vielleicht motiviert sie dieser Stand der Dinge ja, auf Möglichkeiten zu sinnen, es zurückzugewinnen.

Ein Weg dazu wäre, darüber nachzudenken, wie sich demokratische Kontrollmechanismen in einem Ausnahmezustand aufrechterhalten lassen. Die Friedrich-Ebert-Stiftung hat in einer E-Paper-Reihe über die Notwendigkeit einer *Notstandsverfassung** (Friedrich-Ebert-Stiftung 2020) entsprechende Vorschläge zur Diskussion gestellt. Auch Bürgerjurys könnten unter solchen Umständen sinnvoll sein. Angelehnt an ein in vielen Ländern bei Strafprozessen angewandtes Verfahren werden dabei einer Gruppe per Zufall ausgewählter Bürger umfassende Korpora von Beweismitteln vorgelegt. Anwälte und Interessenvertreter widerstreitender Parteien können Material zu diesen Korpora beitragen, dürfen die Mitglieder der Jury aber nicht direkt kontaktieren oder ihnen gegenüber als Lobbyisten auftreten. Am Ende der Verhandlung zieht sich die Jury nach einer Belehrung durch einen professionellen und neutralen Vorsitzenden zurück, um über das Problem zu beraten und eine Entscheidung zu fällen.

Anschließend wird das Ergebnis öffentlich gemacht. Ein derartiges System könnte den Regierenden helfen, die Stimmung der Bevölkerung bei Themen wie einem Lockdown zum Schutz der Gesundheit besser einzuschätzen.

Bleiben solche Maßnahmen der Politik allein überlassen, können sie sich in bloßen Formalien erschöpfen. Erst eine aktive Zivilgesellschaft vermag ihnen wirklich Leben zu verleihen. Wir werden unten auf dieses Thema zurückkommen. Zunächst müssen wir die Dilemmata, in die Regierende durch dieses Virus geraten sind, sowie die Reaktionen der Öffentlichkeit auf die von ihnen gewählten Vorgehensweisen untersuchen.

Die Politik in der Pandemie

Da der Medizin im Allgemeinen ein sehr viel größeres Vertrauen entgegengebracht wird als der Politik, stellten die Regierenden, wenn sie die Bürger während der Corona-Pandemie aufforderten, Freiheitseinschränkungen hinzunehmen, nach Möglichkeit heraus, dass sie sich dabei »an wissenschaftlichen Erkenntnissen orientierten«. Dieser Ansatz wies jedoch ebenfalls zwei grundsätzliche Schwächen auf.

Erstens war das Coronavirus neu, weshalb zunächst auch die Wissenschaftler wenig darüber wussten und unter Zeitdruck die globalen Netzwerke konsultieren mussten, in denen sie ihre Erkenntnisse üblicherweise teilen. Nachdem sie ihre Vorschläge ausgearbeitet hatten, war es an den Regierungen zu entscheiden, in welchem Maß sie sich an diese halten wollten. Waren diese Ratschläge überhaupt einvernehmlich? Konnten oder durften Politiker sich überhaupt allein von dem leiten lassen, was eine Mehrheit der Wissenschaftler ihnen nahelegte?

Zweitens konnten wissenschaftliche Einschätzungen nur

in beschränktem Maß an die Stelle politischer Beurteilungen treten, selbst wenn die medizinischen Experten einer Meinung waren. Die Schließung von Geschäften schadete der Wirtschaft und ließ die Arbeitslosigkeit steigen; Einschränkungen der Bewegungsfreiheit konnten negative Folgen im Bereich der körperlichen oder psychischen Gesundheit haben. Die Priorität der geforderten Maßnahmen einzuschätzen ist eine Aufgabe, die Politiker weder auf Experten noch etwa den Markt abwälzen können. Es gibt keinen Markt, auf dem man Gesundheitsrisiken gegen ökonomische Risiken tauschen und bepreisen könnte. Politiker können und müssen Rat bei Experten suchen, aber letztlich ist es ganz wesentlich ihre Aufgabe, solche Entscheidungen zu treffen. Im Fall der Corona-Pandemie waren sie dafür kaum legitimiert: Bis weit ins Jahr 2020 hinein gab es keine amtierende Regierung, die die Wahlen aufgrund ihrer Vorschläge zum Umgang mit dem Virus gewonnen hätte, da Corona zum Zeitpunkt der letzten Wahlen noch völlig unbekannt gewesen war. Ihr demokratischer Anspruch beruhte zunächst nur darauf, dass eine Mehrheit der Wähler der Parteiengruppe, die die Regierung bildete, den Vorzug vor anderen Wettbewerbern gegeben hatte, und in etwas höherem Maß auf der Tatsache, dass sie für ihre Politik in der Krise bei den nächsten Wahlen belohnt oder abgestraft werden konnte.

Beide Schwächen flossen in die zentralen Argumente der Opposition bezüglich Freiheit und Ökonomie zusammen. Die anfänglichen Erwartungen mancher Regierungen und Experten, das Virus innerhalb weniger Wochen besiegen zu können, wurden enttäuscht. Während die Monate dahinschlichen, wuchs der durch die Anti-Corona-Maßnahmen verursachte wirtschaftliche Schaden. Viele Beobachter fingen an, die Angemessenheit von Lockdowns und anderen Eingriffen anzuzweifeln. Linke Kritiker befürworteten in der Regel die Priorisierung der Gesundheit, schlugen aber vor, dass der Staat höhere Schulden machen solle, um auch die Wirtschaft gesundzuerhalten – indem er Löhne fortzahlte und Unternehmen finanziell unterstützte, bis die Ansteckungsgefahr vorüber oder zumindest stark gesunken wäre. Zwar müssten diese Schulden irgendwann zurückgezahlt und damit künftigen Generationen aufgebürdet werden, doch stehe man ansonsten vor der unerfreulichen Alternative, entweder das Absterben ganzer Sektoren der Wirtschaft oder den Tod beziehungsweise schwere Gesundheitsschäden vieler Menschen zuzulassen. Die Rechten wiederum, die eine staatliche Schuldenaufnahme in der Regel heftig ablehnen, drängten häufig darauf, einem Neustart der Wirtschaft Priorität einzuräumen und dafür höhere Risiken der Ausbreitung von Covid-19 in Kauf zu nehmen.

Neben der Wirtschaft wurde auch der Bildungssektor von den Einschränkungen stark in Mitleidenschaft gezogen. In den meisten Ländern waren Schulen und Universitäten zumindest im ersten Stadium der Krise für eine gewisse Zeit geschlossen worden und wichen, soweit möglich, auf internetgestütztes Lernen und Lehren aus. Das Dilemma, welche Priorität der Gesundheit einzuräumen sei, kehrte hier wieder, sogar in noch schärferer Form als bezüglich der Wirtschaft. Durch höhere Staatsverschuldung ließ sich das Problem nicht lösen, da es nicht rein finanzieller Natur war, sondern das Bildungsniveau ganzer Alterskohorten junger Menschen Schaden zu nehmen drohte. Als weitere Schwierigkeit kam hinzu, dass die meisten (wenn auch keineswegs alle) Kinder und jungen Erwachsenen nach einer Ansteckung an weniger starken Krankheitssymptomen litten – weshalb sie dazu neigten, weniger vorsichtig zu sein und das Virus unwissentlich und ohne es zu wollen auch an ältere Menschen weiterzugeben.

Im Allgemeinen setzte sich in Europa und im Fernen Osten (in den USA und Brasilien war die Situation eine andere, wie wir unten sehen werden) selbst bei Mitte-rechts-Regierungen eine Politik der Priorisierung von Gesundheitsrisiken durch – verbunden mit zunehmenden Spannungen, als die Pandemie nach einer kurzen Atempause während der Sommermonate der nördlichen Hemisphäre zurückkehrte.

Dass die meisten Regierungen der Gesundheit den Vorrang einräumten, wenn auch in einigen Fällen erst nach erheblichem Schwanken, lässt sich wahrscheinlich am besten damit erklären, dass es im Gegensatz zu dem, was oft behauptet wird, kein Entweder-oder zwischen Gesundheit und Ökonomie geben kann. Wird eine Wirtschaft für längere Zeit heruntergefahren, verarmt die betroffene Gesellschaft so stark, dass unvermeidlich auch die Gesundheit der Bevölkerung in Mitleidenschaft gezogen wird; vernachlässigt man andererseits die Gesundheit, leidet die Wirtschaft unter einer steigenden Zahl von Erkrankungen und Todesfällen. Vor allem aber müssen Regierungen, wenn sie die Einführung strenger Maßnahmen zur Bekämpfung der Krankheit hinauszögern, letztlich strengere Beschränkungen erlassen, womit sie der Gesundheit, der Wirtschaft und der Freiheit noch größeren Schaden zufügen, als wenn sie diesen Weg gleich eingeschlagen hätten. Mit anderen Worten: Hätten sich diejenigen durchgesetzt, die der Wirtschaft und der individuellen Freiheit Vorrang vor der Gesundheit einräumen wollten, wären die Eingriffe zu spät und nicht konsequent genug erfolgt, womit die schlimmste aller Möglichkeiten eingetreten wäre.

Der xenophoben Rechten passte die Vorstellung, dass es sich um einen »ausländischen« Virus handle, zunächst gut ins Konzept. Die Pandemie ging von China aus und konnte auf andere Länder nur übergreifen, indem sie aus dem Ausland »eingeschleppt« wurde. Auch wenn die Chinesen (abgesehen von einer kleinen, verfolgten Minderheit) keine Muslime sind – der Lieblingsfeind westlicher xenophober Bewegungen –, sind sie doch zweifelsfrei Ausländer, und Donald Trump hatte China längst zum wichtigsten außenpolitischen Gegner der USA erklärt. Folgerichtig forderten diese Bewegungen die Schließung der Grenzen und gaben den globalisierungsfreundlichen politischen »Eliten« die Schuld an der Krise, weil sie Welthandel und Migration gefördert hätten. Ungeachtet dessen konnten die Neuen Rechten die von den Regierungen ergriffenen Maßnahmen gegen die Ausbreitung des Virus von ihrer Position aus angreifen und taten das auch. Bevorzugt wandten sie sich gegen die den Bürgern aufgrund des Rats medizinischer und epidemiologischer Experten auferlegten Beschränkungen, da sie Regierungen, denen sie nicht angehören, ohnehin vorwerfen, die Interessen der Bürger geringzuschätzen und zwanghaft auf Experten statt auf »Volkes Stimme« zu hören. Auch die Impfgegner machten Stimmung gegen die »offizielle« medizinische Wissenschaft. Bewegungen, die wie QAnon Verschwörungsmythen über Komplotte der liberalen Eliten gegen »das Volk« verbreiteten, bekamen jede Menge neues Material. Klimawandelleugner entdeckten täglich neue »Beweise« dafür, dass die Wissenschaftler vor allem darauf auf sind, gewöhnlichen Bürgern das Leben zu vermiesen und sie am Geldverdienen zu hindern. Vertreter veralteter Männlichkeitsvorstellungen beschimpften Vorsorgemaßnahmen wie das Tragen von Mund-Nase-Bedeckungen als weibisch und verhöhnten sie als Zeichen der Schwäche. All diese Faktoren machten die Neue Rechte zum natürlichen Feind einer konsequenten Anti-Virus-Politik.

In der Vergangenheit neigten die fremdenfeindlichen Parteien Europas einem harten, sogar autoritären Regierungsstil zu. In besonderem Maß galt das für jene, die eine gewisse

Nostalgie für den Faschismus der Zwischenkriegszeit erkennen lassen: die FPÖ in Österreich, Fratelli d'Italia (»Brüder Italiens«), die Schwedendemokraten (SD) sowie die spanische Partei Vox (»Stimme«). Dass sich heutige xenophobe Parteien im Gegensatz dazu zum Libertarismus bekennen und einen starken Staat – außer, wenn er gegen Immigranten eingesetzt wird – ablehnen, zeigt, in welchem Maße aus den USA stammende Ideologien derzeit die europäische Politik dominieren. Die meisten Parteien der Neuen Rechten sind libertär nach US-Vorbild, gewöhnlich lehnen sie den Sozialstaat und die meisten Formen staatlicher Eingriffe überhaupt ab. Es gibt jedoch Ausnahmen wie den Rassemblement National (RN, der frühere Front National) in Frankreich und die Dansk Folkeparti (Dänische Volkspartei) in Dänemark; beide sind älter als die Alt-Right-Bewegung in den USA.

Was die Reaktion der Rechten auf die Pandemie betrifft, wären daher drei Phasen zu erwarten gewesen: zunächst wütende Vorwürfe in Richtung Globalisierung und offener Grenzen; anschließend Kritik an den Ratschlägen der Experten des öffentlichen Gesundheitssystems sowie Ablehnung der Einschränkungen der Freizügigkeit. Das zweite Stadium würde nach einiger Zeit allmählich in ein drittes übergehen: die vorübergehende Akzeptanz der Ernsthaftigkeit des Problems, sobald viele Bürger ernsthaft Angst vor einer Ansteckung haben.

Tatsächlich ließ sich dieses Muster auch vielerorts beobachten, variierte allerdings in Abhängigkeit davon, ob die betreffende Partei an der Macht oder in der Opposition war. Donald Trump beispielsweise nutzte die Pandemie zunächst, um seine Kritik an China zu verschärfen. Dann versuchte er, die Gefahr kleinzureden, die wirtschaftlichen Folgen hervorzuheben, die Meinungen der Wissenschaftler in Zweifel zu ziehen, das Tragen von Schutzmasken als unmännlich zu verhöhnen und Widerstand gegen Gouverneure zu schüren, die strikte Schutzmaßnahmen ergriffen. Dass Trump ein öffentliches Amt bekleidete, erschwerte es ihm, die Ratschläge des öffentlichen Gesundheitssystems zu ignorieren; landesweit gültige Empfehlungen gab seine Regierung allerdings nur äußerst widerwillig ab und sorgte kaum für deren Umsetzung. Das bekannteste Beispiel dafür ist ein im September 2020 im Weißen Haus abgehaltener Empfang, bei dem die Regeln des *social distancing* demonstrativ missachtet wurden. An den folgenden Tagen wurden zahlreiche Teilnehmer des Empfangs einschließlich Trumps positiv auf das Virus getestet. Die Regierung Trump orientierte sich also nicht an den »Erkenntnissen der Wissenschaft«, sondern pochte auf das Vorrecht der Politik, den Einschätzungen der Mediziner nicht zu folgen.

In Brasilien vertrat die Regierung unter Jair Bolsonaro, der im Gegensatz zu Trump keine Rücksicht auf demnächst anstehende Wahlen nehmen musste, einen konsistent maskulinistischen Ansatz, indem sie die Gefährlichkeit des Virus mit der Begründung verneinte, dass sich richtige Männer nicht vor Gefahren fürchten. Auch Bolsonaro selbst erkrankte am Coronavirus.

Die britische Regierungspartei von Boris Johnson weist xenophobe Merkmale auf, insofern aus den Reihen der Torys im Zusammenhang mit der Brexit-Kampagne ausländerfeindliche Töne zu vernehmen waren, auch wenn Ausländerfeindlichkeit in ihren Wahlkämpfen sonst keine große Rolle spielte. Als die Pandemie ausbrach, machte die Johnson-Administration weder Ausländer dafür verantwortlich noch setzte sie auf nationale Isolation. Allerdings konnte sie sich lange nicht entscheiden, ob sie unter dem Eindruck wissenschaftlicher Ratschläge Einschränkungen erlassen oder diese aus libertären Erwägungen rundweg ablehnen sollte. Einerseits behauptete Johnson vollmundig, dass sich Briten grundsätzlich keine Vorschriften machen ließen – am 21. September 2020 verkündete er vor dem House of Commons, die Infektionsrate im Vereinigten Königreich sei nur deshalb höher als die in Deutschland, Italien und vielen anderen Ländern, weil die Briten ihre Freiheit mehr liebten als irgendjemand sonst –, andererseits machte sich die britische Regierung ernsthafte Sorgen über die durch das Virus verursachten Gesundheitsschäden – spätestens seit Johnson im März 2020 selbst schwer daran erkrankt war – und erließ einige schwerwiegende Einschränkungen zum Schutz der Bevölkerung. Der Kompromiss zwischen beiden Strategien sah dann so aus, dass die Maßnahmen in der Regel eher spät erlassen, im Wochenrhythmus abgeändert und nicht konsequent durchgesetzt wurden. Zumindest aber wurde die Gefährlichkeit des Virus nie geleugnet.

Die polnische Regierungspartei PiS (Prawo i Sprawiedliwość, »Recht und Gerechtigkeit«) gehört zwar ebenfalls der xenophoben Parteienfamilie an, hat im Kampf gegen die Pandemie aber dennoch weder ausländerfeindliche noch libertäre Ideen verwendet, sondern von Anfang an auf strenge Maßnahmen gesetzt. Bei der ungarischen Fidesz-Regierung war es ähnlich, allerdings unterschied sich ihr Vorgehen, wie erwähnt, erheblich von dem praktisch aller anderen demokratischen oder quasidemokratischen Staaten, insofern die Notstandsermächtigungen, die sich Viktor Orbán verschaffte, zunächst zeitlich unbegrenzt galten und sich auch nicht auf die Pandemiebekämpfung beschränkten. Wenn man von diesen beiden Fällen verallgemeinern kann, hat es den Anschein, dass der Libertarismus nicht wirklich zum Identitätskern der nationalistischen Bewegungen Osteuropas gehört, auch wenn sie sich lose mit der US-amerikanisch inspirierten »alternativen Rechten« verbunden haben.

Fremdenfeindliche Parteien, die nicht an der Regierung beteiligt waren, standen damit auch weniger unter Druck, sich an die Ratschläge von Mediziner zu halten. Dennoch agierten die meisten von ihnen in etwa gemäß der oben skizzierten Drei-Phasen-Strategie. (Ausnahmen waren der RN in Frankreich, beide fremdenfeindlichen Parteien Hollands – die Partij voor de Vrijheid und das neuere Forum voor Democratie – sowie die Schwedendemokraten, die konsequent für strenge Maßnahmen eintraten, obwohl sie sich gern immigrationsfeindlicher Motive bedienen.) Ein Beispiel dafür ist die Lega Matteo Salvinis in Italien. Nach anfänglichen Versuchen, Flüchtlingen aus Nordafrika die Schuld an der Pandemie zu geben, spielte Salvini die Bedeutung von Covid-19 herunter und betonte die durch die Einschränkungen verursachten Wirtschaftsschäden. Die Fratelli d'Italia jedoch, der ältere, früher faschistische Alliierte der Lega, setzten sich durchgehend für strenge Maßnahmen ein.

Die Alternative für Deutschland (AfD) hielt sich an die Drei-Phasen-Strategie: Zu Anfang forderte sie die Schließung der Grenzen für Ausländer, dann wandte sie sich mehr und mehr gegen die Regierungspolitik. Zwar leugnete sie die Existenz des Virus nicht, beteiligte sich aber in Berlin (und anderswo) an Demonstrationen gegen die antipandemischen Maßnahmen. Eine ähnliche Linie verfolgten die FPÖ in Österreich und Vox in Spanien. In Großbritannien schrieb sich die 2018 gegründete Brexit Party, deren Chef Nigel Farage eine wichtige Rolle in der Kampagne für den EU-Austritt des Landes gespielt hatte, den Libertarismus auf die Fahnen (und plant eine Umbenennung in »Reform UK«), sobald sich abzeichnete, dass die Regierung Johnson die strengen Anti-Corona-Maßnahmen fortführen würde. Zusammen mit dem Auftritt des Parteigründers Farage im Rahmen der Wiederwahl-Kampagne Donald Trumps ist diese Neuausrichtung ein deutliches Zeichen für die Wahlverwandtschaft zwischen der US-amerikanischen »Alt-Right-Bewegung« und den Corona-Leugnern.

Paradoxerweise verhängte ausgerechnet die Regierung, die ihre politischen Entscheidungen am konsequentesten am Rat medizinischer Experten orientierte – die der schwedischen Sozialdemokraten –, die *wenigsten* Freiheitseinschränkungen. Damit hört die Paradoxie aber noch nicht auf, denn zu den Folgen dieses Handelns gehörte auch, dass Rechte in anderen Ländern, die die Politik Schwedens ansonsten scharf ablehnen, das Land plötzlich als Vorbild feierten. Die schwedische Sozialdemokratie neigte lange Zeit einer technizistischen Vorgehensweise zu und vertrat die Ansicht, dass zwar zuerst eine politische Grundsatzentscheidung getroffen werden müsse, alles Weitere dann aber von Rationalität und Wissenschaft bestimmt werden solle. Auch in anderen Ländern gab es einige wenige Epidemiologen, die vorschlugen, die Alten und Anfälligen strikt zu schützen, eine Ausbreitung der Krankheit in der übrigen Bevölkerung aber zuzulassen, bis genügend Menschen angesteckt wären, um eine allgemeine Immunität, die sogenannte Herdenimmunität, zu erreichen. Diese Ansicht hat sich aber wohl nur in Schweden unter den Wissenschaftlern durchgesetzt, und die Regierung ließ zu, dass sie die Strategie des Landes bestimmte.

Die allgemeine Auffassung, die schwedische Regierung habe das Coronavirus auf die leichte Schulter genommen, ist jedoch aus drei Gründen nicht ganz richtig. Erstens wurden die Schweden aufgefordert, sich regelmäßig die Hände zu waschen, Abstand zu halten und Schutzmasken zu tragen, wie dies auch überall sonst üblich war. Zweitens ging die Regierung davon aus, dass sich die Schweden im Allgemeinen gesetzeskonform verhalten und sich ihrer Verantwortung gegenüber anderen bewusst sind, weshalb strengere Regeln für unnötig befunden wurden. Drittens vertraute man auf die hohe Qualität des schwedischen Gesundheitssystems und den gut ausgebauten Sozialstaat. In der Tat erwies sich dann auch die hohe Anzahl an Todesopfern in Alten- und Pflegeheimen – einem ehemaligen Bestandteil des Sozialstaats, der privatisiert worden war – als größte Schwäche der schwedischen Strategie. Daher war die schwedische Strategie tatsächlich paradox: Auf den ersten Blick schien sie den Forderungen von Politikern in anderen Ländern zu entsprechen, nicht auf den Rat der medizinischen Experten zu hören. In Wirklichkeit war es genau umgekehrt: Man folgte den Vorschlägen der schwedischen Experten, die jedoch denen der Wissenschaftler in anderen Ländern diametral entgegengesetzt waren.

Bewertung des politischen Umgangs mit der Krise durch die Öffentlichkeit

Bei ihrer Ablehnung einer entschlossenen Bekämpfung der Pandemie griff die libertäre Rechte nicht zuletzt auf einflussreiche Topoi wie den zurück, der Mainstream der politischen Eliten ignoriere gewohnheitsmäßig die Unzufriedenheit der breiten Bevölkerung. Wenn das zuträfe, müsste sich eine starke Zustimmung zur Kritik der Neurechten an Regierungen, die Lockdowns verhängen, Masken und andere Schutzmaßnahmen vorschreiben, in der öffentlichen Meinung nachweisen lassen.

Während ich dies schreibe, weiß noch niemand, wie die Öffentlichkeiten auf die zweite Welle der Corona-Erkrankungen reagieren werden, die im Herbst 2020 begann und eine Wiederkehr der Einschränkungen des vergangenen Frühlings auslöste. Was wir hingegen einschätzen können, sind die öffentlichen Reaktionen auf Lockdowns und andere restriktive Maßnahmen der ersten Welle, also vom Februar oder März bis in den Sommer 2020. Die verfügbaren Daten deuten darauf hin, dass eine große Mehrheit der Bürger die libertäre Position nicht unterstützte.

Im Rahmen ihres Globalismus-Projekts befragten das Markt- und Meinungsforschungsinstitut YouGov und die University of Cambridge Bürger zahlreicher Länder zu verschiedenen Aspekten der Corona-Politik während der ersten Welle (YouGov and University of Cambridge Globalism Project 2020). Gefragt wurde unter anderem, ob man den Umgang der Regierung mit der Krise als sehr gut oder eher gut, sehr schlecht oder eher schlecht bewerte. In 13 der 21 untersuchten Länder überwog die Zustimmung zum Regierungshandeln. Eine zweite Frage lautete, ob die Regierung der Gesundheit zu viel Vorrang vor der Fortführung eines normalen Alltagslebens eingeräumt habe (wie es die Vertreter einer »wirtschaftslibertären« Position behaupteten), ob das Gegenteil zutreffe (also härtere Einschränkungen befürwortet wurden) oder ob in etwa das richtige Maß gefunden worden sei. Nur in zwei der untersuchten Länder (Nigeria und Südafrika) fanden mehr als 30 Prozent der Befragten, dass die Regierung der Gesundheit zu große Priorität einräume; und selbst dort unterstützte eine Mehrheit die Maßnahmen.

Lässt man die breite Mitte, die mit den Maßnahmen im Großen und Ganzen einverstanden war, außer Acht und zieht den Anteil derer, die härtere Einschränkungen befürworten, von dem der Vertreter einer wirtschaftslibertären Position ab, lässt sich ein Gesamtwert für die Verteilung kritischer Meinungen bilden. Ein positives Vorzeichen bedeutet, dass mehr Bürger die Politik für einseitig gesundheitsorientiert hielten, ein negatives Vorzeichen, dass die Mehrheit sie für zu sehr an Wirtschaft und Freiheit orientiert hielt. Da-

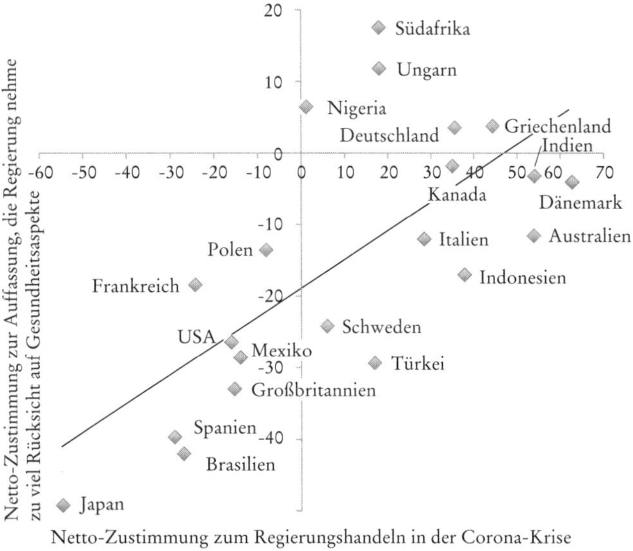

Quelle: Berechnungen des Autors auf Basis von Zahlen von Wikipedia

Abbildung 4: Zustimmung zum Umgang der Regierung mit der Pandemie im Verhältnis zur empfundenen Einseitigkeit der Politik

mit lässt sich ermessen, ob und in welchem Maß die Bürger die Maßnahmen ihrer Regierung als zu streng beziehungsweise nicht streng genug empfanden.

Abbildung 4 setzt die Zustimmung zu den Maßnahmen der Regierung und die Einschätzung, diese seien einseitig, ins Verhältnis. Der ansteigende Verlauf der Ausgleichsgeraden zeigt an, dass die Zustimmungswerte mit der empfundenen Härte der Maßnahmen stiegen. In fünf Ländern (Werte im oberen rechten Viertel der Abbildung) stimmte die Mehrzahl der Befragten der These zu, dass die Maßnahmen zu stark an Gesundheitsaspekten orientiert seien, doch lag in all diesen Fällen auch die Netto-Zustimmung im positiven Bereich. Im oberen linken Viertel der Abbildung, in dem ein niedriger Zustimmungswert zum Regierungshandeln mit einer hohen Netto-Überzeugung von einem Übermaß an Anti-Pandemie-Maßnahmen korreliert, befindet sich kein Land. Hingegen zeigt das untere linke Viertel des Diagramms die Werte von acht Ländern, in denen die Zustimmung zur den Maßnahmen gering war und die Bürger diese zugleich als zu schwach empfanden. In den acht Ländern im unteren rechten Viertel unterstützten ungefähr gleich viele Befragte ihre Regierung und glaubten zugleich nicht, dass diese den Maßnahmen gegen die Pandemie übertriebene Priorität eingeräumt habe.

Wenig überraschend ist, dass es eine deutliche negative Korrelation zwischen der Zustimmung zum Regierungshandeln und der Zahl der Todesfälle gibt. Dabei lässt sich naturgemäß nicht feststellen, ob die Zustimmung den harten Restriktionen an sich galt oder ob diese in niedrigeren Opferzahlen resultierten, was wiederum zu hoher öffentlicher Zustimmung führte. Unter dem Strich bleibt jedenfalls eine breite Unterstützung für harte antipandemische Maßnahmen. Seltsamerweise wies Japan sowohl den niedrigsten Wert der Netto-Zustimmung zum Regierungshandeln als auch die niedrigste Todesrate auf. Vermutlich verweist dieses Ergebnis auf eine grundlegend andere Einstellung zu ansteckenden Erkrankungen im einzigen in der Umfrage berücksichtigten Land des Fernen Ostens und stützt damit die verbreitete Annahme, dass Menschen in jenem Teil der Welt extrem sensibel für die Risiken solcher Infektionen sind und auch dann freiwillig wirksame Maßnahmen gegen sie ergreifen, wenn ihre Regierungen damit zögern.

Ein anderes, weniger direktes Maß für die Reaktion der Öffentlichkeit auf die Pandemie-Politik findet sich auf der

Webseite des Markt- und Meinungsforschungsunternehmens Morning Consult (2021), das dort regelmäßig in Online-Umfragen erhobene Beliebtheitswerte für führende Politiker vieler Länder veröffentlicht. Ein positiver Wert zeigt hierbei an, dass eine Mehrheit der Wähler einem Politiker Zustimmung entgegenbringt, ein negativer Wert das Gegenteil. Vergleichen kann man entsprechende Daten für Anfang Februar (als das Virus von China aus auf andere Länder überzugreifen begann), Juni (als die Zahl der Neuinfektionen zurückging und die Lockdowns erleichtert wurden) und Ende Januar 2021 (als die meisten westlichen Länder mit einem deutlichen Anstieg der Infektionszahlen konfrontiert waren). Die Beliebtheitswerte der Politiker werden anhand einer Reihe unterschiedlicher Fragen erhoben, doch war Covid-19 von Februar an das dominierende Thema. Daher kann man durchaus unterstellen, dass größere Meinungsumschwünge in diesem Zeitraum zumindest irgendetwas mit der Politik gegenüber der Pandemie zu tun haben.

Betrachten wir zunächst die Werte jener Regierungschefs, die konsistent einen kompromisslosen Kurs gegen das Virus verfolgten. Einen erheblichen Beliebtheitszuwachs konnte der australische Premierminister Scott Morrison verzeichnen. Lag die Zustimmung zu seiner Politik zu Beginn der Viruskrise Anfang Februar noch bei −23, stieg sie im Juni auf +33 und blieb bis Anfang 2021 auf diesem Niveau. In Deutschland wuchs die Zustimmung zu Angela Merkel von −11 im Februar auf +21 im Juni und veränderte sich bis Januar 2021 nicht wesentlich.

Für den italienischen Ministerpräsidenten Giuseppe Conte erhebt Morning Consult erst seit Juni Beliebtheitswerte, was insofern ungünstig ist, als er im Februar mit hoher Wahrscheinlichkeit ziemlich schlecht abgeschnitten hätte. Zwar gehört Conte keiner Partei an, steht aber der an der Regierung beteiligten Fünf-Sterne-Bewegung nahe, deren Unterstützung in der Bevölkerung zurückgeht. Im Juni lag Contes Zustimmungswert bei +30, Anfang Februar 2021, nach dem Sturz seiner Regierung, bei +17.

Der anfänglich negative Wert des kanadischen Premierministers Justin Trudeau veränderte sich von −17 bis Juni auf +22, fiel aber im Januar auf nur noch +4. In Frankreich gelang es Emmanuel Macron nie, einen positiven Wert zu erzielen, doch verbesserte sich seine Bewertung von −42 im Februar auf −25 im Juni und hielt sich seither dort. Die Zustimmung zur neuseeländischen Premierministerin Jacinda Ardern erfasst Morning Consult nicht, doch sicherte sie ihrer Labour Party im Oktober einen erdrutschartigen Wahlsieg, der vor allem auf ihren kompromisslosen Umgang mit der Pandemie zurückgeführt wird. Für den spanischen Ministerpräsidenten Pedro Sánchez liegen bis Juni keine vergleichbaren Zahlen vor. Bis Februar 2021 fiel sein Rating von −1 bis auf −31.

Praktisch alle Politiker, die während der ersten Welle der Erkrankungen eine harte Linie verfolgten, konnten ihre Zustimmungswerte verbessern. Auch wenn einige von ihnen zwischen Juni und Oktober auf niedrigere Werte zurückfielen, lagen diese doch über denen von vor dem Beginn der Pandemie. Dabei stehen diese Politiker für ein breites Spektrum politischer Positionen: von Morrison auf der neoliberalen, den menschengemachten Klimawandel leugnenden Rechten über Merkel, Trudeau und Macron in verschiedenen Bereichen der Mitte und rechten Mitte bis hin zu Conte auf der populistischen und Ardern auf der traditionellen Linken. Ihre Länder machten sehr unterschiedliche Erfahrungen mit dem Virus. Australien und Neuseeland erlebten die erste Welle während des dortigen Winters. Deutschland hatte eine der niedrigsten Infektionsraten, Italien jedoch eine

Zeitlang die weltweit höchsten. All diesen Regierungschefs gemein war, dass sie sich unverblümt über die Krise äußerten, nicht versuchten, deren Bedeutung herunterzuspielen, und in Bezug auf die Durchsetzung strikter Maßnahmen nicht wankten.

Ihr Umgang mit der Pandemie scheint auch ihren Parteien größere Zustimmung eingetragen zu haben. Auf das Wahlergebnis Arderns in Neuseeland habe ich bereits verwiesen. Die Zeitschrift *Politico* (2021) veröffentlicht auf ihrer Webseite eine Art »Meta-Umfrage« zur Popularität der europäischen Parteien. Die Zahlen erlauben uns, die Zustimmung zu diesen strikt antipandemisch regierenden Parteien mit der zu ihren libertären Gegnern aus der Neuen Rechten zu vergleichen. Dabei fällt ins Auge, dass etwa in Deutschland die Zustimmungswerte der CDU/CSU zwischen Februar und Oktober von 27 auf 36 Prozent stiegen und die des kleineren Koalitionspartners der Regierung Merkel, der SPD, immerhin noch von 13 auf 15 Prozent kletterten, während die Zustimmung zur AfD von 13 auf 9 Prozent fiel. Tatsächlich verzeichneten die meisten der europäischen Regierungsparteien, die konsistent für strikte Maßnahmen gegen die Pandemie eintraten, ansteigende Beliebtheitswerte, von den österreichischen Konservativen bis zu den Neoliberalen in den Niederlanden und in Norwegen. Die Sozialdemokraten in Dänemark und Spanien konnten ihre Zustimmungswerte halten, ebenso der Partito Democratico und die Fünf-Sterne-Bewegung in Italien. Die schwedischen Sozialdemokraten, die einen anderen Ansatz präferierten, dies aber ebenfalls konsistent, steigerten ihre Zustimmungswerte geringfügig. Von allen Regierungsparteien, die eine harte Linie verfolgten, verloren nur die beiden rechtsgerichteten, die in Polen beziehungsweise Ungarn an der Macht sind, nach anfänglichem Anstieg an Unterstützung.

Auch die meisten nationalistischen Parteien, die in diesen Ländern für strenge Einschränkungen eintraten, so die niederländische PVV, die Fratelli d'Italia und der französische RN, hielten oder verbesserten ihre Position; die der Schwedendemokraten allerdings verschlechterte sich. Unter denen, die eine strikte Pandemie-Bekämpfung ablehnten, verloren die AfD und die Lega an Zustimmung. In Spanien verbesserten sich die Werte von Vox jedoch.

Regierungen hingegen, die entweder eine libertäre Position beibehielten oder zwischen ihr und strikten Maßnahmen schwankten, erfuhren keinen Zuwachs bei der Zustimmung der Bürger. Am »erfolgreichsten« war wahrscheinlich noch die Regierung Trump. In den Meinungsumfragen, an die wir uns aus Gründen der Konsistenz des Vergleichs halten müssen, blieb ihr Netto-Zustimmungswert durchgehend bei –11, während in der Meta-Umfrage von *Politico* stabile 43 Prozent der Wähler angaben, Trump wählen zu wollen. Die Unterstützung für seinen demokratischen Herausforderer Joe Biden, der für eine strengere Corona-Politik eintrat, stieg zwischen Februar und Oktober von 47 auf 52 Prozent. Bei den Wahlen am 3. November selbst entfielen 51 Prozent der Stimmen auf Biden, 48 Prozent auf Trump. Das ist nicht ganz einfach zu interpretieren, da die Kandidaten über die Bedeutung der Corona-Krise verschiedener Ansicht waren: Biden rückte sie in den Mittelpunkt seines Wahlkampfs, Trump spielte sie herunter. Das spiegelte den Unterschied zwischen der Haltung der Neuen Rechten und der aller anderen Parteien wider, doch was fällt stärker ins Gewicht: dass Trump besiegt wurde oder dass so viele Wähler für ihn stimmten? Da die USA bei den in Abbildung 4 dargestellten Werten keine Ausnahme bilden, darf man wahrscheinlich nicht folgern, dass sich ihre Bürger insgesamt weniger Sorgen wegen der Pandemie gemacht haben.

In Mexiko verfolgte der amtierende Präsident, der linke Populist Andrés Obrador, nicht zuletzt auf Druck der USA eine ähnlich uneindeutige Strategie wie Trump. Seine Netto-Zustimmungswerte fielen von +43 im Februar auf +27 im Juni, stiegen aber im Januar 2021 leicht auf +31 an. In Brasilien fiel die Netto-Zustimmung zu Bolsonaro von +17 auf −8 im Juni und bis Januar 2021 auf −14. Einen ähnlich steilen Sturz erlebte Boris Johnson, dessen Netto-Zustimmungswert von +5 bis Juni auf 0 und dann bis Januar auf −13 fiel. Auch seine Conservative Party fiel in der potenziellen Wählerunterstützung von 47 Prozent im Februar auf 41 Prozent Anfang Februar 2021; die oppositionelle Labour Party, die durchgehend strengere Maßnahmen gefordert hatte, verbesserte sich von 30 auf 38 Prozent.

Es wurde spekuliert, dass viele neurechte Parteien während der Corona-Krise an Unterstützung verloren hätten, weil die von ihnen bevorzugten Themen Immigration und nationale Souveränität weniger Aufmerksamkeit auf sich zogen. Die unterschiedlichen Entwicklungen der Zustimmungswerte dieser Parteien in den fünf bis acht Monaten zwischen Februar beziehungsweise Juli und Oktober deuten darauf hin, dass ihr Hauptproblem darin bestand, dass eine Mehrheit der Bevölkerung in den meisten Ländern die libertäre Position als besorgniserregend oder sogar unverantwortlich ablehnte. Nationalistische Parteien, die sich für die Priorität der Gesundheit starkmachten, erfuhren keinen Rückgang der Zustimmungswerte.

Das Virus und die Zivilgesellschaft

Auch wenn die Daten der Meinungsumfragen wie fast immer kein eindeutiges Bild ergeben, hat es insgesamt den Anschein, dass die Mehrheit der Bürger etablierter Demokratien willens war, der öffentlichen und individuellen Gesundheit Vorrang einzuräumen und Beeinträchtigungen ihrer ökonomischen Interessen, Freiheitseinschränkungen und die damit verbundenen erheblichen Unbequemlichkeiten hinzunehmen. So ging die Bekämpfung der Pandemie zwar mit enormen Problemen für die Durchführung demokratischer Prozesse einher, brachte paradoxerweise aber auch zwei Umstände hervor, die die Zivilgesellschaft stärkten: ein großes öffentliches Interesse für ein Problem, das alle betraf, und das gewachsene Bedürfnis der Regierenden, sich des Verständnisses und der Kooperation der Öffentlichkeit zu versichern.

Für das Schreckbild einer Postdemokratie entscheidend ist, dass die Bürger nicht mehr fähig sind, das politische Geschehen in Beziehung zu ihrem Leben zu setzen, und deshalb nicht mehr oder nur noch passiv an ihm teilhaben. Tatsächlich kann aber niemand SARS-CoV-2 und dessen Auswirkungen auf sein Leben ignorieren. Die Maßnahmen zur Infektionsbekämpfung waren so gut wie überall spürbar und stellten unübersehbare Forderungen an das Verhalten des Einzelnen, die Krankheit selbst konnte zu erheblichen Beschwerden oder gar zum Tod führen. Die Leute verfolgten die Nachrichten über die Pandemie und diskutierten sie in ihrer Familie und mit Freunden mit einem Interesse, das bei allen, die um Aufmerksamkeit für eine politische Sache werben, blanken Neid auslösen musste. Irrtümer und Fehler der Regierung wurden bemerkt und weithin diskutiert. Zugleich war die Regierung auf die Kooperation der Öffentlichkeit in Lebensbereichen angewiesen, die sich, selbst wenn geeignete Ressourcen zur Verfügung gestanden hätten, einfach nicht überwachen ließen. So wurde von den Bürgern erwartet, sich regelmäßig gründlich die Hände zu waschen, Abstand zu allen zu halten, die nicht ihrem Haushalt angehörten, und möglichst niemanden in die eigenen vier Wände einzuladen. Viele konnten für längere Zeit ihren Lebensunterhalt nicht mehr selbst erwerben und wurden vom Staat nur begrenzt unterstützt. Damit ging das Risiko zu massenhaftem Ungehorsam oder gar Aufständen einher, auch wenn es in der Regel bei teils wütenden Demonstrationen blieb.

Die wechselseitige Abhängigkeit von Regierenden und Regierten war enorm. Viele Regierungen kommunizierten daher weit häufiger und ausführlicher mit ihren Bürgern als zu gewöhnlichen Zeiten. Damit wies die Situation zahlreiche Merkmale dessen auf, was ich als demokratischen Augenblick bezeichnet habe – allerdings fehlte das Wichtigste, nämlich dass Forderungen in der Bevölkerung aufkommen und an die Regierenden herangetragen werden. Stattdessen stellten die Regierungen Forderungen an uns – und zwar solche, die sie eigentlich gar nicht stellen wollten, da sie der Wirtschaft schadeten, auf deren Prosperieren jeder Politiker seinen Anspruch auf Wiederwahl gründen möchte –, auch wenn dies zum Wohl unserer eigenen Gesundheit, nicht ihres Prestiges oder ihrer Macht geschah.

Die einzige Form, in der sich demokratische Verfahren in der Praxis abbilden konnten, war eine offene und aufrichtige Kommunikation vonseiten der Regierungen, verbunden mit der Bereitschaft, den Bürgern zuzuhören und engen Kontakt zu ihnen zu halten. Die oben diskutierten Umfragen liefern einige Belege dafür, dass die Bürger Regierungen je nach ihrem Verhalten in diesem Punkt belohnten beziehungsweise abstraften, obgleich es schwierig ist, zwischen Meinungsäußerungen und der Reaktion auf Erfolge oder Fehlschläge bei der Bekämpfung der Pandemie selbst zu unterscheiden: Regierungen, die aufrichtig und umfänglich kommunizierten, hatten bessere Erfolgsaussichten bei der Bekämpfung des Virus, weshalb es möglich ist, dass die Bürger sie eben dafür, und nicht für ihr Kommunikationsverhalten allein, belohnt haben.

Die in der Corona-Pandemie gemachten Erfahrungen deuten möglicherweise darauf hin, dass ein Wiedererstarken der Zivilgesellschaft vorstellbar ist, wenn sich Bedingungen, die der Postdemokratie in die Karten spielen, in ihr Gegenteil verkehren und die Bürger in unmittelbare Beziehung zu einem wichtigen Thema und dem öffentlichen politischen Diskurs darüber treten können. Die in der Pandemie gezeigte Bereitschaft, Rücksicht auf seine Mitmenschen zu nehmen und freiwillig Hilfeleistungen verschiedenster Art anzubieten, ist ein Indiz dafür, dass es sich um eine Zeit handelte, in der die Bürger ein größeres Selbstbewusstsein entwickelten, ihre gemeinsamen Bedürfnisse erkannten und bis hin zur Übernahme von Formen politischer Verantwortung verfolgten. Wird dieses Bewusstsein das Ende der Pandemie – das zum Zeitpunkt der Niederschrift dieses Kapitels noch immer nicht in Sicht ist – überdauern?

Die Pandemie und der Umgang der Regierenden mit ihr haben bestehende Ungleichheiten verstärkt. Die Besserverdienenden haben ihre Arbeit während der Krise in der Regel nicht verloren (also ihren Lebensstandard gehalten), in mehreren Sektoren konnten sie zudem ins Homeoffice überwechseln (und damit ihre Gesundheit schützen). Für Menschen mit niedrigerem Einkommen war die Wahrscheinlichkeit weit höher, die Arbeit zu verlieren (und eine Verschlechterung ihres Lebensstandards zu verzeichnen) oder sich unter gesundheitsgefährdenden Bedingungen an den Arbeitsplatz begeben zu müssen. Bei Kindern, die für längere Zeit nicht in die Schule gehen konnten, verschärfte sich die Abhängigkeit vom kulturellen Kapital der Eltern, damit nimmt auch die Vererbung von Ungleichheit an die Folgegeneration zu. Diese Ungleichheiten wurden weithin wahrgenommen, in der

Öffentlichkeit wurde die Bedeutung der Arbeit vieler Beschäftigter im Niedriglohnsektor – etwa in der Alten- und Krankenpflege, bei der Müllabfuhr, bei Paketdiensten, im Supermarkt und in vielen anderen Bereichen – betont, die sonst übersehen oder abfällig behandelt wurden. Auch das öffentliche Gesundheitswesen und andere staatliche Dienstleister erfuhren viel Lob, zudem wurde das grundsätzliche Aufeinanderangewiesensein aller Mitglieder einer Gesellschaft hervorgehoben.

Werden diese Haltungen überdauern und einen neuen Augenblick der Demokratie hervorbringen, in dem es um Gleichheitsfragen und kollektive Errungenschaften geht? Und auch wenn es wieder nur ein Augenblick wäre – könnte er genügend Wucht entfalten, um einen Wandel zu bewirken? Und, noch weiter in die Zukunft gefragt: Deuten die Erfahrungen mit der Pandemie darauf hin, dass es Reservoirs des Widerstands gegen die Postdemokratie gibt, die sich auch für ein Thema wie den Klimawandel nutzbar machen ließen? Jedenfalls sind diese Erfahrungen dazu angetan, ein vertieftes Nachdenken über das Verhältnis zwischen der Zivilgesellschaft und dem Wiederaufleben der Demokratie anzuregen – ein Thema, auf das wir im letzten Kapitel zurückkommen werden.

7. Politische Bindungen im 20. Jahrhundert – und was aus ihnen wurde

Ursprünglich hatte ich zwei grundlegende Ursachen der Postdemokratie bestimmt, die weder absichtlich herbeigeführt wurden noch ohne weiteres umkehrbar sind. Die erste war die Globalisierung der Wirtschaft, die die wichtigsten Regulierungsfragen dem Zugriff des einzelnen Staats und damit der Ebene entzog, auf der die Demokratie in der Regel am besten etabliert ist. Die zweite Ursache war der Bedeutungsverlust der Klassen- beziehungsweise Religionszugehörigkeit, die in den Demokratien des vergangenen Jahrhunderts entscheidend für die Parteibindung vieler Bürger waren. Dass die Globalisierung Bewegungen hervorgebracht hat, die von nostalgischem Pessimismus getrieben den Nationalismus wiederaufleben lassen, ist nicht schwer zu erklären. Der Anteil der sich auflösenden Klassen- und Religionszugehörigkeit an dieser Entwicklung ist weniger offensichtlich, aber letztlich von größerer Bedeutung. Um ihn geht es in diesem Kapitel.

Es ist verlockend, die Entfernung der Politiker von den Wählern allein auf die Arroganz und Eitelkeit Ersterer zurückzuführen, doch es gibt Probleme im Verhältnis beider, die selbst jene Politiker betreffen, die durch und durch guten Willens sind. Die meisten Menschen interessieren sich nur mäßig für Politik und empfinden in der Regel keine große Nähe zu dem, was in Parlamenten und Rathäusern vorgeht. Ein politisches Themengebiet einigermaßen umfassend zu durchdringen und sich eine eigene Meinung zu bilden, ist eine ziemlich komplexe Tätigkeit, die die Aufnahme sehr vieler Informationen bedingt. Die scheinbar simple Stimmabgabe bei einer Wahl ist eine noch weitaus komplexere Aufgabe, da sich ein idealtypischer rationaler Wähler zunächst eine Meinung über völlig verschiedene Themengebiete bilden und diese gemäß ihrer Wichtigkeit für seine Anliegen ordnen müsste. Der Theorie nach müsste seine Wahlentscheidung aus einer Berechnung der Anzahl und Bedeutung seiner Übereinstimmungen mit den Positionen sämtlicher Parteien resultieren. Tatsächlich tun die meisten Wähler natürlich nichts dergleichen, da die minimale Wirkung, die jede einzelne Stimme auf den Ausgang der Wahl hat, weder die Zeit noch den Aufwand rechtfertigt, die das kosten würde. Obwohl in öffentlichen Debatten regelmäßig so getan wird, als ob die Bürger all diese Kalkulationen vornähmen, ist diese Vorstellung unrealistisch.

Was wir tatsächlich tun, wenn wir zur Wahl gehen – und nicht etwa, weil wir faul oder dumm wären, sondern gerade weil wir rational handeln –, ist, unsere Stimme der Partei (oder Person) zu geben, die die Interessen und Werte von Menschen vertritt, die »so sind wie wir«. Zu diesem Urteil können wir einfach durch einen Eindruck von dem gelangen, wofür sie sich allgemein einsetzen, zudem durch die Einschätzungen von Menschen, denen wir vertrauen, also Familienangehörigen, Nachbarn, Kollegen oder Freunden. Wenn wir uns auf diese Weise mit einer Partei glauben identifizieren zu können, werden wir höchstwahrscheinlich auch für sie stimmen. Das wird sich erst dann ändern, wenn diese Partei etwas tut, wodurch sie unser Vertrauen verliert, wenn sie sich als inkompetent erweist oder wenn sich unsere Lebensumstände so stark ändern, dass sich auch unsere Vorstellung davon ändert, zu welcher »Art« Menschen wir gehören. Dann schauen wir uns vielleicht nach einer anderen Partei um oder verzichten auf eine Stimmabgabe.

Dass dieser Mechanismus in Westeuropa, Nordamerika, Indien, Australien und Asien, wenn auch nicht an vielen anderen Orten, über Jahrzehnte stabil funktionierte, hat selbst professionelle Kommentatoren dazu verleitet, ihn für selbstverständlich zu halten: Führe das allgemeine Wahlrecht ein, und schon werden sich die Wähler hinter ein paar großen und vielen kleineren Parteien einreihen. Doch in Wirklichkeit ist das alles andere als selbstverständlich, wie bereits Private Willis von den Grenadier Guards in der komischen Oper *Iolanthe* (1882) von Gilbert und Sullivan bemerkte:

Ich frag mich oft, ist das normal – Fal, lal, la!
Bestimmt uns die Natur so tief – Fal, lal, la!
Dass jede Sophie, jeder Karl
Die Eheglück ins Leben rief
Geboren werden liberal
Entweder, oder konservativ?
Fal, lal, la!

1882 durften in Großbritannien nur eine Minderheit der »Karls« und keine einzige »Sophie« an Wahlen teilnehmen. Dort und anderswo wurden zu jener Zeit (und später) erbitterte, zuweilen gewaltsame Kämpfe um den Zugang zu Bürgerrechten ausgefochten, in deren Mittelpunkt die Frage stand, welche sozialen Merkmale zur Partizipation berechtigen sollten und welche nicht. Wenn man aufgrund seiner Zugehörigkeit zu einer sozialen Schicht oder Gruppe Bürgerrechte besaß (etwa weil man über ein hinreichendes Maß an Eigentum verfügte oder einer bestimmten Kirche angehörte), hielt man es in der Regel mit der Partei, die versprach, diese Klientel vor den Ansprüchen der besitzlosen Klassen oder der Anhänger anderer Bekenntnisse zu schützen. Gehörte man einer der ausgeschlossenen Gruppen an, unterstützte man wahrscheinlich eine Partei oder Bewegung, die sich für die Ausweitung des Wahlrechts auf diese Gruppe und deren weitere Interessen einsetzte. In jedem Fall wuchs der Zugehörigkeit zu einer gesellschaftlichen Gruppe, also einem im Alltag bedeutsamen Aspekt der eigenen Identität, eine politische Bedeutung zu, die die eigene politische Ausrichtung bestimmte. Dadurch wurde die für die meisten Menschen schwer zu überwindende Kluft zwischen ihrem alltäglichen sozialen Leben und der Politik überbrückt.

Die schwindende Bindung an Klasse und Religion

Tatsächlich gehen die heutigen Parteiensysteme nahezu aller etablierten liberalen Demokratien auf die Auseinandersetzungen auf den beiden genannten Gebieten im 19. und frühen 20. Jahrhundert zurück. Zuweilen waren andere Gegensätze bestimmend, etwa der zwischen Stadt und Land; gelegentlich entstanden auch Parteien, in erster Linie in den USA und Irland, aufgrund vorangegangener Bürgerkriege. Stets jedoch stand der Kampf um Partizipation beziehungsweise gegen Ausgrenzung im Mittelpunkt. Aus ihm gingen im wesentlichen zwei große Gruppierungen hervor: die christlich-konservativen Parteien, die für die Interessen der schon lange politisch aktiven Klassen sowie für die Wahrung überkommener Werte eintraten, und die sozialistischen und sozialdemokratischen Arbeiterparteien, die die marginalisierten Gruppen repräsentierten, vor allem die Industriearbeiter, manchmal aber auch die Anhänger kleinerer Glaubensgemeinschaften sowie jene, die sich zu keiner Religion bekannten. Angesichts dieser Gemengelage waren nicht wenige bei der Bestimmung ihrer politischen Heimat hin- und hergerissen, etwa fromme Arbeiter oder Immobilienbesitzer, die nichts mit der Kirche zu tun haben wollten. Manche von ihnen wandten sich kleineren Parteien zu, andere gaben notgedrungen einem der vielen Aspekte ihrer Identität den Vorzug. Zudem achteten die großen Parteien mit Rücksicht auf diese widerstreitenden Zugehörigkeiten darauf, ihre Türen auch für Angehörige von Gesellschaftsgruppen offen zu halten, denen sie im Allgemeinen ablehnend gegenüberstanden. So entwickelten sich in katholischen Ländern, in denen katholische Parteien traditionell die Interessen von Aristokraten und anderen Privilegierten vertraten, auch katholische Arbeiterbewegungen, die sich schließlich unter dem Schirm der Christdemokratie versammelten.

Diese Entwicklung, durch die eine Vielzahl gewöhnlicher Menschen in die Lage versetzt wurde, eine parteipolitische Bindung aufzubauen, ist zutiefst paradox. Obwohl sie letztlich in eine Epoche stabiler und friedlicher Demokratien mündete, entsprang sie Konflikten, in denen man die politische Teilhabe rivalisierender Gruppen aufs Schärfste bekämpfte: Bürgerkriegen, faschistischen Diktaturen, kommunistischen Revolutionen, die sich in ebenfalls gewalttätige Diktaturen verwandelten, ausgedehnten Streiks mit blutigen Straßenschlachten zwischen Arbeitern und Polizei. Erst als die in diese Konflikte Verstrickten die negativen Folgen einer Fortsetzung von Repression und Gewalt einzusehen lernten, das allgemeine Wahlrecht akzeptierten und beschlossen, ihre Meinungsverschiedenheiten in Form eines Kampfs um Wählerstimmen auszutragen, verwandelten sich die in jenen Konflikten entstandenen Zugehörigkeiten aus Quellen der Disruption in Säulen der Demokratie. Begünstigt wurde diese Entwicklung durch jenes Hin-und-hergerissen-Sein vieler Menschen zwischen unterschiedlichen sozialen Identitätsmerkmalen, das es für Parteien notwendig machte, sich nach mehreren Seiten zu öffnen. Insgesamt wurden die konkurrierenden Interessen der einzelnen Klassen durch die Vermittlung der Parteien in ein übergreifendes System integriert – und die Parteien damit zum wichtigsten Bindeglied zwischen Bürger und Demokratie.

In den einzelnen Ländern vollzogen sich diese Entwicklungen zu jeweils anderen Zeiten, wobei vor allem die beiden Weltkriege den verschiedenen sozialen Gruppen klarmachten, dass sie ihre Konflikte dem gemeinsamen nationalen Interesse unterordnen mussten. Nach dem Ende des Ersten Weltkriegs waren in den meisten westeuropäischen Ländern alle Erwachsenen wahlberechtigt. Allerdings weigerten sich nicht wenige Eliten aus Adel, Kirche und Wirtschaft, dies zu akzeptieren, und schafften mit Hilfe faschistischer und nationalsozialistischer Parteien die Demokratie kurz nach ihrer Einführung wieder ab. Es bedurfte der Niederlage dieser Diktaturen im Zweiten Weltkrieg, um jene Eliten abermals von der Demokratie zu überzeugen. In den USA wurde das allgemeine Wahlrecht für männliche Weiße gegen Ende des 19. Jahrhunderts eingeführt, für Schwarze hingegen erst 1962. In Russland zeigten die kommunistischen Revolutionäre eine ähnliche Abneigung gegen die Einbeziehung nicht zur Arbeiterklasse gehöriger Gruppen und zogen es vor, eine Diktatur zu errichten, die Union der Sozialistischen Sowjetrepubliken (UdSSR). Diese führte in der Folge auch in jenen Ländern Ost- und Mitteleuropas, die die Rote Armee im Zweiten Weltkrieg befreit hatte, kommunistische Diktaturen herbei. Manche dieser Länder waren nie echte Demokratien gewesen, andere, etwa die Tschechoslowakei, vermochten erst nach dem Ende des Ostblocks 1990 wieder an ihre demokratische Vergangenheit anzuknüpfen.

Im Prozess der Umwandlung sozialer Zugehörigkeit in politische Bindung gab es allerdings eine gewichtige Ausnahme: Fast überall waren Frauen bis nach dem Ersten Weltkrieg praktisch komplett von allen politischen Bürgerrechten ausgeschlossen. Die Abschaffung dieser Ausgrenzung aufgrund eines klar definierten und offensichtlichen Identitätsmerkmals und die Durchsetzung des Frauenwahlrechts erforderten große Mühen. Dennoch entstanden kaum Frauenparteien, und keine von ihnen spielte eine größere Rolle. Zunächst waren alle Parteien reine Männerparteien, und die weitaus meisten von ihnen bemühten sich sehr darum, dass das auch so blieb. Sobald das Frauenwahlrecht eingeführt war, begannen sie allerdings, um die Stimmen der Frauen zu werben, und hatten ihrer Vergangenheit zum Trotz ziemlichen Erfolg damit. Gerade konservative und christliche Parteien, die sich entschieden gegen ein Frauenwahlrecht gestemmt hatten, zogen für lange Zeit mehr weibliche Wähler an als sozialistische und liberale Parteien.

Das Scheitern von Frauenparteien lässt sich vermutlich damit erklären, dass Männer und Frauen in aller Regel nicht in separaten Gemeinschaften leben. Und das ist eine wichtige Lektion bezüglich der Transformation sozialer Zugehörigkeiten in politische Bindungen: Sie setzt die Verwurzelung in Gemeinschaften, in sozialen Gruppen voraus, in denen die Interaktion mit anderen die eigene Zugehörigkeit und damit auch deren Implikationen, nicht zuletzt die politischen, bestärkt. Dass die konservativen und christlichen Parteien erfolgreicher um die Stimmen von Frauen warben, sagt etwas Ähnliches aus. So haben insbesondere die katholischen Parteien in Gesellschaften, in denen Frauen nicht oder nur geringfügig erwerbstätig waren, die überkommene Rolle der Mutter und Ehefrau betont. Sozialistische und andere Arbeiterparteien wiederum befassten sich vor allem mit der Verbesserung der Lage der männlichen »Brotverdiener«, zugleich waren sie und die liberalen Parteien zumeist eher kirchenfern oder antiklerikal eingestellt oder vertraten religiöse Minderheiten. Das änderte sich schließlich. Seit die Frauen in den siebziger Jahren auf den Arbeitsmarkt zu drängen begannen, haben sie ihre politischen Präferenzen zunehmend mit denen der Männer getauscht. Inzwischen stimmen sie in praktisch allen etablierten Demokratien häufiger als Männer für Parteien der Linken (zumeist sozialdemokratische oder grüne), während die Männer konservativer wählen, vielleicht aufgrund nostalgisch-pessimistischer Regungen bezüglich der weiblichen »Invasion« ihrer alten Monopole. Wir werden später einige der Ursachen und Folgen dieser Entwicklung erkunden. Hier ist nur wichtig, dass die Parteibindung eine große Rolle für die Bestärkung der sozialen Zugehörigkeit spielt, vielleicht eine größere sogar als für die Durchsetzung von Interessen.

Mit der Zeit verwandelten sich die Kämpfe um politische Teilhabe aus einer selbsterlebten Realität in eine Erinnerung an die Nöte früherer Generationen. Dass sie ihre Wirkung auf die Loyalität der Bürger verlieren würden, war daher keine Überraschung. Paradoxerweise schwächte also gerade die Tatsache, dass die allgemeinen Bürgerrechte, die im Zentrum des Kampfs um Demokratie gestanden hatte, erkämpft worden waren, die Bindung der Bürger an den demokratischen Prozess. Dann änderte sich die Struktur der Gesellschaft. Die Beschäftigungsstrukturen der alten Industriegesellschaft, die dafür gesorgt hatten, dass der Kampf um politische Teilhabe die Form eines Klassenkampfs angenommen hatte, begannen sich aufzulösen, und damit verloren die Menschen das Gefühl dafür, dass die Art ihrer Beschäftigung ein ziemlich eindeutiger Hinweis darauf war, von welcher Partei ihre Interessen am ehesten vertreten würden. Die zunehmende Größe der Unternehmen führte zur Entstehung ausgedehnter Hierarchien angestellter Manager, die in Vertretung der Eigentümer agierten und von denen nur wenige, abgesehen von denen ganz an der Spitze, ein vergleichbares Klassenbewusstsein wie Letztere entwickelt haben. In den wachsenden Dienstleistungssektoren arbeiten immer mehr Menschen in Berufen, die zur Zeit der Kämpfe um die politische Einbeziehung entweder gar nicht existierten oder unbedeutend waren. Jedenfalls haben Vertreter dieser Berufsgruppen in jenen Konflikten nicht gerade eine Führungsrolle innegehabt.

Auch die Religionszugehörigkeit hat in den europäischen Gesellschaften erheblich an Bedeutung verloren. Die Zahl der Gottesdienstbesucher ist so gut wie überall zurückgegangen, immer weniger Menschen identifizieren sich mit einem bestimmten Bekenntnis. Außerdem stehen die meisten Formen des Christentums in Europa nicht mehr für die einst typischen strikt konservativen Positionen. Ein großer Fortschritt in dieser Hinsicht war der Modernisierungsschub durch das 1962 abgehaltene Zweite Vatikanische Konzil unter Papst Johannes XXIII. Die letzten konservativen Bemühungen der katholischen Kirche galten dem Bereich Gender und Familie, nämlich dem Kampf gegen die Legalisierung von Verhütung, Scheidung, Abtreibung, Homosexualität und erst jüngst auch gegen Bi- und Transsexualität.

Die rechtsliberalen Parteien gaben ihren Widerstand gegen die rationalistischen, säkularen und naturwissenschaftlichen Vorstellungen des Liberalismus auf, die sie im 19. Jahrhundert erbittert bekämpft hatten. Das bedeutete jedoch nicht, dass die konservativen Parteien gegen die Liberalen verloren hätten; vielmehr trat das Gegenteil ein. Der Liberalismus hat sich schon immer schwergetan, die Masse der Wähler zu erreichen. Ein zentrales Element seiner Ideologie, die Befreiung von allen einengenden Zugehörigkeiten, verhinderte geradezu, dass er sich tief in der Kultur verankern konnte. Wo er trotzdem Wurzeln schlug, lag es an seiner Anziehungskraft auf kulturelle oder religiöse Minderheiten, die Schutz vor den Vertretern der Mehrheitsgesellschaft suchten. Konservativen und christdemokratischen Parteien gelang es andererseits, sich die Unterstützung von Menschen mit streng kulturkonservativen Werten zu erhalten – für die es schlicht keine andere politische Heimat gab – und zugleich jene liberalen Positionen zu übernehmen, die zu ihrer Rolle als Vertreter der ökonomisch Erfolgreichen und derer, die es noch zu werden hofften, passte. Trotz des Triumphs seiner kulturellen und ökonomischen Ideen büßte der politische Liberalismus fast überall den Status der maßgeblichen politischen Bewegung ein.

In den etablierten Demokratien der Gegenwart verfügen viele, wahrscheinlich die meisten Menschen nicht mehr über eindeutige soziale Indizien, an denen sie ihre politische Zugehörigkeit ablesen könnten. Die Schwächung der Bindung zwischen Bürgern und Parteien, die sich in sinkender Wahlbeteiligung und abnehmenden Mitgliederzahlen der Parteien zeigt, wird allgemein auf die Enttäuschung über Regierungen und den Verlust des Vertrauens in Politiker zurückgeführt, die sich auf so viele Kompromisse eingelassen hätten, dass man kaum mehr feststellen könne, wofür sie eigentlich stehen. Ob die Politiker der Gegenwart tatsächlich weniger Vertrauen verdienen und korrumpierbarer sind als die früherer Zeiten, lässt sich nur schwer sagen. Der gefühlte Niedergang der Vertrauenswürdigkeit könnte auch schlicht darauf zurückzuführen sein, dass wir aufgrund gewandelter Transparenznormen und der ausgeweiteten medialen Berichterstattung viel mehr über sie erfahren als früher. Allerdings sind diese gewandelten Normen ihrerseits eine Reaktion auf das geringere Vertrauen der Bürger, dessen Schwinden wiederum eine Folge der wachsenden Distanz zwischen ihnen und den führenden Politikern ist. Durchaus möglich, dass die Politiker früherer Generationen ebenso unehrlich waren wie die heutigen und nur die engeren Bande zu ihren

Wählern dafür sorgten, dass Letztere dies für undenkbar hielten.

Als ihnen die Wähler nicht mehr aufgrund ihrer Klassen- oder Religionszugehörigkeit quasi automatisch zuströmten, begannen die Parteien über ihre Kernklientel hinaus nach neuen Unterstützern zu suchen. Einige lehnten nun die Idee einer Kernklientel überhaupt ab und kehrten den schwindenden Wählerschichten der Vergangenheit ostentativ den Rücken, um entideologisierte »Sammlungsparteien« zu werden. Auf diese Weise spricht man unter Umständen breitere Schichten an, verliert jedoch mit hoher Wahrscheinlichkeit an Bindungskraft. Immer weniger Wähler sagen: »Das ist eindeutig die Partei, die für Leute wie mich eintritt (und nicht für andere).« Dieser Verlust der Bindungskraft liegt vielen postdemokratischen Entwicklungen zugrunde, er führte auch dazu, dass Politiker den Kontakt zu ihren potenziellen Wählern immer öfter über Verfahren und Technologien suchen, die mehr an kommerzielle Produktwerbung als an einen ernsthaften Meinungsaustausch mit Unterstützern gemahnen.

Auch in der schwindenden Anziehungskraft der christdemokratischen beziehungsweise konservativen und sozialdemokratischen Volksparteien, die in der Politik der europäischen Länder in der zweiten Hälfte des 20. Jahrhunderts dominiert hatten, spiegeln sich diese Veränderungen wider. Abbildung 5 vergleicht den prozentualen Stimmenanteil der jeweils größten Mitte-rechts-Partei eines Landes bei dortigen Parlamentswahlen um 1985 einerseits und um 2020 andererseits, Abbildung 6 die entsprechenden Ergebnisse der jeweils größten Mitte-links-Partei. Die Prozentangaben beziehen sich jeweils auf die gesamte Wählerschaft, nicht auf den Anteil an den insgesamt abgegebenen Stimmen, da die sinkende Wahlbeteiligung selbst ein Aspekt nachlassender Parteibindung ist. Natürlich ist es immer möglich, dass sich

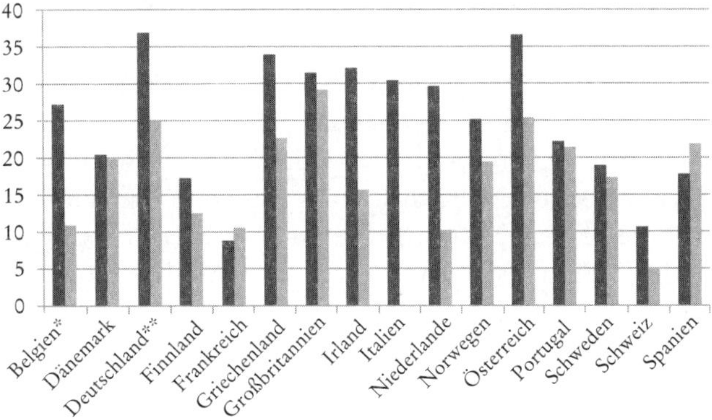

* Der Wert berücksichtigt die Stimmen für die separaten flämischen und wallonischen Parteien.

** Der Wert für Mitte der 1980er Jahre bezieht sich nur auf die Bundesrepublik.

Quelle: Berechnungen des Autors auf Grundlage von Daten auf Wikipedia

Abbildung 5: Stimmenanteil der jeweils größten Mitte-rechts-Partei in westeuropäischen Ländern, Mitte der 1980er Jahre (dunkelgrau) und Ende der 2010er Jahre (hellgrau)

das Wahlergebnis einer Partei von einer Wahl zur anderen erdrutschartig verändert; das bilden meine Daten hier nicht ab. Allerdings sind solche »Ausreißer«, zu denen es heute häufiger kommt als früher, ihrerseits Belege für die schwindende Bindung von Wählern an »ihre« Partei.

Abbildung 5 zeigt, dass alle großen (oder ehemals großen) Mitte-rechts-Parteien sinkende Stimmenanteile zu verzeichnen hatten, außer in Frankreich, wo ihr Anteil ohnehin gering war, und in Spanien. In Italien wiederum hat sich die einst dominierende Democrazia Cristiana Anfang der neunziger Jahre ganz aufgelöst. Einige ihrer Hauptströmungen bestanden in Nachfolgeparteien weiter, von denen sich einige nach links, andere nach rechts bewegten; Letztere gingen

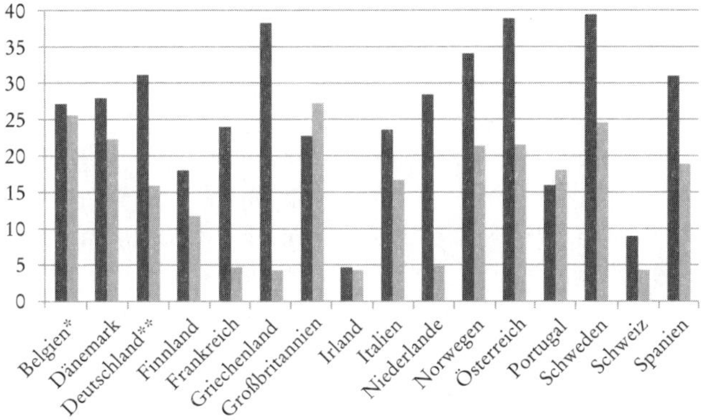

* Der Wert berücksichtigt die Stimmen für die separaten flämischen und wallonischen Parteien.

** Der Wert für Mitte der 1980er Jahre bezieht sich nur auf die Bundesrepublik.

Quelle: Berechnungen des Autors auf Grundlage von Daten auf Wikipedia

Abbildung 6: Stimmenanteil der jeweils größten Mitte-links-Partei in westeuropäischen Ländern, Mitte der 1980er Jahre (dunkelgrau) und Ende der 2010er Jahre (hellgrau)

in den Wahlen 2018 in einem Parteienbündnis unter Führung der Lega auf, weshalb es in Italien zurzeit keine Mitte-rechts-Partei gibt. Insgesamt vereinigt kaum eine der Mitte-rechts-Parteien heute mehr als ein Drittel der Wählerstimmen auf sich. (Die Werte für das Vereinigte Königreich sind irreführend, da das britische Mehrheitswahlrecht kleinere Parteien erheblich benachteiligt und die Wähler beinahe zwingt, die historisch dominanten Parteien zu unterstützen.)

Abbildung 6 zeigt vergleichbare Rückgänge für die großen Mitte-links-Parteien in allen Ländern mit Ausnahme von Portugal und dem Vereinigten Königreich (wobei hier abermals das Schwankungen vermindernde Wahlsystem zu berücksichtigen ist). Einige Parteien erlebten drastische Stimmenverluste, beispielsweise in Frankreich, Griechenland und den Niederlanden. Für Italien habe ich die KPI als wichtigste Mitte-links-Partei der achtziger Jahre ausgewählt, da sie ihre Verbindungen zur Sowjetunion damals größtenteils gekappt hatte und nicht mehr linksradikal war. In den folgenden Jahren änderte sie mehrmals ihren Namen und ihre Identität und erlebte Aufspaltungen und Zusammenschlüsse, inzwischen ist sie im sozialdemokratischen Partito Democratico aufgegangen. Bei den jüngsten Parlamentswahlen gewannen die einstigen Volksparteien der linken Mitte lediglich noch in Belgien, Schweden und dem Vereinigten Königreich mehr als ein Viertel der Stimmen, und in Belgien auch nur, wenn man die Stimmen für die unabhängig voneinander antretenden flämischen und wallonischen Sozialisten zusammenzählt.

Auch wenn beide Parteienfamilien Federn lassen mussten, hat das Schwinden der stabilen sozialen und politischen Zugehörigkeiten des 20. Jahrhunderts die sozialdemokratischen Parteien härter getroffen als Christdemokraten und Konservative. Dies lässt sich wahrscheinlich mit grundlegenden Unterschieden der jeweiligen Wählerschaften beider Lager erklären. Die Bindung an eine Partei kann eine Form der Bekräftigung sozialer Zugehörigkeit sein: Ich gehöre dieser oder jener sozialen Schicht oder Gruppe an und wähle daher Partei A. Das funktioniert mühelos bei sozialen Zugehörigkeiten, auf die ihre Träger stolz sind, weniger gut jedoch bei solchen, die mit Formen von Unterordnung, Armut und Elend assoziiert werden – und es war die historische Rolle der Linken, letztere Gruppen zu repräsentieren. Arthur Scargill, der die britische Bergarbeitergewerkschaft in den für sie fatalen Streik von 1984/85 führte, den letzten großen Konflikt des Industrielands Großbritannien, erklärte damals, er wolle die Arbeitsplätze in den Gruben für die Bergarbeiter, ihre Söhne und Enkel retten – das war seine (vollständig männerzentrierte) Vorstellung von den Zielen des Sozialismus. Vielen anderen Linken jedoch ging es um die Schaffung einer Gesellschaft, in der Männer es nicht mehr nötig haben würden, unter der Erde herumzukriechen, um ihr Brot zu verdienen und dabei Leib und Leben aufs Spiel zu setzen. Sozialdemokratie und Sozialismus haben die Zugehörigkeit ihrer Anhänger zur Arbeiterklasse einerseits bekräftigt und zum Politikum erhoben, andererseits aber auch nach Mitteln gesucht, sie aus ebendieser Zugehörigkeit zu befreien. Diejenigen, denen eine solche Loslösung gelang, sahen ihre Interessen unter Umständen auch weiterhin von der Linken vertreten – womöglich aber betrachteten sie es als Zeichen ihres sozialen Aufstiegs, dass es nun gute Gründe für sie gab, sich einer konservativen Partei zuzuwenden.

Die Lage in den USA ist in vielerlei Hinsicht eine andere. In Europa haben sich die Klassenverhältnisse des industriellen Kapitalismus auf der Grundlage der überkommenen sozialen Hierarchien vorindustrieller Gesellschaften herausgebildet. In Ermangelung einer solchen Vergangenheit waren die sozialen Schichten in den USA weniger scharf voneinander abgegrenzt, auch wenn Konflikte zwischen Arbeitern und Management oder Arbeitskämpfe nicht selten gewaltsam ausgetragen wurden. Überdies drängten im Zuge der Industrialisierung immer wieder neue Einwanderer ins Land, die sich in auf ihre jeweilige Herkunftsgesellschaft bezogenen kulturellen oder religiösen Gruppen zusammenschlossen. So entstanden – verstärkt durch Konflikte um Einbeziehung und Ausgrenzung, die in den USA heftiger tobten als die Klassenkonflikte – soziale Zugehörigkeiten, die sich dann in politische Bindungen umwandeln ließen. Da es keine Staatskirche gab, entfielen Auseinandersetzungen mit dieser. Stattdessen nahmen religiöse Konflikte innerhalb der außergewöhnlichen Vielfalt christlicher, jüdischer und sonstiger Bekenntnisse die Gestalt kultureller Konflikte zwischen unterschiedlichen Überlieferungen verpflichteten Immigrantengruppen an. Die Zugehörigkeit zu bestimmten Bekenntnissen stand damit *grosso modo* für die Zugehörigkeit zu einer bestimmten Kultur. Aus diesem Grund nahmen die im fünften Kapitel diskutierten Kulturkriege, die inzwischen auf große Teile Europas und viele andere Weltgegenden übergegriffen haben, ihren Ausgang von den USA.

Als die Meinungsverschiedenheiten über verschiedene Aspekte der sozioökonomischen Modernisierung die US-Gesellschaft zunehmend spalteten, wurde die Debatte unvermeidlich religiös überhöht, was die Spannungen nur noch verschärfte. Über all diesen Auseinandersetzungen schwebt zudem die Frage der Gleichberechtigung schwarzer US-Amerikaner, die auch nach der Abschaffung der Sklaverei im Bürgerkrieg 1861-1865 in den unterlegenen Südstaaten gesellschaftlich und politisch ausgegrenzt wurden und werden.

Ungeachtet der Komplexität dieser im Kern ethnisch-kulturellen Spaltungen lässt das Wahlsystem der USA den Bürgern praktisch nur die Wahl zwischen zwei politischen Lagern, den Demokraten und den Republikanern, die dadurch zu Sammlungsparteien mit in sich widersprüchlicher politischer Ausrichtung werden. Die Republikaner, die Partei Abraham Lincolns, standen ursprünglich für den liberalen Kapitalismus der Nordstaaten, der Feinde und Bezwinger der Sklavenhalterstaaten. Daher wurde ihr Liberalismus im Süden als anstößig empfunden, während sie im Norden eine herrschende Elite vertraten. Die Demokratische Partei war die Partei der Sklavenhalter und der auch nach dem Bürgerkrieg fortgesetzten Unterdrückung der schwarzen Bevölkerung im Süden. Als Repräsentant der Besiegten war sie zugleich jedoch eine Partei der Ausgegrenzten. Deshalb wandten sich ihr in den Städten des Nordens immer mehr Einwanderer zu, die neuen Außenseiter der industrialisierten USA.

All diese Widersprüchlichkeiten begannen sich erst in den sechziger Jahren des 20. Jahrhunderts aufzulösen, als sich mit John F. Kennedy und Lyndon B. Johnson zwei demokratische Präsidenten für die Sache der Schwarzen einsetzten. Allmählich sammelten sich die Liberalen aus beiden Landesteilen, dem Norden wie dem Süden, hinter der Demokratischen Partei, während sich die Konservativen den Republikanern anschlossen. Vor allem gewisse protestantische Strömungen boten sich vielen Amerikanern aus der Mitte der Gesellschaft als Möglichkeit an, ihre Verbundenheit mit konservativen Werten auszudrücken, und entwickelten sich daraufhin zu Sammelbecken für die Republikanische Partei. Die Demokraten zogen eher Menschen an, die keiner der vorherrschenden Religionsgemeinschaften angehörten: Mitglieder schwarzer protestantischer Kirchen, Katholiken und Juden sowie Religionslose und jene, die der Religion keinen starken Einfluss auf Politik und öffentliches Leben zubilligen mochten.

In den fünfziger Jahren standen die meisten Amerikaner den tiefgreifenden ideologischen Konflikten um Klassen- und Religionszugehörigkeit, die in westeuropäischen Ländern ausgetragen wurden, mit Unverständnis gegenüber. Die Politik in den USA, in der Klassenverhältnisse und Staatsreligion praktisch keine Rolle spielten, war, zumindest was die beiden führenden Parteien betraf, bis knapp an den Rand der Inhaltslosigkeit ideologiefrei. Heute hat sich diese historische Konstellation umgekehrt: Die Religionen sind in den USA zu Hauptakteuren zunehmend erbittert geführter Kulturkämpfe um die Gleichberechtigung der Ethnien, Geschlechter und sexuellen Orientierungen geworden. Diese Kämpfe sind Ausdruck der Konfrontation des nostalgischen Pessimismus mit unterschiedlichen Auffassungen von Modernität und haben inzwischen auch West- und Osteuropa erfasst.

Gegen Ende der achtziger Jahre übernahm die Demokratische Partei, die ohnehin nie gänzlich sozialdemokratisch gewesen war, einige politische Ideen des Neoliberalismus und suchte nach neuen Wählern jenseits ihrer schwindenden Basis unter Industrie- und Bergbauarbeitern. Bald machten es ihr die britische Labour Party, später auch andere europäische Sozialdemokraten nach. Damit wandten sie sich vom Kampf gegen die ökonomische Ungleichheit ab und konzentrierten sich stattdessen auf die Ungleichheit in den Bereichen Gender, Ethnie und Sexualität. Das passte gut zu ihrer neuen neoliberalen Ideologie, die bekanntlich alle Arten von Ungleichheit ablehnt – mit ausdrücklicher Ausnahme der ökonomisch bedingten. Außerdem half es bei der Suche nach neuen Wählerschichten und ermöglichte den sozialdemokratischen Parteien, ihrer überkommenen Rolle als Repräsentanten der Ausgegrenzten und Unterprivilegierten wenigstens in Teilen treu zu bleiben. Aus dieser Formel ging eine kohärente neue Politik hervor, allerdings auf Kosten ihrer traditionellen Wählerschichten in der schwindenden Arbeiterklasse, auf die die Demokraten, Labour und die Sozialdemokraten anderer Länder nun keinen besonderen Wert mehr legten – was viele der Betroffenen nur umso empfänglicher für die Botschaft des nostalgischen Pessimismus machte.

Kulturelle und wirtschaftliche Aspekte

Anders als Private Willis zu glauben scheint, ging die seinerzeitige stabile Parteibindung von Neubürgern nicht auf ein geheimnisvolles Wirken der »Natur« zurück, sondern auf historische Gegebenheiten, die sich im Laufe der Zeit ändern mussten. Fünfzig Jahre später waren die »Liberals«, von denen sein kleines Lied handelt, in der Gunst der aufgrund des neuen Wahlrechts erheblich erweiterten Wählerschaft des Vereinigten Königreichs von der Labour Party verdrängt worden. Seit damals hat die schwindende Bedeutung der Klassen- und Religionszugehörigkeit zu einer erheblichen Lockerung, ja Auflösung der im frühen 20. Jahrhundert verbreiteten engen Parteibindung großer Bevölkerungsgruppen geführt. Doch wie die Natur verabscheut auch die Politik das Vakuum. Die Betreiber politischer Projekte versuchen folglich mit allen ihnen verfügbaren Mitteln, sich die durch diese Auflösung frei gewordenen Ressourcen nutzbar zu machen. Grüne Parteien und Umweltbewegungen etwa bekennen sich zur »postidentitären« Politik und suchen Bürger nicht mehr als Angehörige nach politischer Teilhabe strebender sozialer Gruppen zu mobilisieren, sondern indem sie an die Angst vor der Zerstörung des Planeten appellieren. Damit teilen sie die Schwäche des historischen Liberalismus, da auch sie Politik ohne Bezug auf die soziale Zugehörigkeit betreiben, weshalb sie sich wahrscheinlich auf Dauer mit einer zwar nicht unbedeutenden, aber doch minoritären Rolle begnügen werden müssen.

Anderenorts (Crouch 2018) habe ich zu zeigen versucht, dass die politische Auseinandersetzung seit der Französischen Revolution im Wesentlichen durch zwei Konfliktlinien bestimmt war: die zwischen dem Traditionalismus der Konservativen und dem Rationalismus der Liberalen; und die zwischen den Apologeten ökonomischer Ungleichheit und jenen, die für deren Überwindung kämpften. Die letztere Diskussion fand hauptsächlich innerhalb des Liberalismus statt, zwischen den Verfechtern der freien Marktwirtschaft und den Befürwortern einer egalitären Zivilgesellschaft.

In der zweiten Hälfte des 20. Jahrhunderts ließen die Auseinandersetzungen entlang der ersten Konfliktlinie allmählich nach, spielten aber bei Themen wie Familie, Gender, Sexualität vor allem in vorwiegend katholischen Ländern nach wie vor eine Rolle. In den meisten Gesellschaften jedoch gewann, je mehr sich die Demokratie etablierte und je wichtiger die Stimmen der Arbeiter wurden, die in den Klassenkonflikten wurzelnde zweite Linie an Bedeutung. Die politische Auseinandersetzung konzentrierte sich hier auf die Themen steuerliche Umverteilung und Reichweite des Sozialstaats.

Durch die gegenwärtigen gesellschaftlichen Entwicklungen rückt die erste Konfliktlinie wieder in den Vordergrund, wobei der traditionelle Konservatismus im Gewand des nostalgischen Pessimismus wiederkehrt und die nationale Kultur beziehungsweise Religion sowie die überkommenen Geschlechterverhältnisse gegen ihre vermeintliche Bedrohung durch einen alles umstürzenden liberalen Internationalismus zu verteidigen verspricht. Dadurch wird die Allianz aus Konservativen und Liberalen brüchig, die sich leicht schmieden ließ, solange es um Fragen der Umverteilung ging. Andererseits hat die Sozialdemokratie zwar immer Internationalismus und Universalismus gepredigt, doch endete das »Universum« des von ihr verfochtenen Sozialstaats in der Praxis an den Landesgrenzen und stützte sich vor allem auf die Industriearbeiterschaft. Zunehmend haben sich die Mitglieder dieser Klasse oder dessen, was nach Globalisierung und Automatisierung noch von ihr übrig war, dem nostalgischen Pessimismus und dem konservativen Nationalismus zugewandt – wahrscheinlich nicht zuletzt, weil sie sich angesichts des Flirts der Sozialdemokratie mit dem Neoliberalismus zurückgewiesen fühlten. Inzwischen haben sich die gut ausgebildeten Angehörigen der Mittelklasse, die die Sozialdemokratie mit ihrem neuen Kurs für sich gewann, mit dem kosmopolitischen Liberalismus verbündet. Wir sind an einem

Punkt angelangt, an dem sich die beiden Konfliktlinien auf komplexe Weise überlagern und die vertrauten Parteiausrichtungen völlig durcheinandergeraten sind.

Der Schweizer Soziologe Daniel Oesch hat solche Verschiebungen bereits zu Beginn dieses Jahrhunderts in mehreren Veröffentlichungen näher bestimmt (Oesch 2006a; 2006b; Oesch und Rodríguez Menés 2011). Zunächst ging es ihm dabei um eine Differenzierung des Konzepts »Mittelklasse«, unter das in fortgeschrittenen Ökonomien Beschäftigte fast aller Berufsfelder fielen. Oesch zufolge hängen soziale Zugehörigkeit und parteipolitische Sympathien eines Menschen nicht allein von seiner hierarchischen Position ab (also seiner Klassenzugehörigkeit, die für die zweite Konfliktlinie bestimmend ist), sondern auch davon, welche (die erste Konfliktlinie zwischen konservativen und liberalen Werten betreffende) »Arbeitslogik« seine Tätigkeit von ihm verlangt. Oesch unterschied drei Kategorien: 1.) *technische Arbeitslogik*, absteigend vom technischen Experten über technische Fachleute zu qualifizierten Facharbeitern und -handwerkern bis hin zu gering qualifizierten Land- und Fabrikarbeitern; 2.) *organisatorische Arbeitslogik*, absteigend vom oberen Management über das untere Management und qualifizierte Bürofachkräfte bis hin zu gering qualifizierten Verwaltungskräften; 3.) *interpersonelle Arbeitslogik*, absteigend vom soziokulturellen Experten über soziokulturelle Semiprofessionen und qualifizierte Dienstleistende bis hin zu gering qualifizierten Dienstleistenden.

Während sich Oesch bei seinen Untersuchungen auf Deutschland, Spanien, Schweden, die Schweiz und Großbritannien konzentrierte, haben zwei in den USA arbeitende deutsche Politologen, Herbert Kitschelt und Philipp Rehm (2014), seine Ideen unter Bezug auf sämtliche westlichen EU-Staaten auf Fragestellungen übertragen, die für unseren Zusammenhang unmittelbar relevant sind. Insgesamt legen ihre Studien nahe, dass mit organisatorischen Aufgaben befasste Menschen mit hoher Wahrscheinlichkeit zu autoritären Verhaltensweisen neigen, während die im »interpersonellen« Bereich Tätigen mit hoher Wahrscheinlichkeit liberale Ansichten vertreten. Interessant ist, dass Kitschelt und Rehm von drei Konfliktlinien ausgingen: Haltung zur Umverteilung; autoritäre oder liberale Einstellung in Hinsicht auf das Sozialverhalten; und Haltung zur Inklusion im Bereich Bürgerrechte und Immigration. Wie sich zeigte, fallen die letzten beiden tendenziell in einer zusammen, die unserer ersten Konfliktlinie entspricht: Menschen, die weniger Einwanderung wollen, finden zumeist auch, dass in der Schule mehr Wert auf Disziplin gelegt werden sollte – eine klassisch konservative Haltung.

Die Angst vor Immigranten speist sich aus dem befürchteten Verlust der nationalen Identität, einem Gefühl sozialer Zugehörigkeit, das den Bürgern über lange Zeiten nahegelegt worden ist und das erhebliche Rückwirkungen auf die Politik haben kann. Noch lange nach der Niederlage des Faschismus im Zweiten Weltkrieg achteten die Vertreter der etablierten Parteien darauf, nicht mit dem Feuer nationalistischer Empfindungen zu spielen. Das hat sich heute geändert. Appelle an die augenscheinlich bedrohte nationale Identität haben infolge der Migrations- und Flüchtlingsbewegungen und der Angst vor islamistischen Terroranschlägen Konjunktur. Nimmt man das Gefühl des durch die Globalisierung beförderten Verlusts nationaler Steuerungsmöglichkeiten hinzu, erscheint der Aufstieg der Fremdenfeindlichkeit zu einem wesentlichen politischen Motiv und zur wichtigsten Mobilisierungskraft des nostalgischen Pessimismus nicht schwer zu verstehen.

Wenn wir die wachsende Bedeutung der Nation neben den

schwindenden Stellenwert der Klassen- und (vor allem in Europa) Religionszugehörigkeit halten, werden vielleicht einige sonst rätselhaft erscheinende Merkmale der gegenwärtigen Lage verständlicher. In fast allen hochentwickelten nordeuropäischen Sozialstaaten – den skandinavischen Ländern, den Niederlanden und Österreich – sind trotz enormen Wohlstands und eines relativ geringen Levels sozialer Unsicherheit und Ungleichheit große fremdenfeindliche populistische Bewegungen entstanden (Deutschland ist aufgrund seiner besonderen Vergangenheit im Hinblick auf rassistische Politik sowie der noch nicht lange zurückliegenden Wiedervereinigung mit einem ehemals kommunistischen Staat ein komplizierterer Fall). In Portugal und Spanien – relativ armen Ländern (besonders Portugal) mit weniger ausgeprägten Sozialsystemen und einem hohen Maß an Ungleichheit, die in jüngster Zeit unter der ihnen infolge der Eurokrise aufgezwungenen Austeritätspolitik zu leiden hatten – sind solche Bewegungen erst dann hervorgetreten, als einige rechtsextreme Gruppen in Spanien 2018 erkannten, dass sich das Eintreffen einiger nordafrikanischer Flüchtlinge für politische Zwecke nutzen ließ. Auch Irland – wohlhabend, aber ebenfalls Opfer verordneter Austerität – ist frei von xenophober Politik, während es in Griechenland, das unter der Schuldenkrise am stärksten zu leiden hatte, nur eine kleine fremdenfeindliche Bewegung gibt. Von den südeuropäischen Ländern hat nur Italien eine starke xenophobe Rechte hervorgebracht. Das lässt sich allerdings damit erklären, dass in Griechenland, Portugal und Spanien erst in den siebziger Jahren und mithin dreißig Jahre später als im übrigen Westeuropa liberale Demokratien entstanden sind. Vor allem Portugal und Spanien wurden jahrzehntelang von rechten Diktaturen regiert, in denen sich die auf der Klassen- und Religionszugehörigkeit beruhenden Spannungen zusehends verschärften. Aus der Hypothese, dass sich politische Bindungen, die auf den Anerkennungskämpfen bestimmter Klassen beziehungsweise Bekenntnisse beruhen, mit der Zeit »abnutzen«, ergibt sich die Vermutung, dass diese Bindungen auf der Iberischen Halbinsel eine längere Haltbarkeit als anderswo in Westeuropa aufweisen könnten.

Aber wie lässt sich dann erklären, dass sich die Xenophobie in Mittel- und Osteuropa besonders stark verbreiten konnte, wo die liberale Demokratie sogar noch jünger ist und kaum seit einem Vierteljahrhundert besteht? Hier muss man sich an die vom Staatssozialismus herbeigeführte Umkehrung des Klassenkampfs erinnern. Die Arbeiterklasse wurde zwar zur führenden Klasse erklärt, doch blieben die Bürgerrechte in Wirklichkeit jedem außer der schmalen Elite der »Nomenklatura« vorenthalten. Universelle Einbeziehung endete in universeller Ausgrenzung.

Wie im vorigen Kapitel erwähnt, ließen sich die aus dem Westen vertrauten parteipolitischen Strukturen nur schwer in jenen Teil der Welt übertragen. Nach 1990 schien es zwar eine Zeitlang, dass christliche und sozialdemokratische Parteien die Grundlage der neuen Parteiensysteme bilden könnten, doch spalteten sich diese Bewegungen bald auf. An ihre Stelle traten eine Vielzahl kleiner, kurzlebiger Gruppierungen, dazu die eine oder andere größere Bewegung, die von einer reichen Einzelperson und ihrer Klientel abhängig war. Da sämtliche formellen Institutionen einer Demokratie inzwischen funktionsfähig waren, bildeten sich rasch postdemokratische Verhältnisse heraus. Nach Viktor Orbán erkannten auch andere Politiker in den meisten anderen Ländern der Region das Potenzial eines wiedererweckten Nationalismus.

In weiten Teilen der Welt ist der Nationalismus inzwischen zu einer Kraft geworden, die eine erhebliche Anzahl Bürger wieder in Beziehung zur Politik setzt. Man könnte daraus schließen, dass die kulturelle Konfliktlinie Vorrang vor der materiellen gewonnen habe. Wenn dem so ist, erleben wir gerade einen epochalen Bruch mit der Demokratiegeschichte des 20. Jahrhunderts. Vertreter der sozialistischen Linken werden dem mit Verweis auf den bedeutenden Anteil der »Abgehängten« in den vom nostalgischen Pessimismus angetriebenen Bewegungen widersprechen und behaupten, dass dem vermeintlichen *cultural turn* in Wahrheit materielle Ursachen zugrunde lägen. Doch wie ich im fünften Kapitel gezeigt habe, sind ökonomische Motive keineswegs die einzigen Triebkräfte dieser neuen Bewegungen. Menschen in verarmenden Städten, die ihre Beschäftigung in niedergehenden Branchen verlieren, stellen nur eine Minderheit ihrer Anhänger. Erst wenn andere hinzukommen, die sich in anderer Hinsicht als abgehängt betrachten, vor allem, wenn sie dies auf die Anwesenheit kultureller oder ethnischer Minderheiten zurückführen, werden daraus große Bewegungen. Ginge es allein um wirtschaftliche Probleme, müsste die populistische Linke weit mehr Unzufriedene mobilisieren als eine »alternative Rechte«, die sich im Allgemeinen überhaupt nicht mit ökonomischer Ungleichheit befasst. Überdies betreiben die Republikaner in den USA, die Lega und die den Brexit befürwortenden Konservativen in Großbritannien eine Steuerpolitik, die vor allem den Wohlhabenden zugutekommt. Die Fidesz-Regierung in Ungarn baut in erheblichem Umfang Arbeitnehmerrechte und andere sozialpolitische Errungenschaften ab. Das Versprechen der neuen Rechten an die Armen ist, dass materielle Probleme weniger wichtig sind als kulturelle.

Menschen mit linksliberalen Ansichten hatten in den zurückliegenden zwanzig oder dreißig Jahren nicht zu Unrecht immer wieder das Gefühl, den Verfechtern des Neoliberalismus in Debatten um Fragen der Wirtschaft, des Sozialstaats und der Arbeitnehmerrechte zu unterliegen. Viele bemerkten jedoch nicht, dass sie in kulturellen Fragen seit den sechziger Jahren auf der Gewinnerseite stehen – häufig in einer inoffiziellen Koalition mit ebenjenen Neoliberalen. Liberale Anschauungen haben sich auf vielen Gebieten durchgesetzt: in Hinblick auf Gender und sexuelle Orientierung, Multikulturalismus und internationale Beziehungen, bezüglich der Rolle der Religion in der Gesellschaft und des Umgangs mit Gewalt. Auch Vertreter der Kirchen, des Militärs und anderer gemeinhin als konservativ geltender Organisationen haben sich zunehmend zu liberalen Ansichten bekannt.

Zumindest einige dieser Veränderungen bereiteten jedoch vielen Menschen – einer größeren Minderheit der Bevölkerung – erhebliches Unbehagen. Sie sahen ihre konservativen Wertvorstellungen bedroht oder hatten Angst, in einer sich verändernden Welt die Orientierung zu verlieren, und suchten desto verzweifelter Zuflucht bei allem, was altvertraut war oder schien. Es verbitterte sie, dass so gut wie niemand ihre Gefühlslage in der Öffentlichkeit aufgriff. Da die unversöhnlichen Werte des Kulturkonservatismus in Krisensituationen leicht in Intoleranz und Gewalt münden können, haben die etablierten Parteien des gesamten politischen Spektrums sie sich nie zu eigen gemacht. So nahm die Verbitterung nur noch zu, und es baute sich ein Druck auf, wie wenn Hochwasser gegen einen Damm schlägt. Der Damm war die grundlegende ökonomische und soziale Sicherung, die freiheitliche Gesellschaften ihren Bürgern nach wie vor garantierten. Mochten die Kulturkonservativen auch mit den gesellschaftspolitischen Entwicklungen unzufrieden sein – so schlimm standen die Dinge nicht, dass sie es für nötig gehalten hätten, sich zu ernsthaften Taten aufzuraffen. Das änderte sich in den ersten beiden Dekaden des neuen Jahrhunderts.

Nach – wenn auch seltenen – Anschlägen islamistischer Terroristen sowie der Finanzkrise 2008 und ihren Folgen, insbesondere der Austeritätspolitik, schien die bestehende Gesellschaftsordnung plötzlich weit weniger sicher als zuvor – der Damm der sozialen Garantien, der die freiheitliche Gesellschaft geschützt hatte, begann zu brechen.

Nun wirkten die Auseinandersetzungen um beide Konfliktlinien, die wirtschaftliche und die kulturelle, zusammen und untergruben ihn weiter. So hatte der Neoliberalismus zwar einen gewissen Anteil am Abbau der Sozialfürsorge für die Armen, trug aber in noch größerem Maß zum Ausbruch der Finanzkrise 2008 bei, in deren Folge selbst relativ Wohlhabende ein so starkes Gefühl der Unsicherheit empfanden, dass sie Formen der Abschließung und Ausgrenzung zuzuneigen begannen. Statt eines Siegs der kulturellen über die ökonomischen Konflikte haben die jüngeren Entwicklungen daher lediglich eine neue Konfiguration beider Bereiche herbeigeführt. Welche Folgen hat das für die Demokratie?

8. Zur Zukunft der Postdemokratie

Im Lauf der vergangenen Jahrzehnte hat zunächst der Neoliberalismus, dann der politisierte nostalgische Pessimismus die politischen Debatten dominiert. Die Sozialdemokratie, der Sozialismus, der (herkömmliche) Liberalismus und der gemäßigte Konservatismus wurden entweder an den Rand gedrängt oder haben versucht, einen der Neuankömmlinge (oder beide) zu imitieren.

Weder der Neoliberalismus noch der nostalgische Pessimismus sind von sich aus antidemokratisch; beide sind legitime Ausdrucksformen politischer Interessen und Wertvorstellungen. Doch beide werden zu einer Gefahr für die Demokratie, wenn ihre Verfechter auf bestimmte Weisen agieren und ihre Gegner dem nicht wachsam entgegentreten. Interessanterweise sind die Gefahren, die von den neuen Akteuren ausgehen, gegensätzlicher Art.

Ich habe in diesem Buch mehrfach darauf hingewiesen, dass die Stabilität einer Demokratie von zwei Dingen abhängt: Zum einen muss die Möglichkeit bestehen, dass die Bürger die etablierten Eliten mit diesen nicht genehmen Forderungen konfrontieren, zum anderen muss es Institutionen geben, die außerhalb der Demokratie stehen und deren Verfahren insbesondere vor Missbrauch durch diejenigen schützen, die an der Macht sind. Neoliberale Eliten versuchen sich zwar den Forderungen aus der Gesellschaft weitestmöglich zu entziehen, sind andererseits aber entschiedene Verteidiger jener Institutionen, die den Herrschenden auf die Finger schauen. Tatsächlich halten sie es mit postdemokratischen Verhältnissen: formal zufriedenstellenden Institutionen, die ihren grundlegenden Aufgaben nachkommen, aber ihrer demokratischen Kraft beraubt sind. Die neurechten Bewegungen hingegen halten es mit zügellosen Äußerungen populistischer Wut, daher haben sie nicht das geringste Verständnis für Institutionen, die solchen Äußerungen, das heißt konkret: ihren Anführern, Einschränkungen auferlegen. Die Neoliberalen werden zu einer Gefahr für die Demokratie, wenn sie die Institutionen, die die Demokratie schützen, ihres demokratischen Gehalts berauben. Die Neurechten sind eine Gefahr, wenn sie die Herrschenden von den Einschränkungen befreien wollen, die ihnen diese Institutionen auferlegen.

In den Kapiteln 2 bis 4 habe ich dargelegt, dass sich, nachdem der Neoliberalismus die totale Dominanz über die Volkswirtschaften der fortgeschrittenen Welt errungen hatte, mit aller Deutlichkeit zeigte, dass seine Theoretiker von Friedrich von Hayek an gravierende Einschränkungen der Demokratie präferierten. So fühlten sich viele Beobachter vom Umgang mit Griechenland und Italien während der europäischen Schuldenkrise an das Denken von Hayeks und sein erbittertes Misstrauen gegenüber der Demokratie erinnert. Schließlich wurden nicht nur Regierungen souveräner Staaten übergangen, in zwei Fällen sogar abgelöst und durch andere ersetzt, es wurde den betroffenen Ländern auch eine spezifische ideologische neoliberale Idee der Stabilisierung der Staatsfinanzen aufgezwungen, obwohl das keineswegs der einzig gangbare Weg war.

Ein noch größerer Anschlag des Neoliberalismus auf die Demokratie war die Liberalisierung der Finanzmärkte, eine der Hauptursachen für die Instabilität des Euros. Indem die Deregulierung es den Akteuren dieser Märkte ermöglichte, praktisch ohne jede demokratisch verantwortliche Aufsicht zu agieren, ließ sie den Traum der Neoliberalen wahr werden, diesen Schlüsselsektor der Wirtschaft dem Zugriff einer auf den Nationalstaat beschränkten Demokratie zu entziehen. Das hatte Folgen für die Macht der Regierungen in der Finanz- und Sozialpolitik und auf vielen weiteren Kerngebieten der Staatsführung. Eine solche Unterdrückung der Wirksamkeit der Demokratie war nur möglich, weil die demokratischen Institutionen auf den Nationalstaat begrenzt waren und praktisch alle großen Parteien ihren Kurs änderten, um die Deregulierung in irgendeiner Form zu unterstützen. Dies wiederum war möglich geworden, weil die Bürger kaum noch Druck auf Politiker auszuüben vermochten, die weit engeren Kontakt als zu ihren Wählern zu den Wirtschaftseliten pflegten – mit anderen Worten: weil es bereits eine Entwicklung hin zur Postdemokratie gab, die durch Rückkopplungseffekte zu einem selbstverstärkenden Prozess wurde.

Der Neoliberalismus hat die Demokratie auch dadurch geschwächt, dass er Moral- und Wertfragen aus der politischen Debatte verdrängte. Mehrere Politikergenerationen lernten von ihm, dass Menschen allein durch ihre unmittelbaren materiellen Interessen motiviert seien, weshalb man sie so ansprechen müsse, als ob man ihnen ein (politisches) Produkt verkaufen wollte. Von Gemeingütern und gemeinsamen Werten war keine Rede mehr. Zudem behaupteten die Neoliberalen, dass sich praktisch alle Entscheidungen auf eine Kostenkalkulation reduzieren ließen. Kein rational denkendes Wesen könne eine Verschwendung von Ressourcen herbeiführen wollen, deshalb sei die Maximierung der Effizienz in unser aller Interesse und der kosteneffizienteste Weg in jedem Fall der richtige. Damit wären alle Entscheidungen, vor denen wir stehen, rein instrumenteller Natur. Politische Fragen, bei denen es um Werte und Ziele geht, nicht um blanken Nutzen, spielen dann kaum noch eine Rolle. Doch wie Laura Pennacchi (2018) kürzlich überzeugend gezeigt hat, lassen sich gesellschaftliche Wertedebatten nicht auf die vom Neoliberalismus vorgeschlagene Weise eliminieren. Das Effizienzdenken dreht sich allein um die Wahl der geeigneten Mittel; welche Ziele wir auf möglichst effiziente Weise erreichen wollen, lässt sich mit ihm nicht bestimmten.

Die fortlaufenden wirtschaftspolitischen Triumphe des Neoliberalismus haben etwas von Pyrrhussiegen. Erstens hat, wie im zweiten Kapitel diskutiert, das enge Verhältnis zwischen politischen und Wirtschaftseliten, das aus seiner Vorherrschaft folgte, das ihm selbst zugrundeliegende Dogma der Trennung von Wirtschaft und Politik untergraben. Diese vermeintliche Trennung hat sich sozusagen als semipermeable Membran erwiesen: Während staatliche Stellen von Eingriffen in den Markt absahen, rangen ihnen Unternehmen von regulatorischen Änderungen bis hin zu direkter Korruption zahllose Gefälligkeiten ab. Viele der vom Neoliberalismus befürworteten Maßnahmen – Privatisierungen, Private-Public-Partnerships, die Förderung sekundärer Finanzmärkte, Maximierung des Aktionärsprofits als einzigem Unternehmenszweck, der Abbau des Sozialstaats – haben sich als katastrophal erwiesen.

Die durch Finanzmarktkapitalismus und schwindenden Gewerkschaftseinfluss verschärfte Ungleichheit führte dazu, dass immer mehr Familien mit mittleren und niedrigen Einkommen auf Privatkredite zurückgriffen, um ihren Lebensstandard zu halten – und damit auch den Konsumlevel, den der Kapitalismus braucht, um weiter Profite zu erwirtschaften. Die Finanzkrise war eine der Hauptfolgen dieser Entwicklung. Schließlich sahen internationale Wirtschaftsinstitutionen wie der IWF und die OECD ein, dass die zunehmende Ungleichheit vor allem im Kernland des Neoliberalismus, den USA, aber auch anderenorts, die Lebensfähigkeit des Wirtschaftssystems selbst bedrohte. Außerdem beförderten die jeder demokratischen Überprüfung entzogenen engen Beziehungen zwischen Ministerialbeamten und Wirtschaftsvertretern die Korruption bei der Vergabe staatlicher Aufträge und die Einflussnahme auf politische Entscheidungen.

Zweitens speiste die Gegenreaktion gegen den Neoliberalismus letztlich den politisierten nostalgischen Pessimismus, der das neoliberale Globalisierungsprojekt als einen seiner Hauptgegner begriff. Auch wenn eine Rückkehr der Industrieländer zum Protektionismus einen erheblichen Rückschritt für das neoliberale Projekt bedeuten würde, stehen diese beiden mächtigen Einflussgruppen in einem ambivalenten Verhältnis zueinander. Das hat sich in der Wirtschaftspolitik der Trump-Regierung überdeutlich gezeigt. Einerseits bedrohte sie mit ihrer bewussten Rückkehr zum Protektionismus den globalen Freihandel. Andererseits hat dieselbe Regierung die unter Obama begonnenen Versuche einer erneuten Regulierung der globalen Finanzmärkte rückgängig gemacht. Damit entließ der Protektionismus à la Trump das mächtigste und antidemokratischste Werkzeug des Neoliberalismus – den unregulierten globalen Finanzkapitalismus – aus jeglicher Kontrolle.

Infolge der weiterbestehenden Dominanz des ebenfalls unangetasteten Modells der Maximierung der Aktionärsprofite sollten die Finanzmärkte weiterhin in der Lage sein, die Wirtschaftspolitik von Nationalstaaten zu durchkreuzen. Bergbau und verarbeitende Industrie, die Trump zu schützen behauptete, bleiben diesen Kräften ausgesetzt. Letztlich bietet die »alternative Rechte« dem Neoliberalismus einen Deal an: Wenn du die nationalistischen Einschränkungen einiger deiner Aktivitäten akzeptierst, lassen wir alle übrigen unreguliert. Zudem lenken wir die Wut der Öffentlichkeit auf Immigranten und Ausländer und damit weg von dir. Angesichts dieses Angebots bleibt die neoliberale Geschäftswelt gespalten, da die Neue Rechte nicht nur eine nationalistische Wirtschaftspolitik, sondern auch eine unkontrollierte institutionenfeindliche Politik verfolgen könnte, die für die Unternehmensinteressen ein großes Problem darstellen würde.

Der nostalgische Pessimismus stellt die neoliberale Politik in Hinblick auf ihre enervierende Wertfreiheit immer wieder vor große Herausforderungen. So beantworteten Brexit-Befürworter die Befürchtung, dass der Austritt aus der EU der britischen Wirtschaft schaden werde, verblüffenderweise mit dem Argument, es gehe eben nicht nur um materielle Interessen, womöglich müsse man gar einen sinkenden Lebensstandard in Kauf nehmen, um eine Verwässerung der nationalen Kultur und ihrer Werte durch Immigranten und den Zwang zur Kooperation mit Nachbarländern zu verhindern. Der nostalgische Pessimismus ermutigt die Anhänger unterschiedlichster Werte, die sich seit Jahren vernachlässigt fühlen, ihre Stimme zu erheben. Wenn solche Gefühle echt sind, muss eine starke Demokratie ihren Ausdruck ermöglichen.

Dass die Neue Rechte eine Bedrohung für die Demokratie darstellt, liegt weniger am Inhalt der von ihr vertretenen Werte und Ideen als daran, dass diese mit hoher Wahrscheinlichkeit zu Angriffen auf die Institutionen führen, die die Demokratie schützen sollen. Diese Gefahr besteht in dreierlei Hinsicht. Erstens: Da die Anführer populistischer Bewegungen in hohem Maße von sich selbst überzeugt sind, haben sie für Institutionen, die Machtmissbrauch eindämmen sollen, wenig Sinn oder bringen ihnen sogar offene Verachtung entgegen. Zweitens neigen diese Bewegungen, da ihr Antrieb größtenteils aus Ressentiments gegenüber Fortschritten diverser, meist nicht sehr einflussreicher Gruppen kommt, dazu, Hass zu schüren und ihn sich zunutze zu machen. Dies führt im schlimmsten Fall zur Ausübung physischer Gewalt, bestenfalls fördert es abermals die Geringschätzung einschränkender Institutionen, die angeblich den Interessen der verhassten Gruppen dienen. (Dieser Punkt trifft auch auf linke politische Bewegungen zu, die sich den Hass auf die Reichen zunutze machen, anstatt eine Kritik der Ungleichheit produzierenden Systeme zu entwickeln. Solche Bewegungen entwickeln ebenfalls eine Geringschätzung einschränkender Institutionen.)

Die dritte Gefahr ist der Gebrauch, den die Bewegungen der Neuen Rechten von den sozialen Medien machen. Einerseits stellen diese Technologien außergewöhnliche Möglichkeiten zur Verfügung, um Bürger für neue Themen zu mobilisieren, Probleme bekannt zu machen und Transparenz in Gebiete zu bringen, die die Mächtigen in Staat und Unternehmen lieber im Dunkeln lassen würden. Auf der anderen Seite wissen wir inzwischen, welche Möglichkeiten große Privatvermögen – und, zumindest im Falle Russlands, auch die Staatsmacht – haben, um sich die Funktion der sozialen Medien in der genuinen Kommunikation zwischen Bürgern für ihre Zwecke nutzbar zu machen und diese Kommunikation zu manipulieren und zu verzerren. Wir wissen auch, dass wohlhabende Einzelne und Gruppen zynischerweise vor allem die Bewegungen des nostalgischen Pessimismus unterstützen.

Moderne Gesellschaften verfügen über weit mehr Wissen als ihre Vorgänger; wir nutzen dieses Wissen, um unseren Lebensstandard auf ein außergewöhnlich hohes Niveau zu heben, und sind insofern von ihm abhängig. Allerdings fällt es – teils aus technischen, teils aus politischen Gründen, die von der Vorherrschaft neoliberaler Ideen und dem Reichtum der Konzerne herrühren – den Wohlhabenden im Verfolg ihrer Interessen immer leichter, das Eigentum an und die Verfügung über Wissen (von seiner illegalen Verfälschung bis zur Sicherung von Monopolrechten an ihm) zu privatisieren und die Behörden dazu zu bringen, bei Ersterem zu helfen und vor Letzterem die Augen zu verschließen. Dadurch verwandelt sich unsere Abhängigkeit vom Wissen in eine Abhängigkeit von den Wohlhabenden, die sich stets nur gerade so weit ethisch verhalten, wie es hochgradig unvollkommene Märkte von ihnen verlangen.

Zur Verfügung über neue Kommunikationsformen kommen die Angriffe der Neuen Rechten auf Formen des Wissens, die sich ihrem Einfluss entziehen, wie sie vor allem vom Qualitätsjournalismus und der Wissenschaft hervorgebracht werden, deren Akteure sich in der Regel nicht korrumpieren lassen. Ziel dabei ist es, den Bürgern jede Möglichkeit zur Überprüfung der Behauptungen zu entziehen, mit denen manipulierte Mitteilungen in den sozialen Medien sie konfrontieren. Dass Trump als Präsident jede Information, die seinen Interessen entgegenstand, als »Fake News« diskreditierte, ist ein bekanntes Beispiel dafür, ein anderes sind die »alternativen Fakten«, die sich seine Publicity-Leute ausdachten, um seine Interpretation dessen, was in der Welt vorgeht, zu stützen. Den Höhepunkt erreichte dieses Verfahren in den ständig wiederholten Behauptungen, die Demokraten hätten bei den Wahlen 2020 Millionen gefälschte Stimmzettel (»fake votes«) in die Auszählungen eingebracht. Für diese Anschuldigungen konnte Trump zwar keinerlei Belege liefern, doch hielten nicht wenige Bürger sie aufgrund ihrer beharrlichen Wiederholung für wahr.

Die Ablehnung wissenschaftlicher Erkenntnisse findet überall in der Rechten der USA großen Widerhall, bei den Kreationisten wie den Klimawandelleugnern und den Impfgegnern, und ist fester Bestandteil der demagogischen Rhetorik unterschiedlichster Populisten, die den Menschen versichern, dass es keiner besonderen Kenntnisse bedürfe, um wichtige

Entscheidungen zu treffen, da sich die Experten ohnehin immer wieder irrten. Zusammengenommen schaffen diese Entwicklungen ein verwirrendes Umfeld, in dem immer schwieriger zu bestimmen ist, von wem eine Mitteilung stammt, worauf sie abzielt und wie man sie verifizieren könnte.

Natürlich haben auch Politiker, die nicht zur Neuen Rechten gehören, zuweilen die Unwahrheit gesagt, Indizien manipuliert und amtliche Statistiken verfälscht, wenn es ihren Zielen diente. Neu jedoch ist der Versuch, die Möglichkeit neutralen Wissens und die Idee der Evidenz selbst zu bestreiten, eine Haltung, die Rudy Giuliani, der ehemalige Bürgermeister New Yorks und spätere Rechtsberater Donald Trumps, im August 2018 auf die bündige Formel »Truth isn't truth«, die Wahrheit sei nicht die Wahrheit, brachte. Unmittelbar nach dem 3. November 2020 behauptete wiederum Giuliani, Joe Biden könne seine Stimme aufgrund mangelnder Kontrollen bei der Briefwahl 50 oder gar 5000 Mal abgegeben haben. Wenn es so etwas wie die Wahrheit überhaupt nicht gibt, muss man natürlich auch keine Rücksicht auf sie nehmen.

Es erscheint seltsam, dass so viele Bürger einer hochentwickelten Gesellschaft wie den USA der Wissenschaft und dem Wissen inzwischen mit offener Verachtung begegnen. Um das zu verstehen, muss man sich ansehen, was seit einigen Jahren im Bereich der Produktwerbung geschieht, und sich daran erinnern, dass sich die politische Kommunikation inzwischen stark an den Verfahren kommerzieller Werbung orientiert. Moderne Werbung, insbesondere im Fernsehen, arbeitet kaum noch mit faktischer Information über die beworbenen Produkte. Stattdessen bringt sie diese mit Bildern und Empfindungen in Verbindung, die im Publikum positive Gefühle wecken sollen. Die Idee ist, dass solche Gefühle auf das Produkt übertragen werden, selbst dann, wenn die gezeigten Bilder kaum etwas mit diesem zu tun haben. Inzwischen haben wir uns so sehr an dieses Verfahren gewöhnt, dass kaum noch jemand etwas Unaufrichtiges darin sieht. Die Werbetreibenden behaupten nicht einmal mehr, dass es irgendeine faktische Verbindung zwischen Bildern, Gefühlen und Produkten gebe. Nachprüfbare Fakten spielen keine Rolle. Wir leben im postfaktischen Zeitalter. Kein Wunder also, dass sich die Politiker inzwischen ebenso verhalten.

Ein Beispiel dafür findet sich im Umfeld des 2016 abgehaltenen Brexit-Referendums in Großbritannien. Während der Kampagne kam es in den USA, in Orlando (Florida), zu einem Massenmord. Ein junger US-Amerikaner, dessen Eltern aus Afghanistan stammen, erschoss 49 Besucher eines Nachtclubs. Daraufhin produzierte die Anti-EU-Gruppe »Leave. Eu« unverzüglich ein kurzes Video, in dem sie behauptete, dass Derartiges auch in England geschehen werde, wenn Großbritannien die EU nicht verließe. Unter Nutzung der erwähnten Techniken zur Verbreitung von Nachrichten erzielte das Video mehrere Millionen Aufrufe. Wer fragt, was denn ein Attentat in den USA mit der EU zu tun habe, zumal die islamische Minderheit im Vereinigten Königreich ja keineswegs aus europäischen Migranten, sondern aus Bürgern des Commonwealth besteht, hat die postfaktische Welt zeitgenössischer – kommerzieller ebenso wie politischer – Werbung nicht begriffen. Hier gilt nicht die Logik von Fakten oder Indizien, sondern die Logik emotionaler Assoziationen. In diesem Fall funktionierte sie so: Da Islamisten Fremde und gefährlich sind und es in Europa von Fremden nur so wimmelt, sollten wir, wenn wir ein Leben in Sicherheit führen wollen, Mauern gegen Fremde jeglicher Art errichten. Sobald ein dafür fruchtbares Klima einmal entstanden ist, entzieht sich diese Logik jeglicher Anfechtbarkeit durch neue

Erkenntnisse, zuwiderlaufende Informationen und Gegenargumente.

Die Superreichen finanzieren die Entwicklung informationstechnologischer Werkzeuge, mit denen sie millionenfach Botschaften über die sozialen Medien versenden können, die den Eindruck erwecken, von ganz normalen Leuten zu stammen, während sie tatsächlich einer einzigen Quelle entspringen. So werden die Techniken kommerzieller Werbung auf politische Debatten übertragen. Eine von postfaktischen Verfahren beförderte postdemokratische Schwächung der Zivilgesellschaft gibt sich als deren Aufleben aus.

Warum die Demokratie nichtdemokratische Institutionen braucht

In den vorangegangenen Kapiteln habe ich mehrmals darauf hingewiesen, dass die Demokratie für ihren Fortbestand und ihre Vitalität auf Institutionen angewiesen ist, die selbst nicht demokratisch verfasst sind. Meine Argumentation scheint in diesem Punkt von Hayeks Forderung zu ähneln, man müsse den Ausdrucksformen der Demokratie Beschränkungen auferlegen, damit sie dem Markt nicht in die Quere kommen. Mir geht es jedoch nicht um den Schutz des Marktes vor der Demokratie, sondern um deren Schutz vor demokratisch gewählten Mandatsträgern, für die ein Anreiz besteht, ihr Mandat zu missbrauchen. Demokratie setzt Offenheit und Verzicht auf Manipulation, Regelungen gegen Machtmissbrauch sowie Mechanismen voraus, die eine fortdauernde Debatte und die Möglichkeit gewährleisten, Meinungen zu überdenken und zu ändern.

Für gewählte Machthaber bestehen offensichtlich Anreize, diese unverzichtbaren Voraussetzungen und Einrichtungen zu manipulieren oder zu missbrauchen. Den Einzelnen mag seine persönliche Integrität davon abhalten, und das sollte man auch nicht zynisch abtun. Aber verlassen kann man sich darauf nicht, und deshalb brauchen wir Institutionen, die uns davor schützen. Um diese einzurichten, bedarf es demokratischer Verfahren, doch müssen sie anschließend vor jeder Einmischung der Mandatsträger geschützt werden. Unvermeidlich werden Politiker uns zuweilen einzureden versuchen, dass, da sie unseren demokratischen Willen verkörpern, jede Institution, die sie bremsen oder aufhalten will, einen Affront gegen diesen Willen darstelle. Dann kommt es wesentlich darauf an, dass Gruppen und Bewegungen, die um die Wichtigkeit dieser Institutionen wissen, laut aufschreien und sich mit äußerster Heftigkeit bemerkbar machen, um den sich anbahnenden Missbrauch anzuprangern.

Die Unabhängigkeit der Justiz und die Unterordnung der Mächtigen unter den Rechtsstaat sind die unverzichtbarsten und historisch am besten etablierten und erforschten dieser Institutionen. Daher ist es so verstörend, dass viele neurechte Bewegungen unabhängige Gerichte als Feinde des Willens der Bevölkerung beschimpfen, wenn sie den Populisten missliebige Entscheidungen gefällt haben. Wir beobachten das in den verfassungsrechtlichen Attacken auf die Unabhängigkeit der Justiz in Ungarn und Polen, in entsprechenden Drohgebärden Trumps, Salvinis und der Brexit-Befürworter sowie auf der Linken in schweren Eingriffen in die richterliche Unabhängigkeit in Venezuela und anderen südamerikanischen Ländern.

In früheren Zeiten war es eher die revolutionäre Linke, die die Justiz als vermeintliche Vertreterin der herrschenden Klasse in Frage stellte. Die Konservativen hingegen hielten sich viel auf ihre Rolle als Hüter der Verfassung zugute. Heute kommen Angriffe auf die Justiz auch von rechts, und zumindest in Europa sind es die sozialdemokratische Linke und liberale Konservative, die es als ihre Aufgabe betrachten, die Verfassung zu verteidigen.

In der Vergangenheit war es ebenfalls die Linke, die die Unabhängigkeit der Zentralbanken als undemokratisch kritisierte, doch haben einige Anführer der Neuen Rechten diesen Vorwurf übernommen. Gewiss war die Unabhängigkeit der Notenbanken eine Errungenschaft der neoliberalen Reformen der neunziger Jahre des 20. Jahrhunderts, und sie passt zu von Hayeks Forderung, die Fähigkeit des Staats zur Einmischung in den Markt einzuschränken. Durch Festlegung des Zinssatzes reguliert eine Notenbank die Inflation, ihre Unabhängigkeit macht es der Regierung praktisch unmöglich, hohe Staatsausgaben mit niedrigen Steuern zu verbinden. Dies kann als Verhinderung einer keynesianischen Nachfragesteuerung zum Abbau von Arbeitslosigkeit, aber auch als Limitierung der Möglichkeiten der Regierung betrachtet werden, die Wähler vor den Wahlen zu bestechen und die Ausgaben der öffentlichen Hand durch eine irgendwann nicht mehr tragbare Staatsverschuldung zu finanzieren. Dieser Aspekt spielte insbesondere in den Debatten um die EZB eine Hauptrolle.

Hier stoßen wir auf eine wichtige Unterscheidung zwischen der Aufgabe der Regierung und der Politik, die allgemeinen Spielregeln zu bestimmen, und ihrer Möglichkeit zu Eingriffen zugunsten der Interessen einer regierenden Partei. Ersteres ist die genuine Sphäre der Demokratie. Sollte zum Beispiel das oberste Ziel einer Zentralbank allein darin bestehen, für eine niedrige Inflationsrate zu sorgen, oder sollte sie diese Aufgabe mit dem Versuch verbinden, das Beschäftigungsniveau hoch zu halten? Diese Frage steht im Zentrum der EZB-Debatte. Hinsichtlich der Vorzüge dieser Ansätze herrscht eine legitime Uneinigkeit unter Ökonomen, und es gibt für beide positive Beispiele. Es wäre kein Missbrauch, wenn eine Regierung mit Zustimmung des Parlaments die Vorschriften für eine Zentralbank ändert, solange diese ihr geändertes Mandat anschließend unabhängig von Interventionen der Politik ausübt. Etwas ganz anderes wäre ein Regularium, das es einer Regierung ermöglichte, die Zentralbank anzuweisen oder zu drängen, sich nach den tagespolitischen Bedürfnissen der Regierenden zu richten. Die Regeln zum Schutz der Integrität solcher Institutionen ließen sich durchaus auch auf den Schutz des Marktes ausdehnen, da Regierungen versuchen könnten, ökonomische Variablen zu manipulieren, um sich Zustimmung beim Wähler zu verschaffen. Grundsätzlich aber zielen sie auf Institutionen, die die Zukunft der Demokratie selbst gewährleisten.

Ähnliches gilt für die Autonomie nationaler Statistik- und Informationsdienste. Ihre Integrität ist unverzichtbar, wenn die Bürger über das, was in ihrem Land vorgeht, Bescheid wissen sollen, zumal die sozialen Medien zunehmend für die Verzerrung von Tatsachen und die Verbreitung von Falschinformationen benutzt werden. Diese Dienste haben zumeist nicht den Status von Justizbehörden oder Notenbanken, und ihre Aufgaben sind vielen nicht richtig bewusst. Deshalb fällt es ihnen schwerer, sich gegen Missbrauch durch die Politik zu verteidigen, doch kann jeder Versuch der Manipulation ihrer Integrität als Lackmustest dafür dienen, ob sich ein politisches System auf dem Weg in die Korruption befindet. Untrennbar damit verbunden ist die Unabhängigkeit von Wissenschaftlern und Journalisten, Rundfunkanstalten und neuen sozialen Medien. Auch sie ist nicht ohne weiteres gewährleistet: Behörden, wohlhabende Eigentümer oder Spender, und in jüngster Zeit auch die Neue Rechte mit ihren grundsätzlichen Zweifeln am Konzept »Wissen« setzen sie gehörig unter Druck. Die Demokratie benötigt Regeln hinsichtlich der Transparenz und Zuverlässigkeit von Informationen, da nur so eine informierte Debatte und die Organisation von Opposition für künftige, ernsthaft umkämpfte Wahlen sichergestellt werden kann.

Anders als die Bewohner anderer Weltteile erfreuen sich die Bürger der EU-Mitgliedsländer eines weiteren Schutzes vor staatlichen Übergriffen, nämlich des Rechts, sich an diverse EU-Institutionen, insbesondere den EuGh, zu wenden. Da in den einzelnen EU-Staaten ganz unterschiedliche Parteien an der Macht sind und sich die Bandbreite der politischen Ausrichtungen dieser Regierungen zudem nach Wahlen jederzeit ändern kann, kann die EU nie von einer Partei gekapert werden und ist somit besser gegen Machtmissbrauch gefeit als der einzelne Nationalstaat. Auch das trägt zum Schutz der Demokratie bei. So ist es ja auch die EU, die mit einigem Erfolg versucht, die Einmischung in die Justiz in Ungarn und Polen zu verhindern.

In der Postdemokratie bleiben Institutionen, die den Bürger vor den Regierenden schützen, etwa das Wahlsystem selbst, in Funktion. Doch wenn die Bürger nicht wachsam sind – und der Mangel an Wachsamkeit ist ein typisches Symptom einer Postdemokratie –, können sie zu fälschlich beruhigenden Fassaden werden, die den Blick auf die florierenden antidemokratischen Manipulationen verstellen. Es ist nicht zu erwarten, dass sich eine Mehrheit der Bürger einer solchen Wachsamkeit befleißigt. Deshalb sind wir in hohem Maß auf Organisationen und informelle Gruppen angewiesen, die oft mit minimalem Budget auskommen müssen und es sich zu ihrer Aufgabe machen, das Handeln der Regierenden genau im Auge zu behalten und die Alarmglocken zu läuten, wenn sie Machtmissbrauch befürchten.

Eine der zentralen Aussagen von *Postdemokratie* war, dass der Zustand einer Demokratie in letzter Hinsicht von aktiven Bürgern, also von uns selbst abhängt; Parteien, Regierungen und die anderen politischen Institutionen können ihren Bestand allein nicht gewährleisten. Daher sei es notwendig, dass zivilgesellschaftliche Gruppen eine selbstzufriedene Öffentlichkeit von Zeit zu Zeit erschüttern. Das gilt jedoch ganz genauso für jene Institutionen, von denen wir erwarten, dass sie einen Missbrauch demokratischer Einrichtungen verhindern. Auch sie sind darauf angewiesen, dass aktive, manchmal irritierende, ja sogar wichtigtuerische Gruppen und Bewegungen sich um ihren Zustand kümmern.

Demokratische Alternativen wiederbeleben

Trotz oder vielmehr gerade wegen der genannten Herausforderungen müssen wir uns mit aller Kraft für eine Wiederbelebung der Demokratie einsetzen. Wie Sophie van Bijsterveld (2012) dargelegt hat, leben wir in einer Übergangszeit, in der viele für selbstverständlich gehaltene Institutionen, etwa der souveräne Nationalstaat, ihre feste Form verlieren und Veränderungen unterworfen werden. Große Teile dieser Veränderungen stehen unter der Kontrolle von Gruppen der Reichen und Mächtigen, vor allem transnationaler Konzerne. Sowohl für uns Bürger wie für die von uns geschaffenen Institutionen einschließlich der Parteien ist die Verlockung groß, darauf durch defensives Festhalten am Hergebrachten zu reagieren. Doch das hieße auf die trügerische Sicherheit eines nostalgischen Pessimismus vertrauen. Vielmehr müssen wir eigene, flexible und phantasievolle Lösungen entwickeln. In *Postdemokratie* habe ich dargelegt, dass derartige Innovationen von aus der Zivilgesellschaft hervorgehenden Bewegungen ausgehen müssen, die die von einer postdemokratischen Politik vernachlässigten Probleme ansprechen und die in dieser befangenen Parteien aufzurütteln versuchen. Das trifft nach wie vor zu, trotz der Verwirrung, die von den sozialen Medien ermöglichte »Kunstrasenbewegungen« stiften, und daher komme ich nun auf diesen Ansatz zurück.

Die vitale Rolle zivilgesellschaftlicher Bewegungen als Orte, an denen um moralische Integrität bemühte Bürger »in der Wahrheit zu leben« versuchen, war ein Hauptthema Václav Havels in der Zeit seiner politischen Verfolgung in der Tschechoslowakei nach der Niederschlagung des Prager Frühlings 1968. Merkwürdigerweise bezeichnete er solche Bewegungen in dem bereits 1978 niedergeschriebenen Essay *Versuch, in der Wahrheit zu leben* als »postdemokratisch« (Havel 1989). Allerdings meinte er damit das genaue Gegenteil dessen, was ich als Postdemokratie bezeichne, nämlich informelle Gruppen besorgter, über keinerlei Machtstellung verfügender Bürger, die, indem sie mit Nachdruck auf Wahrhaftigkeit beharren, schließlich doch Einfluss auf die Mächtigen nehmen. Auch wenn wir die Begriffe in gegensätzlicher Weise verwenden und er in einer gänzlich anderen und weit trostloseren Gesellschaft lebte als ich, unterscheidet sich sein Verständnis der Zivilgesellschaft und ihrer Funktion nicht wesentlich von meinem. Und in seinem Aufsatz »Politik und Gewissen« (Havel 1990) sah Havel in meinem Sinne postdemokratische Verhältnisse voraus, in denen sich westliche Gesellschaften – dominiert von der Diktatur des Konsums und der unpersönlichen Rationalisierung formeller Strukturen auf eine auf humanen Werten beruhende Politik verzichtend – kaum noch von denen des Ostblocks unterscheiden.

Allerdings gibt es ein Hindernis für eine fruchtbare Zusammenarbeit zwischen Parteien und zivilgesellschaftlichen Bewegungen: ihre gegenseitige Abneigung. Erstere halten Letztere für Störfaktoren, für geneigt, unpopuläre Probleme aufzuwerfen und politische Ressourcen zu »verschwenden«, die besser in Wahlkämpfen eingesetzt würden. Zivilgesellschaftliche Bewegungen wiederum sehen in Parteipolitikern Verräter, die die Ziele, für die sie einzutreten behaupten, systematisch fallenlassen oder durch faule Kompromisse beschädigen. Tatsächlich sind beide aufeinander angewiesen. Parteien, die disparate Wählergruppen zu großen Wählerblöcken zusammenzubinden versuchen, müssen im Blick behalten, welche Risiken sie mit neuen und wenig vertrauten Themen eingehen. Sind sie aber zu vorsichtig und übersehen in der Bevölkerung aufkommende Trends, werden sie abgehängt – wie es den ehemaligen Volksparteien in Europa gerade geschieht.

Soziale Bewegungen können hier mehr riskieren und tun das auch, aus ihren Erfahrungen können wiederum die Parteien lernen, indem sie Dinge aufgreifen, die in der breiteren Wählerschaft Widerhall finden, und andere ignorieren, für die das nicht gilt. Das Verhältnis entspricht in etwa dem zwischen großen Konzernen und kleinen innovativen Unternehmen im Hightech-Sektor. Letztere gehen neue Wagnisse ein, manche von ihnen scheitern dabei und bleiben auf der Strecke, die erfolgreichen haben gute Aussichten, von Konzernen übernommen zu werden. Das ist keine Analogie, die viele soziale Bewegungen sonderlich attraktiv finden werden, doch besteht darin wahrscheinlich ihre größte Chance, Ideen zu entwickeln, die sowohl praktische politische Erfolge zeitigen als auch zu einer Verjüngung der Mainstream-Politik beitragen.

Die alten Parteistrukturen und -bindungen zerfallen. Es ist sehr unwahrscheinlich, dass bestehende Organisationen und ihr Personal fähig sind, ihre Lage allein aus sich heraus grundsätzlich zu verbessern. Sie müssen offen für neue Einflüsse sein, auch von Gruppen, mit denen sie sich unbehaglich fühlen, Außenseitern, die sich in die höflichen Gespräche der Insider zu drängen versuchen. In vergangenen Jahrzehnten hat es einige Beispiele für solche Prozesse gegeben. Leider gingen damit auch einige verstörende Erfahrungen einher. In *Postdemokratie* habe ich Umweltschutzbewegungen, feministische sowie fremdenfeindliche Bewegungen als Kräfte benannt, die das Potenzial haben, die Selbstzufriedenheit der Postdemokratie aufzustören. Die etablierten Parteien haben auf die Letzteren (Feminismus und Xenophobie) zu reagieren versucht, weniger aber, zumindest bis zuletzt, auf die Umweltschützer.

In den neunziger Jahren bemerkten die meisten sozialdemokratischen Parteien Westeuropas (und die Demokraten in den USA), dass ihre überkommenen Wählerschichten in der Industriearbeiterklasse im Schwinden begriffen waren, und wandten sich im Versuch, ihre Beziehungen zu einer sich ändernden Gesellschaft zu erneuern, Bewegungen zu, die sich gegen die Benachteiligung von Frauen, ethnischen und sexuellen Minderheiten engagierten. Sie entwickelten entsprechende politische Vorschläge und haben damit durchaus Wähler für sich gewonnen. Weil diese Schwerpunktverlagerung jedoch wenigstens zum Teil neben dem Flirt der Sozialdemokratie mit dem Neoliberalismus herlief, brachte sie eine Vernachlässigung sowohl der Sorgen der alten Wählerschichten als auch des Problems der ökonomischen Ungleichheit mit sich. Die Bekämpfung von Ungleichheit wurde auf neoliberale Manier neu definiert und bedeutete nun den Abbau von Hindernissen für den Aufstieg weniger einzelner Angehöriger benachteiligter Gruppen. Die neuen Vernachlässigten, hauptsächlich körperlich arbeitende Männer, begannen sich dann den nostalgischen Pessimisten anzuschließen.

In jüngerer Zeit haben sich etablierte Parteien der gemäßigten Rechten Bewegungen zugewandt, die dieser Empfindung Ausdruck verleihen. Die Republikaner in den USA haben das getan, wenn auch mit durchwachsenem Erfolg, indem sie Donald Trump aufstellten. Die im fünften Kapitel erwähnte österreichische ÖVP ist ein anderer Fall. Eine einstmals behäbige und im Niedergang begriffene orthodoxe christdemokratische und konservative Partei verwandelte sich binnen kurzer Zeit in eine xenophobe nationalistische Partei und wurde bei Wahlen unverzüglich dafür belohnt. (Nach Erreichen dieses Ziels verabschiedete sie sich allerdings weitgehend von ihrer fremdenfeindlichen Agenda und kehrte zu einem herkömmlichen Konservatismus zurück.) Es ist zu erwarten, dass weitere konservative Parteien in Westeuropa ihrem Beispiel folgen. In Mitteleuropa findet der vergleichbare Fall der ungarischen Fidesz bereits zahlreiche Nachahmer. Auch Teile mancher linken Partei in Europa fragen sich, was sie sich vom wiederbelebten Nationalismus abschauen können.

Es lässt sich daher nicht behaupten, dass die etablierten Parteien selbstzufrieden und abgehoben in ihren postdemokratischen Kokons verharrt wären, auch wenn man die Lösungen, die sie jeweils fanden, natürlich kritisieren kann. Wichtiger ist gegenwärtig jedoch die Feststellung, dass es in dieser Entwicklung kein Ende, sondern nur eine fortlaufende Dialektik geben kann. Sozialdemokratische und andere Mitte-links-Parteien fanden tatsächlich eine Lösung für den Schwund von Wählern aus der Arbeiterklasse, schürten damit aber die Gefahr eines Wiedererstarkens der xenophoben Rechten.

Welche Reaktionen wird der Aufstieg der Neuen Rechten hervorrufen? Welche Gruppen, Interessen, Werte werden vom neuen Nationalismus ausgegrenzt, welche Bewegungen bringt die Zivilgesellschaft hervor, um diesen Interessen und Werten Gehör zu verschaffen, und mit welchen Mitteln werden diese sich artikulieren und Alternativen vorschlagen? Im Zusammenhang dieses Buchs geht es mir hierbei weniger um die Substanz neuer politischer Programme als um den Beitrag, den sie zu einer Erneuerung der Demokratie zu leisten vermögen. Eine Demokratie kann nicht gedeihen, wenn uns die Gesellschaft lediglich eine allesbeherrschende Form politischer Gefühle und Präferenzen anbietet. Den Worten des Liedes von Private Willis zum Trotz können wir auch nicht erwarten, dass die »Natur« dies für uns ändert. Zivilgesellschaft und soziale Bewegungen müssen die nötigen Alternativen und Wahlmöglichkeiten hervorbringen. Die Demokratie wird sich im 21. Jahrhundert nicht mehr auf stabile Parteibindungen stützen können, die aus früheren Kämpfen stammen, sie kann jedoch neue Grundlagen finden.

Weder der Neoliberalismus noch die Neue Rechte haben überwältigend attraktive Ideen anzubieten. Durch und durch neoliberale Parteien sind in der Regel ziemlich klein; um breitere Zustimmung zu gewinnen, waren sie zumeist darauf angewiesen, sich mit konservativen und christlichen, später auch sozialdemokratischen Parteien zusammenzutun, die dem neoliberalen Projekt stabilere Bindungen geliehen haben. Die Neue Rechte bietet einen solideren Anreiz für soziale Zugehörigkeit an als die Neoliberalen, und es ist noch nicht klar, ob diese Bewegung ihren Zenit schon erreicht hat oder noch wachsen wird. Weithin wurde erwartet, dass sie in den Wahlen zum EU-Parlament 2019 ihren großen Durchbruch feiern würde. Steve Bannon, ein enger Vertrauter Donald Trumps und einiger milliardenschwerer Unterstützer der Neuen Rechten in den USA, versuchte (ironischerweise von den USA aus) einen internationalen Zusammenschluss europäischer nationalistischer Parteien auf die Beine zu stellen, und es wurde allgemein angenommen, dass auch die russische Regierung EU-feindliche Nationalisten unterstützen werde. Am Ende zerfiel die von Bannon angestrebte Gruppierung.

Es ist daher nicht leicht, die Stärke der neurechten Parteien bei den Wahlen zu bestimmen. Die wichtigsten neurechten Parteigruppen schnitten besser ab als in den EU-Parlamentswahlen 2014, doch waren einige Parteien, die als extrem rechts zu bezeichnen sind, damals noch unabhängig von solchen Gruppierungen angetreten. Insgesamt haben Parteien der »alternativen Rechten« um die 25 Prozent der abgegebenen Stimmen erhalten, abermals ein wenig mehr als die rund 20 Prozent bei den Wahlen 2014. Das war mehr, als irgendeine *einzelne* nicht neurechte Parteiengruppe erzielte, aber weniger, als konservative und liberale Parteien (34 Prozent) beziehungsweise sozialdemokratische, sozialistische und grüne Parteien (36,7 Prozent) zusammen erzielten. Stand heute genießt die fremdenfeindliche Rechte nicht das Maß an Unterstützung in der Bevölkerung, das die Panik rechtfertigen würde, die sie bei anderen politischen Gruppen auslöst. Vielmehr weisen Neoliberale und »alternative Rechte« hinreichend viele Schwachstellen auf, dass ihre Gegner ermutigt sein sollten, sie anzugehen.

Praktisch heißt das, dass sie positive Werte artikulieren müssen. Kein Land kann sich auf sich selbst zurückziehen und sich vor der Welt verstecken, allerdings sollte auch keines den disruptiven Kräften der Globalisierung schutzlos ausgeliefert sein. Ein solcher Schutz aber ist durch einen einzelnen Staat allein nicht zu leisten. Es bedarf der internationalen Zusammenarbeit – um weltweit mobilen gigantischen Hightech-Firmen und anderen global agierenden Konzernen Steuern abzuverlangen; um die Zerstörung des Klimas abzuwenden, das bekanntlich keine Staatsgrenzen kennt; um zu verhindern, dass ein spekulativer globaler Finanzmarkt die ganze Welt destabilisiert. Diese Maßnahmen sind nicht schwer zu erklären, und sie verkörpern Werte, deren Dringlichkeit und Bedeutung für unser Dasein so gut wie jeder nachvollziehen kann. Ebenso kann die große Mehrheit der Menschen nachvollziehen, welche Gefahren politische Anführer verkörpern, die Institutionen übergehen wollen, deren Aufgabe es ist, die Rechte gewöhnlicher Bürger zu schützen.

Furcht und Hass sind machtvolle Emotionen und für das Überleben einer Gattung unter primitiven Lebensbedingungen vielleicht ebenso wichtig wie Liebe und Kooperation – das Überleben unter den komplexen Bedingungen moderner Gesellschaften setzt jedoch Zusammenarbeit voraus; Innovation und unternehmerischer Erfolg beruhen auf der Bereitschaft zur Erprobung kulturübergreifender Kombinationen und der Offenheit für Kooperationen mit »Außenseitern«; ein zufriedenstellendes Leben ist ohne Liebe und Zuwendung nicht denkbar. Die vom nostalgischen Pessimismus ausgehende Aufwiegelung zur Ablehnung und Ausgrenzung vermeintlicher Eindringlinge mag machtvoll sein, doch es ist überaus wahrscheinlich, dass viele Menschen, vermutlich sogar die große Mehrheit, negativ auf sie reagieren, zumindest auf die Unruhe und Gewalt, die sie auszulösen droht. Die meisten Menschen verstehen sehr wohl, dass wir nicht überleben können, ohne unsere wechselseitige Abhängigkeit zu akzeptieren. Obwohl sie gegenwärtig in einer Flut pessimistisch-nostalgischer Sentimente unterzugehen scheinen, verfügen daher auch optimistische, integrierende, rücksichtsvolle Emotionen und die Rationalität selbst ebenfalls über große Kraft. So gelang es Donald Trump 2020 zwar, mehr Stimmen der US-Bürger auf sich zu vereinigen als jeder republikanische Kandidat vor ihm, doch lehnte ihn zugleich eine noch weit größere Zahl der Wähler ab.

Wenn die Demokratie wieder stark werden soll, müssen wir Mittel und Wege finden, diesen Empfindungen wie auch der Vernunft einen machtvollen motivierenden Ausdruck zu verschaffen. Dafür ist es erforderlich, die Vorzüge positiver Werte herauszustreichen und unnachgiebig auf den Irrweg hinzuweisen, auf den uns die Politik des nostalgischen Pessimismus zu führen sucht. Diejenigen, die sich in der ersten Hälfte des 20. Jahrhunderts von den links wie rechts vertretenen Ideologien des Hasses angezogen fühlten, hätten sich vielleicht darauf hinausreden können, dass sie nicht wussten, wohin diese Dinge führen würden – obwohl die europäische Geschichte schon damals genügend Beispiele für Gewalt im Zusammenhang mit Revolutionen, Pogromen und Völkermorden kannte, die ihnen als Warnung hätten dienen können. Heute wissen wir jedenfalls, was aus jenen Ideologien erwächst. Bewegungen solcher Art werden nur dann immer mehr Zulauf von Zeitgenossen erhalten, wenn diese nicht begreifen, in welche Richtung man sie drängen will, und wenn einige unter denen, die solche Ideen nicht teilen, es wegen deren wachsender Popularität dennoch für notwendig erachten, Kompromisse mit ihnen einzugehen – und sie damit weiter zu legitimieren.

Die beiden größten Hindernisse, die der Verwirklichung jenes optimistischen Ausblicks entgegenstehen, sind die Auswirkungen von Flüchtlingszügen aus Nordafrika und dem Mittleren Osten, mit denen auch einige wenige Terroristen ins Land kommen mögen, und der Gebrauch, den allein die Superreichen durch Manipulation der sozialen Medien von diesem Phänomen machen können, um die Agenda der Rechtsextremen voranzutreiben. Jede rasche Zunahme pessimistisch-nostalgischer Bewegungen in westlichen Ländern ist durch die Ankunft vieler Flüchtlinge und Immigranten ausgelöst worden – oder durch die Angst vor einer solchen Ankunft. Auch über die Fähigkeit der Manipulatoren herkömmlicher und digitaler Massenmedien, Furcht und Hass zu schüren, ist noch nicht das letzte Wort gesprochen. Vielleicht kommt es sogar so weit, dass wir einige liberale Superreiche auffordern müssen, Gegenkampagnen zu finanzieren, die die erschreckenden Möglichkeiten dieser Medien nutzen. Das wäre allerdings eine höchst unbefriedigende Lösung, weil sie den Bürger als Wesen ohne eigene Überzeugung behandelt, das so oder so äußeren Einflüssen ausgeliefert bleibt.

Eine Alternative dazu wäre die Steigerung der Fähigkeit der Bürger, das, was man ihnen als Erkenntnis und Beweismittel vorsetzt, selbstständig zu überprüfen und vor allem das Internet kritisch zu nutzen. Auch dann werden sie noch zu einem breiten Spektrum unterschiedlicher Schlussfolgerungen kommen, das ist in einer Demokratie einfach so. Alles, was wir verlangen können – aber darauf müssen wir dann auch bestehen –, ist, dass Bürger die Möglichkeit haben, ihre Fähigkeiten zum Nachdenken und Abwägen auch einzusetzen.

Das ist wesentlich eine Frage der Bildung, die Nachdenken und Abwägen lehrt. Bemerkenswerterweise nimmt in fast allen Ländern, in denen entsprechende Untersuchungen angestellt wurden, die Zustimmung zu neurechten Gruppen mit steigender Bildung ab. Natürlich unterstützen auch einige hochgebildete Leute diese Gruppen, in der Wolle gefärbte Anhänger kulturkonservativer Werte, die diese auch argumentativ verteidigen können. Das gehört zu jener Diversität, die eine freiheitliche Demokratie aushalten und fördern muss. Doch kann man davon ausgehen, dass erhebliche Beträge für die Manipulation von Debatten aufgewendet werden, weil die Geldgeber glauben, dass sie nur so die Zustimmung breiter Bevölkerungsteile gewinnen können und dass die Entwicklung der Fähigkeit der Bürger zum kritischen Umgang mit solchen Manipulationen die Unterstützung für die von ihnen befürwortete Politik vermindern würde.

Bis zu einem gewissen Maß mag dieser Prozess sich selbst

überlassen bleiben. Der Bevölkerungsanteil mit höherer Schulbildung oder Universitätsabschluss weitet sich konstant aus, und damit sollten auch immer mehr Menschen in der Lage sein, Indizien zu beurteilen und die eigenen Vorstellungen kritisch zu reflektieren. Allerdings machen es die Notwendigkeiten der Demokratie zu Beginn des 21. Jahrhunderts erforderlich, ein bisschen mehr als nur die Erhöhung der Zahl der Gebildeten zu verlangen. Eine reflektierte Haltung zu Problemen wie dem Klimawandel und der Flüchtlingsfrage zu entwickeln, erfordert die Bereitschaft und die Fähigkeit, relevante politische Informationen ernst zu nehmen. Dabei versuchen nicht nur die, die über die Möglichkeiten dazu verfügen, unsere Suche nach solchen Informationen mit Hilfe der Tricks des Postfaktischen zu vernebeln – zudem haben auch die Parteien, die solche Informationen früher für uns verarbeiteten, zunehmend unser Vertrauen verloren.

All das bürdet den in solchen Kommunikationsvorgängen Engagierten – von Lehrern aller Stufen über Journalisten, Blogger und Influencer bis zu Kirchen- und Gewerkschaftsvertretern – eine große Verantwortung auf. Was können wir tun, nicht so sehr um bestimmte Werte zu vermitteln, sondern um unsere Mitbürger zu kritischem Denken und zum Hinterfragen vermeintlicher Fakten zu ermutigen? Für viele dieser Gruppen ist es vor allem aufgrund der Erfolge des Neoliberalismus schwerer geworden, dieser Verantwortung gerecht zu werden. So ist Bildung, auch höhere Bildung, in vielen Ländern instrumentalisiert worden. Junge Menschen werden aufgefordert, Bildung als einen mechanischen Vorgang zur Erzielung möglichst guter Prüfungsnoten zu betrachten, die ihnen später höhere Einkommen einbringen sollen. Vor allem Bildungssysteme wie die Großbritanniens und der USA, in denen die meisten Studenten hohe Schulden machen müssen, um Universitätsgebühren und Lebensunterhalt zu finanzieren, fördern diese Entwicklung. Damit entsteht die Gefahr, dass eine Bevölkerung formal Gebildeter entsteht, die weder nachdenken noch Schlussfolgerungen aufgrund belastbarer Informationen ziehen können, sondern lediglich gelernt haben, wie man Prüfungen besteht. Journalisten der Print- wie der audiovisuellen Medien sind unter Druck, möglichst viele Rezipienten zu erreichen, damit ihre Arbeitgeber Gewinne machen, was sie dazu verleitet, Artikel zu produzieren, die möglichst simple Aussagen mit möglichst geringen Anforderungen an das Denkvermögen kombinieren.

In Ländern, in denen die Neue Rechte noch keine Dominanz errungen hat, kann die Verbesserung der allgemeinen Kompetenz der Bürger möglicherweise Ziel der Politik werden. Doch selbst dort lautet die zentrale Botschaft unverändert: Wir alle stehen als Bürger in der Verantwortung, uns jeden Tag darum zu bemühen. Wie sich Bürger auf sinnvolle Weise daran beteiligen können, hat sich während der Corona-Pandemie gezeigt – eine ihrer wenigen erfreulichen Folgen.

Die politischen Abläufe verändern

Ohne die Unterstützung durch andere in einer größeren Bewegung vermag der Einzelne wenig. Doch welchen Bewegungen ist eine Erneuerung unseres Parteiensystems und der Öffentlichkeit im Allgemeinen zuzutrauen? Alle drei Bewegungen, die ich in *Postdemokratie* als Stachel für die Selbstzufriedenheit der Postdemokratie aufgeführt habe – die Umweltbewegung, der Feminismus und die Fremdenfeindlichkeit –, haben mehr Präsenz und Gewicht gewonnen, als ich mir 2003 vorstellen konnte. Letzterer habe ich in diesem Buch bereits erheblichen Platz eingeräumt, nun verlangen die beiden anderen unsere Aufmerksamkeit.

Die wiedererstarkte Umweltschutzbewegung

Auf die erste Welle grüner Bewegungen – in den achtziger und neunziger Jahren des vergangenen Jahrhunderts die dynamischsten neuen Kräfte, die aus Bürgerbewegungen in die Parteipolitik übergingen – folgte ein einige Jahre lang dauernder Abwärtstrend, zum einen aufgrund enttäuschender Leistungen grüner Parteien in Regierungsverantwortung, zum anderen weil die Finanzkrise die Dringlichkeit der Umweltprobleme aus dem Blick geraten ließ. Nun scheint sich das Blatt zu wenden: Grüne Bewegungen und Parteien gewinnen in einigen Ländern erneut an Stärke. Immer mehr Wähler sehen in ihnen nicht nur Bewahrer von Umwelt und Natur, sondern auch die zuverlässigsten Gegner der Neuen Rechten. Einige der Gründe dafür mögen an sich negativ sein – die wachsende Gefahr eines Klimawandels; die Tatsache, dass die Politik in den USA, Brasilien und anderenorts von Wirtschaftsinteressen dominiert wird, deren Vertreter den Anteil des Menschen an dieser Gefahr leugnen; sowie die uneindeutige Haltung liberaler und sozialdemokratischer Parteien gegenüber der Immigration und anderen Themen. Doch die dadurch erzeugte neue politische Energie trägt, besonders bei jungen Leuten, mindestens ebenso sehr zur Erneuerung der Demokratie wie zur Rettung des Planeten bei. Die Entstehung einer internationalen Schülerbewegung, die ein unverzügliches Eingreifen gegen den Klimawandel fordert, ist die positivste Entwicklung im Bereich der Öffentlichkeit seit vielen Jahren.

Umweltaktivisten finden sich auf der rechten wie der linken Seite des politischen Spektrums (wo sie je nachdem die Bewahrung der Schöpfung beziehungsweise den Anteil kapitalistischer Profitgier an der Zerstörung der Umwelt herausstellen). Vertreter beider Seiten können in nostalgischen Pessimismus abgleiten und versuchen dann, den Lebensstandard der bestehenden wohlhabenden Gesellschaften zu wahren und eine Ausweitung der globalen wirtschaftlichen Zusammenarbeit zu verhindern. Allerdings weisen dies nahezu alle gegenwärtigen grünen Bewegungen zurück und setzen vielmehr auf grünes Unternehmertum sowie öffentliches und privates Handeln, um den technologischen Fortschritt zur Schaffung einer saubereren, energieeffizienteren Wirtschaft zu nutzen.

Grüne Bewegungen appellieren in erster Linie an Menschen, die sich an Werten, nicht an Interessen orientieren. Das wird eine Schwäche bleiben, die verhindert, dass sie dominierende Kräfte der Politik werden. Wie wir gesehen haben, entspringen politische Bindungen jedoch nicht allein Interessen, wie zu viele Politologen glauben. Sie wurzeln vielmehr in einem komplexen Geflecht aus Interessen und Werten, und das macht sich die Neue Rechte derzeit besser zunutze als die meisten anderen politischen Kräfte. Wenn wir heute tatsächlich ein Revival wertbasierter Themen der ersten Konfliktlinie erleben, dann haben wertorientierte politische Anliegen, zu denen vor allem auch der Umweltschutz gehört, eine Zukunft.

Grüne Bewegungen sind eine wichtige Basis für grundsätzliche Kritik an den Wertvorstellungen sowohl der neuen Rechten als auch des Neoliberalismus, bei Ersterer in Hinblick auf ihre Attacken auf die Naturwissenschaften, ihren absichtlichen Mangel an Sorge um die Zukunft und ihre Ablehnung internationaler Kooperation, bei Letzterem in Hinblick auf seine Leugnung der Notwendigkeit kollektiven

Handelns und seine Ablehnung menschlicher Zusammenarbeit jenseits des Marktes. Daher müssen die etablierten Parteien, wenn sie von der Dynamik der Umweltschutzbewegung profitieren wollen, der Verlockung widerstehen, Bündnisse mit dem nostalgischen Pessimismus oder dem Neoliberalismus einzugehen. Man mag einwenden, dass sich vorwiegend jüngere, gebildetere Bürger für diese Themen interessieren. Doch sind das entscheidende Wählergruppen, die den Wettbewerbern abzujagen lohnend ist.

Die Möglichkeiten der Genderpolitik

Im siebenten Kapitel habe ich darauf hingewiesen, dass Genderfragen vermutlich deshalb nur selten im Zentrum parteipolitischer Auseinandersetzungen gestanden haben, weil Männer und Frauen in der Regel zusammenleben. In den heutigen Debatten um Genderfragen geht es jedoch weniger um die Unterschiede zwischen Männern und Frauen als um unterschiedliche Erwartungen an Geschlechterrollen und allgemeine Werte, die mit Gender in Zusammenhang stehen. Viele Frauen teilen »maskulinistische« Werte, viele Männer wiederum befürworten den Feminismus. Maskulinismus ist ein bedeutender Bestandteil des nostalgischen Pessimismus, der Feminismus wiederum markiert die Gegenposition.

Zur maskulinistischen Agenda gehört auch eine nostalgische Sehnsucht nach dem Industriezeitalter. Wie sich am deutlichsten im Politikansatz Donald Trumps zeigt, verbinden sich in ihr die Trauer um den Verlust der mit Industriearbeit assoziierten Gemeinschaft weißer Männer, die Ablehnung der als Ursache des Niedergangs der alten Industrien verstandene Globalisierung und in gewissem Grad die Feindseligkeit gegenüber Immigranten und ethnischen Minderheiten mit dem Ressentiment gegenüber dem Vordringen von Frauen in die Öffentlichkeit und ins Berufsleben, vor allem in den Dienstleistungsbereichen, in die viele Arbeitsplätze abgewandert sind.

In seiner Extremform führt der Maskulinismus zu jener Gewalt, die häufig ein wichtiges Element des nostalgischen Pessimismus ist. Die Bereitschaft, in einen Kampf einzutreten, gilt häufig als hochgradig maskuline Eigenschaft, die auch Gewalt gegen Frauen einschließt. Es ist kein Zufall, dass Begriffe wie »Sexismus« und »Femizid« in den vergangenen Jahren Einzug in die politische Debatte gehalten haben.

Der ultimative Ausdruck eines gewälttätigen, antifeministischen Maskulinismus sind Vergewaltigungen beziehungsweise Vergewaltigungsdrohungen, die häufig von den äußeren Rändern der neuen Rechten gegen prominente Feministinnen geäußert wurden. Carl Benjamin, der bei den Wahlen zum EU-Parlament 2019 in Großbritannien für die EU-feindliche und antiislamische UKIP kandidierte, wurde mit der Aussage bekannt, dass er Jess Phillips, eine feministische, EU-freundliche Labour-Abgeordnete im britischen Parlament, »noch nicht einmal vergewaltigen« würde. Benjamin behauptete auch, der Feminismus sei dafür verantwortlich, dass viele Männer kein Selbstwertgefühl hätten.

Ein weniger marginales, ernster zu nehmendes Beispiel ist die neurechte Partei Vox, die von 0,2 Prozent der Stimmen bei den spanischen Parlamentswahlen 2016 auf 10,3 Prozent drei Jahre später hochschnellte. Ihr Wahlkampf beruhte vor allem auf drei Themen: der Ablehnung des Islams, der Ablehnung der katalanischen Unabhängigkeitsbewegung und der Ablehnung des Feminismus. Europaweit in die Schlagzeilen geriet sie durch ihr Eintreten für eine unter der Bezeichnung *la manada* (das Rudel) bekannt gewordene Gruppe junger Männer, die des wiederholten sexuellen Missbrauchs einer jungen Frau in Pamplona für schuldig befunden wurden. Der Fall war äußerst umstritten, die Spanier waren geteilter Meinung, einige standen auf der Seite des Opfers der Vergewaltigung, andere ergriffen Partei für die Männer, die sie begangen hatten, wobei die Debatte, wie oft in solchen Fällen, um die Frage der Einvernehmlichkeit des Geschlechtsverkehrs kreiste. Vox hat die Kontroverse politisiert.

Zum Umgang mit diesen Verbrechen gehört auch, dass Abtreibungsgegner in den USA einen Schwangerschaftsabbruch selbst dann ablehnen, wenn die Schwangerschaft Folge einer Vergewaltigung ist – was offenbar dem Wunsch geschuldet ist, das angemaßte Recht der Vergewaltiger auf Herrschaft über den weiblichen Körper auch nach dem eigentlichen Ereignis noch zu schützen.

Die Bedeutung der Genderpolitik wird noch dadurch unterstrichen, dass Genderfragen – zweifellos ein Thema der ersten, also der kulturellen Konfliktlinie – eng mit Klassenfragen zusammenhängen, die zur zweiten, der materiellen Konfliktlinie gehören. Ein Irrtum meiner Argumentation in *Postdemokratie* war die Annahme, dass die Klassen in postindustriellen Gesellschaften kein Bewusstsein ihrer selbst entwickeln würden; zugleich ging ich davon aus, dass Gender eines der Probleme sei, die der Logik der Postdemokratie trotzen würden. Im Vergleich zu einer Industriegesellschaft sind im Postindustrialismus in den meisten Sektoren weit mehr Frauen beschäftigt, wobei sie dort im Allgemeinen eher untergeordnete Aufgaben und Funktionen haben, während die Führungspositionen mit Männern besetzt sind. Ebenso typisch ist es für postindustrielle Ökonomien, dass bei heterosexuellen Paaren zwar beide Partner einer beruflichen Tätigkeit nachgehen, die Mühsal der häuslichen Arbeiten jedoch überwiegend den Frauen überlassen bleibt. In wichtigen Belangen nehmen daher das Bewusstsein der Klassenzugehörigkeit und die Entwicklung einer darauf beruhenden politischen Agenda die Form von Genderbewusstsein und Genderthemen an.

In ihren Anfängen war die Arbeiterbewegung von Männern dominiert, die die Probleme aller Werktätigen aus der Perspektive des »Familienernährers« betrachteten. In der postindustriellen Gesellschaft lassen sich viele dieser Probleme am besten von Frauen oder zumindest aus weiblicher Perspektive artikulieren. Frauen haben nicht nur unter den Problemen der Work-Life-Balance, sondern auch unter der Prekarität auf dem Arbeitsmarkt, den durch Ausgabensenkungen der öffentlichen Hand verursachten Defiziten im Gesundheitswesen und der Verbrauchermanipulation durch die Konzerne stärker zu leiden.

Natürlich betreffen all diese Dinge auch Männer, doch es bedarf der selbstbewusst politisierten weiblichen Identität, die derzeit in vielen Gesellschaften Form annimmt, um sie auf die Tagesordnung der Politik zu setzen und damit der Demokratie neues Leben einzuflößen. Als sich die Sozialdemokratie in den neunziger Jahren den Feminismus (sowie die Rechte ethnischer Minderheiten, Homosexueller und Behinderter) aufs Banner schrieb, ging damit die Fehleinschätzung einher, man könne sich auf diese Weise der überkommenen Verpflichtungen entledigen, um sie durch einen breiteren ökonomischen Egalitarismus zu ersetzen und sich die unangenehme Auseinandersetzung mit der Macht der Konzerne gegenüber Beschäftigten wie Kunden ersparen. Das exakte Gegenteil ist nötig, wenn die Sozialdemokratie ihren Rang als wichtige politische Kraft zurückgewinnen will.

Heute stellen Frauen in beinahe allen westlichen Ländern die Mehrheit der Gewerkschaftsmitglieder, und Gewerkschaften sind noch immer die wichtigsten potenziell politisch wirksamen Arbeitnehmerorganisationen. Doch fast überall sinken ihre Mitgliederzahlen, was einer der Hauptgründe für das Schwinden der aktiven Teilnahme von Arbeitnehmern an der zeitgenössischen Politik und daher eine der Ursachen der Postdemokratie ist. Ein Revival der Gewerkschaften – oder ähnlicher Bewegungen, falls jene Form der Arbeitnehmervertretung als veraltet zu gelten hat – erscheint notwendig, wenn eine solche Beteiligung wieder erhöht werden soll. Das erfordert allerdings die Überwindung ernsthafter Interessenskonflikte, wie sie etwa zwischen Arbeitnehmern in sicheren Beschäftigungsverhältnissen und mit gewerkschaftlicher Vertretung einerseits und denen mit prekären Jobs sowie Scheinselbständigen andererseits bestehen, oder auch zwischen Arbeitnehmern in traditionell gewerkschaftsstarken Branchen wie der Produktion und dem öffentlichen Dienst und Beschäftigten in den (meist privaten) Sektoren, in denen Gewerkschaften noch nie als relevant für die Lösung von Problemen am Arbeitsplatz angesehen wurden. Eine Gewerkschaftsbewegung unter weiblicher Führung ist nicht die einzige denkbare Lösung für diese Konflikte, aber sie würde einen wichtigen Beitrag leisten, da sie Probleme ansprechen könnte, die für Arbeitnehmer im gesamten Spektrum der modernen Wirtschaft und in allen Beschäftigungsformen von Bedeutung sind.

Viele Frauen arbeiten im öffentlichen Dienst sowie im Bereich Gesundheit und Pflege, wo Werte gelten, die neoliberalen wie neurechten Weltanschauungen diametral entgegenstehen. Diese Werte und Themen sind politisch auf ähnliche Weise in der Linken, der Mitte und der nichtneoliberalen Rechten verortet wie das Thema Nation in der extremen Rechten. Sie gehören ebenfalls vorwiegend zur kulturellen Konfliktlinie, sind aber zugleich eng mit der materiellen Linie verbunden. Hier tun sich interessante Verbindungen zu den im vorangegangenen Kapitel diskutierten Erkenntnissen Daniel Oeschs auf. Wie er herausfand, besitzen mit Aufgaben aus dem Bereich der interpersonellen Arbeitslogik befasste Menschen überdurchschnittlich häufig eine liberale Gesinnung. Oesch betont, dass Gender kein Faktor zur Erklärung dieses Unterschieds sei – in den meisten Gesellschaften sind Frauen einfach weit häufiger in interpersonellen Bereichen als in administrativen oder technischen Arbeitslogiken beschäftigt.

In Westeuropa wählen Frauen seltener als Männer pessimistisch-nostalgische Parteien (für weiße Frauen in den USA gilt das allerdings nicht). Damit hat sich das Muster aus dem 20. Jahrhundert umgekehrt, als eher Frauen rechten Parteien zuneigten. Terri Givens (2004) zufolge, der wichtigsten Forscherin auf diesem Gebiet, hängt das vor allem damit zusammen, dass Männer häufiger einer manuellen Arbeit nachgehen – oft der wichtigste Indikator dafür, dass jemand einer extrem rechten Partei seine Stimme geben wird.

Givens' Forschungen beschränkten sich auf Österreich, Frankreich und Deutschland und wurden noch vor den jüngsten Wahlerfolgen neurechter Parteien durchgeführt, doch spiegeln sich ihre Erkenntnisse in den jüngsten Entwicklungen in der Neuen Rechten wider. Die körperlich arbeitenden männlichen Arbeitnehmer erleben seit Längerem, dass sie einer in unumkehrbarem historischem Niedergang befindlichen Gruppe angehören, weshalb sie sich verstärkt vom nostalgischen Pessimismus und seinen Themen – Ablehnung der Globalisierung, Ausländerfeindlichkeit und Ressentiment gegenüber der neuen Rolle der Frau – angezogen fühlen. Dennoch könnten viele von ihnen durchaus den Wert neuer Ansätze bei Arbeitskonflikten außerhalb ihrer verschwindenden Branchen erkennen und sich klarmachen, dass die Neue Rechte diese Probleme ignoriert. Sie hat nichts anzubieten außer der Beschwörung von Ressentiments, gegen deren Ursachen ihre Anführer nichts zu tun gedenken.

Wie ich in den vorangegangenen Kapiteln gezeigt habe, ist es um die Demokratie überall in der entwickelten Welt schlechter bestellt als zu Beginn des Jahrhunderts, als ich *Postdemokratie* schrieb. Zweifellos sind wir postdemokratischen Zuständen in diesen Jahren um einige Schritte näher gekommen. Unsere Politik ist dafür anfällig, von Milliardären oder Machthabern gekapert zu werden, die die sozialen Medien manipulieren, um diverse Arten von Hass anzufachen und von den Folgen eines unregulierten Kapitalismus abzulenken. Zugleich scheinen aber auch die Aussichten für eine Erneuerung der populären Wurzeln der politischen Auseinandersetzung besser – offensichtlich haben sich inzwischen neue und insgesamt mehr Möglichkeiten für eine Umkehr auf dem Weg zur Postdemokratie aufgetan. Die neuen Auseinandersetzungen über Werte haben, so gefährlich sie auch sind, demokratisches Potenzial.

Der Wahlkampf um die US-Präsidentschaft 2020 war eine hässliche Angelegenheit. Ein Hauptgrund für die dabei aufgekommenen heftigen Animositäten war die Tatsache, dass die Identitäten und tiefempfundenen Werte von Menschen beider Seiten in die formelle Politik hineingezogen wurden. Die Wahlbeteiligung war die höchste seit Beginn des 20. Jahrhunderts. Heißt das, dass die USA im Begriff sind, die Postdemokratie hinter sich zu lassen? Immerhin wurden die Auseinandersetzungen, aus denen die bedeutenden demokratischen Augenblicke der Mitte des 20. Jahrhunderts hervorgingen, ebenfalls auf hässliche Weise und mit Erbitterung geführt, bevor es gelang, sie zu domestizieren.

Es gibt Anzeichen dafür, dass sich viele Menschen, insbesondere jüngere und gebildetere, gegen die Kaperung der

Diskurse durch die Neue Rechte wenden. Zunehmend bestimmen Frauen die politische Agenda im weitesten Sinne. Die Jungen und Gebildeten könnten leicht in selbstzufriedenen Individualismus abdriften, wozu sie der Neoliberalismus ermutigt. Doch viele widerstehen dieser Versuchung und befassen sich kritisch mit dem, was um sie herum geschieht. Und die Zahl der Gebildeten nimmt stetig zu. Sie sind das Reservoir, aus dem sich politisch aktive Gruppen bilden und Kampagnen führen können. Wenn sie auch weiterhin Zulauf haben und Millionen Menschen dafür sorgen, dass sie erhalten, was sie zum Gedeihen brauchen – Geld, Demonstrationsteilnehmer, aktive Helfer –, wird die Demokratie wieder aufleben können.

Dank

Meine Frau Joan hat mir bei der Entwicklung der Ideen und Argumente wie stets unermüdlich zur Seite gestanden und mehrere Fassungen des Manuskripts gelesen.

Vom Beginn der Arbeit an *Postdemokratie* bis hin zum vorliegenden Buch habe ich Guiseppe Laterza für seine unschätzbare Ermutigung und Unterstützung zu danken.

Außerordentlich profitiert habe ich von den Diskussionen und Seminaren mit Donatella Della Porta, Mario Pianta und ihren Mitarbeiter*innen und Studierenden an der Scuola Normale Superiore in Florenz, an der ich im Jahr 2018 eine Gastprofessur innehatte.

Bibliografie

Amato, Massimo und Luca Fantacci (2012 [2009]), *The End of Finance*, Cambridge: Polity.

Amato, Massimo und Luca Fantacci (2014 [2012]), *Saving the Market from Capitalism. Ideas for an Alternative Finance*, Cambridge: Polity.

Bastagli, Francesca, David Coady und Sanjeev Gupta (2012), »Income inequality and fiscal policy«, in: *IMF Staff Discussion Note* SDN/12/08, Washington, DC: IMF.

Bijsterveld, Sophie van (2002), *The Empty Throne. Democracy and the Rule of Law in Transition*, Utrecht: Lemma Publishers.

Bonefeld, Werner (2017), *The Strong State and the Free Economy*, Lanham (MD): Rowman & Littlefield.

Bork, Robert H. (1993 [1978]), *The Antitrust Paradox. A Policy at War with Itself*, 2. Auflage, New York: Free Press.

Callaghan, Helen (2018), *Contestants, Profiteers and the Political Dynamics of Marketization*, Oxford: Oxford University Press.

Campanella, Edoardo und Marta Dassù (2019), *Anglo Nostalgia. The Politics of Emotion in a Fractured West*, London: Hurst and Co.

Chakrabortty, Aditya (2018), »Ten years after Lehmans, it's as if we've learned nothing from the crash«, in: *Guardian*, 5 September.

Crouch, Colin (2002), *Coping with Post-Democracy*, London: Fabian Society.

Crouch, Colin (2003), *Post-Democracy*, Cambridge: Polity. Deutsche Ausgabe: *Postdemokratie*. Übersetzung: Nikolaus Gramm, Frankfurt am Main: Suhrkamp 2008.

Crouch, Colin (2017), *Die bezifferte Welt. Wie die Logik der Finanzmärkte das Wissen bedroht*. Übersetzung: Frank Jakubzik, Berlin: Suhrkamp.

Crouch, Colin (2015b), »Can there be a normative theory of corporate political power?«, in: Volker Schneider und Burkard Eberlein (Hg.), *Complex Democracy. Varieties, Crises, and Transformations*, Berlin: Springer, S. 117-131.

Crouch, Colin (2016a), »Capitalism, inequality and democracy«, *Stato e Mercato* 2: S. 159-182.

Crouch, Colin (2016b), *Society and Social Change in 21st Century Europe*, London: Palgrave Macmillan.

Crouch, Colin (2018), *The Globalization Backlash*, Cambridge: Polity.

Dahl, Robert A. (1961), *Who Governs? Democracy and Power in an American City*, New Haven (CT): Yale University Press.
Dahl, Robert A. (1971), *Polyarchy, Participation and Opposition*, New Haven (CT): Yale University Press.
Dahl, Robert A. (1982), *Dilemmas of Pluralist Democracy. Autonomy Versus Control*, New Haven (CT): Yale University Press.
Diamond, Sara (1995), *Roads to Dominion. Right-Wing Movements and Political Power in the United States*, New York: Guilford Press.
Driver, Ciaran und Grahame Thompson (Hg.) (2018), *Corporate Governance in Contention*, Oxford: Oxford University Press.
Economist Intelligence Unit, *Annual Democracy Index*, London: The Economist.
Edwards, Franklin R. (1999), »Hedge funds and the collapse of long-term capital management«, *Journal of Economic Perspectives* 13/2: S. 189-210.
Edwards, Franklin R. und Frederic S. Mishkin (1995), *The Decline of Traditional Banking. Implications for Financial Stability and Regulatory Policy*, NBER Working Paper 4993. Cambridge (MA): National Bureau for Economic Research.
Elsässer, Lea, Svenja Hense und Armin Schäfer (2018), *Government of the People, by the Elite, for the Rich*. MPIfG Discussion Paper 18/5, Köln: Max-Planck-Institut für Gesellschaftsforschung. Online verfügbar unter: {https://www.econstor.eu/handle/10419/180215} (alle URL Stand März 2020).
Fama, Eugene (1970), »Efficient capital markets. A review of theory and empirical work«, *Journal of Finance* 25/2: S. 383-417.
Feher, Michel (2018), *Rated Agency. Investee Politics in a Speculative Age*, New York: Zone Books.
Fligstein, Neil und Taekjin Shin (2007), »Shareholder value and the transformation of the US economy, 1984-2000«, in: *Sociological Forum* 22/4: S. 399-424.
Förster, Michael, Ana Llena-Nozal und Vahé Nafilyan(2014), *Trends in Top Incomes and Their Taxation in OECD Countries*, OECD Society, Employment and Migration Working Paper 159, Paris: OECD.
France, Pierre und Antoine Vauchez (2017), *Sphère publique. Intérêts privés*, Paris: Sciences Po.
Friedrich-Ebert-Stiftung (2020), »E-Paperreihe: Demokratie im Ausnahmezustand. Wie verändert die Coronakrise Recht, Politik und Gesellschaft?«, online verfügbar unter: {https://www.fes.de/forum-politik-und-gesellschaft/artikelseite-news-slider/demokratie-im-ausnahmezustand}.
Froud, Julie, Sukhdev Johal, Viken Papazian und Karel Williams (2004),

»The temptation of Houston. A case study of financialization«, in: *Critical Perspectives on Accounting* 15/6-7: S. 885-909.

Fukuyama, Francis (1992), *The End of History and the Last Man*, New York: Free Press. (Deutsche Ausgabe: *Das Ende der Geschichte. Wo stehen wir?* Übersetzung: Helmut Dierlamm, München: Kindler 1992.)

Givens, Terri E. (2004), »The radical right gender gap«, in: *Comparative Political Studies* 37/1: S. 30-54.

Government of Greece (2012), *Memorandum of Understanding on Specific Economic Policy Conditionality*, 9 February 2012, Athens: Government of Greece.

Hansard Society (2019), *Audit of Political Engagement 16*, London: Hansard Society.

Havel, Václav (1989), *Versuch, in der Wahrheit zu leben.* Übersetzung: Gabriel Laub, Reinbek bei Hamburg: Rowohlt, S. 88.

Havel, Václav (1990), »Politik und Gewissen« (1984), in: *Am Anfang war das Wort. Texte von 1969 bis 1990.* Übersetzung: Joachim Bruss, Reinbek bei Hamburg: Rowohlt, S. 81-114.

Howard, Philip N. und Samuel C. Woolley (2018), *Computational Propaganda. Political Parties, Politicians, and Political Manipulation*, Oxford: Oxford University Press.

IMF (2010), *A Fistful of Dollars. Lobbying and the Financial Crisis*, Washington, DC: International Money Fund.

Jack, Simon (2018), »Gordon Brown in dire warning about the next financial crisis«, BBC-Interview vom 13. September 2018, online verfügbar unter: {https://www.bbc.co.uk/news/business-45504521}.

Johnson, Simon (2009), »The quiet coup«, in: *Atlantic Home*, May.

Kastner, Lisa (2017), »Business lobbying under salience. Financial industry mobilization against the European financial transaction tax«, *Journal of European Public Policy* 25/11: S. 1648-1666.

Kitschelt, Herbert und Philipp Rehm (2014), »Occupations as a site of political preference formation«, in: *Comparative Political Studies* 47/12: S. 1670-1706.

Krippner, Greta (2012), *Capitalizing on Crisis. The Political Origins of the Rise of Finance*, Cambridge (MA): Harvard University Press.

Kuttner, Robert (2018), *Can Democracy Survive Global Capitalism?*, New York: Norton.

Lindblom, Charles E. (1977), *Politics and Markets*, New York: Basic Books. Deutsche Ausgabe: *Jenseits von Markt und Staat*. Übersetzung: Gerhard Hufnagel und Gerhard Wilke, Stuttgart: Klett-Cotta 1980.

MacLean, Nancy (2018), *Democracy in Chains*, Melbourne: Scribe.
Mair, Peter (2013), *The Hollowing of Western Democracy*, London: Verso.
Mancini, Paolo (2011), *Between Commodification and Lifestyle Politics. Does Silvio Berlusconi Provide a New Model of Politics for the Twenty-First Century?*, Oxford: Reuters Institute for the Study of Journalism.
Mény, Yves und Yves Surel (Hg.) (2001), *Democracies and the Populist Challenge*, Basingstoke: Palgrave.
Merkel, Wolfgang (2014), »Is capitalism compatible with democracy?«, in: *Zeitschrift für Vergleichende Politikwissenschaft* 8: S. 109-128.
Morning Consult (2021), »Global Leader Approval Rating Tracker«, online verfügbar unter {https://morningconsult.com/form/global-leader-approval/}.
Mounk, Yasha (2018), *The People vs. Democracy. Why our Freedom Is in Danger and How to Save It*, Cambridge (MA): Harvard University Press.
Müller, Jan-Werner (2016), *Was ist Populismus? Ein Essay*, Berlin: Suhrkamp.
National Audit Office (2020), *Investigation into government procurement during the Covid-19 pandemic*, 26. November 2020, online verfügbar unter: {https://www.nao.org.uk/report/government-procurement-during-the-covid-19-pandemic/}.
OECD (2011), *Divided We Stand. Why Inequality Keeps Rising*, Paris: OECD.
OECD (2017), »Import content of exports«, online verfügbar unter {https://data.oecd.org/trade/import-content-of-exports.htm}.
Oesch, Daniel (2006a), »Coming to grips with a changing class structure. An analysis of employment stratification in Britain, Germany, Sweden and Switzerland«, in: *International Sociology* 21/2: S. 263-288.
Oesch, Daniel (2006b), *Redrawing the Class Map*, Basingstoke: Palgrave Macmillan.
Oesch, Daniel und Jorge Rodríguez Menés (2011), »Upgrading or polarization? Occupational change in Britain, Germany, Spain and Switzerland, 1990-2008«, in: *Socio-Economic Review* 9/3: S. 503-531.
Olson, Mancur (1965), *The Logic of Collective Action*, Cambridge (MA): Harvard University Press. Deutsche Ausgabe: *Die Logik des kollektiven Handelns. Kollektivgüter und die Theorie der Gruppen*. Übersetzung: nicht genannt, Tübingen: Mohr Siebeck 2004.

Pabst, Adrian (2016), »Is liberal democracy sliding into democratic despotism?«, in: *Political Quarterly* 87/1: S. 91-95.
Pennacchi, Laura (2018), *De valoribus disputandum est. Sui valori dopo il neoliberismo*, Milan: Mimesis.
Piketty, Thomas (2014), *Das Kapital im 21. Jahrhundert*. Übersetzung: Stefan Lorenzer, Ilse Utz, München: C.H. Beck.
Politico (2021), »Politico's Europe Poll of Polls«, online verfügbar unter {https://www.politico.eu/europe-poll-of-polls/}.
Ponattu, Dominic, Andreas Sachs und Heidrun Weineit (2018), »Market Concentration and the Labour Share in Germany«, in: *Policy brief* 2018/03, Gütersloh: Bertelsmann Stiftung.
Posner, Richard A. (2001), *Antitrust Law*, 2. Auflage, Chicago, IL: University of Chicago Press.
Potter, Rachel A. (2018), *Report of Brookings Series on Regulatory Process and Perspectives*, Washington, DC: Brookings Institution.
Reiff, Mark R. (2013), *Exploitation and Economic Justice in the Liberal Capitalist State*, Oxford: Oxford University Press.
Runciman, David (2018), *How Democracy Ends*, London: Profile Books. Deutsche Ausgabe: *So endet die Demokratie*. Übersetzung: Ulrike Bischoff, Frankfurt am Main: Campus Verlag 2020.
Shiller, Robert J. (2000), *Irrational Exuberance*, Princeton, NJ: Princeton University Press. Deutsche Ausgabe: *Irrationaler Überschwang*. Übersetzung: Egbert Neumüller, Kulmbach: Plessen-Verlag 2015.
Social Enterprise UK (2012), *The Shadow State*, London: Social Enterprise UK.
Steele, Sarah, Gary Ruskin, Lejla Sarcevic, Martin McKee und David Stuckler (2019), »Are industry-funded charities promoting ›advocacy-led studies‹ or ›evidence-based science‹? A case study of the International Life Sciences Institute«, *Globalization and Health* 15, online verfügbar unter {https://globalizationandhealth.biomedcentral.com/articles/10.1186/s12992-019-0478-6 Globalization and Health}.
Steenvoorden, Eefje und Eelco Harteveld (2017), »The appeal of nostalgia. The influence of societal pessimism on support for populist radical right parties«, in: *West European Politics* 41/1: S. 28-52.
Streeck, Wolfgang (2013), *Gekaufte Zeit. Die vertagte Krise des demokratischen Kapitalismus*, Berlin: Suhrkamp.
Streeck, Wolfgang (2015a), »Comment on Wolfgang Merkel, ›Is capitalism compatible with democracy?‹«, in: *Zeitschrift für Vergleichende Politikwissenschaft* 9/1.
Streeck, Wolfgang (2015b), »Heller, Schmitt and the Euro«, in: *European Law Journal* 21/3: S. 361-370.

Susskind, Jamie (2018), *Future Politics*, Oxford: Oxford University Press.

Tooze, Adam (2018), *Crashed. How a Decade of Financial Crises Changed the World*, London: Allen Lane. Deutsche Ausgabe: *Crashed. Wie zehn Jahre Finanzkrise die Welt verändert haben*. Übersetzung: Norbert Juraschitz, Karsten Petersen, Thorsten Schmidt, München: Siedler 2018.

UK Electoral Commission (2018), *Spending on Digital Campaign Activity*, London: Electoral Commission.

US Supreme Court (2010), *Citizens United v. Federal Election Commission* 08-205. Washington, DC: US Supreme Court.

US Supreme Court (2014), *McCutcheon v. Federal Election Commission* 12-536. Washington, DC: US Supreme Court.

van der Zwan, Natascha (2014), »Making sense of financialization«, in: *Socio-Economic Review* 12/1: S. 99-129.

Watt, Andrew und Sebastian Watzka (2018), *Overcoming Euro Area Fragility*, IMK Report 139, Frankfurt am Main: Hans Böckler Stiftung.

Welch, Stephen (2013), *Hyperdemocracy*, Basingstoke: Palgrave Macmillan.

YouGov and University of Cambridge Globalism Project (2020), »COVID and Facemasks«, online verfügbar unter {https://docs.cdn.yougov.com/7bandyyzwb/Globalism2020%20Guardian%20COVID%20and%20Facemasks.pdf}.

Ziblatt, Daniel und Steven Levitsky (2018), *How Democracies Die*, New York: Broadway Books. Deutsche Ausgabe: *Wie Demokratien sterben*. Übersetzung: Klaus-Dieter Schmidt, München: Deutsche Verlags-Anstalt 2018.

Abkürzungsverzeichnis

AfD: Alternative für Deutschland
BBC: British Broadcasting Corporation (Britische öffentlich-rechtliche Rundfunkanstalt)
EuGH: Europäischer Gerichtshof, Hauptsitz: Luxemburg
EWG: Europäische Wirtschaftsgemeinschaft, 1957 gegr. Vorläufer der EU (ab 1993 EG, seit 2009 von der EU abgelöst)
EWS: Europäisches Währungssystem (1979-1998) sowie EWS II (seit 1999)
FN: Front National (»Nationale Front«), seit Juni 2018: Rassemblement National (»Nationale Sammlungsbewegung«), französische Partei
FPÖ: Freiheitliche Partei Österreichs
GATT: General Agreement in Tariffs and Trade (Allgemeines Zoll- und Handelsabkommen)
IIF: Institute of International Finance (Lobbyorganisation der Finanzindustrie)
IMF/IWF: International Monetary Fund/Internationaler Währungsfonds
LREM: La République En Marche (2016 von Emmanuel Macron gegründete frz. Partei)
NPM: New Public Management (Öffentliche Reformverwaltung)
OECD: Organisation für wirtschaftliche Zusammenarbeit und Entwicklung
ÖVP: Österreichische Volkspartei
PiS: Prawo i Sprawiedliwość (»Recht und Gerechtigkeit«), polnische Partei
PSOE: Partido Socialista Obrero Español (»Spanische Sozialistische Arbeiterpartei«)
PVV: Partij voor de Vrijheid (»Partei für die Freiheit«), rechtspopulistische Partei in den Niederlanden
SD: Sverigedemokraterna (»Die Schwedendemokraten«), rechtspopulistische Partei, seit 2010 im schwedischen Reichstag vertreten
SVP: Schweizerische Volksp Fartei
UdSSR: Union der Sozialistischen Sowjetrepubliken (1922-1991)
WHO: Welthandelsorganisation

Politik
in der edition suhrkamp
Eine Auswahl

Bini Adamczak. Beziehungsweise Revolution. 1917, 1968 und kommende. es 2721. 320 Seiten

Louis Althusser. Für Marx. Vollständige und durchgesehene Ausgabe. Herausgegeben von Frieder Otto Wolf. es 2600. 409 Seiten

Bruno Amable/Stefano Palombarini. Von Mitterrand zu Macron. Über den Kollaps des französischen Parteiensystems. es 2727. 255 Seiten

Perry Anderson
- Das italienische Desaster. edition suhrkamp digital. 80 Seiten
- Hegemonie. Konjunkturen eines Begriffs. es 2724. 249 Seiten

Scott Anderson. Zerbrochene Länder. Wie die arabische Welt aus den Fugen geriet. es-Sonderdruck. 264 Seiten

Alain Badiou. Versuch, die Jugend zu verderben. es-Sonderdruck. 111 Seiten

Loren Balhorn/Bhaskar Sunkara (Hg.). Jacobin. Die Anthologie. es-Sonderdruck. 313 Seiten

Wolfgang Bauer
- Bruchzone. Krisenreportagen. es-Sonderdruck. 349 Seiten
- Über das Meer. Mit Syrern auf dem Weg nach Europa. es-Sonderdruck. 133 Seiten

NF 1096/1/03.19

Zygmunt Bauman
- Die Angst vor den anderen. Ein Essay über Migration und Panikmache. es-Sonderdruck. 125 Seiten
- Retrotopia. Übersetzt von Frank Jakubzik. es-Sonderdruck. 220 Seiten

Timm Beichelt. Ersatzspielfelder. Zum Verhältnis von Fußball und Macht. es 2723. 396 Seiten

Ingolfur Blühdorn. Simulative Demokratie. Neue Politik nach der postdemokratischen Wende. es 2634. 304 Seiten

Michael Butter. »Nichts ist, wie es scheint«. Über Verschwörungstheorien. es-Sonderdruck. 270 Seiten

Colin Crouch
- Das befremdliche Überleben des Neoliberalismus. Postdemokratie II. es-Sonderdruck. 248 Seiten
- Postdemokratie. es 2540. 159 Seiten

Demokratie? Eine Debatte. Mit Beiträgen von Giorgio Agamben, Alain Badiou, Jean-Luc Nancy, Slavoj Žižek und anderen. es 2611. 137 Seiten

Matthias Dusini/Thomas Edlinger. In Anführungszeichen. Glanz und Elend der Political Correctness. es 2645. 297 Seiten

Thomas Edlinger. Der wunde Punkt. Vom Unbehagen an der Kritik. es 2693. 317 Seiten

Didier Eribon
- Gesellschaft als Urteil. Klassen, Identitäten, Wege. es-Sonderdruck. 265 Seiten
- Rückkehr nach Reims. es-Sonderdruck. 240 Seiten

NF 1096/2/03.19

Heiner Flassbeck/Paul Steinhardt. Gescheiterte Globalisierung. Ungleichheit, Geld und die Renaissance des Staates. es 2722. 410 Seiten

Heinrich Geiselberger (Hg.). Die große Regression. Eine internationale Debatte über die geistige Situation der Zeit. es-Sonderdruck. 319 Seiten

Hermann L. Gremliza. Haupt- und Nebensätze. es 2715. 159 Seiten

Lukas Haffert. Die schwarze Null. Über die Schattenseiten ausgeglichener Haushalte. es-Sonderdruck. 100 Seiten

David Harvey. Rebellische Städte. Vom Recht auf Stadt zur urbanen Revolution. es 2657. 283 Seiten

Wilhelm Heitmeyer. Autoritäre Versuchungen. Signaturen der Bedrohung 1. es 2717. 394 Seiten

Eva Illouz. Israel. Soziologische Essays. es 2683. 229 Seiten

Uffa Jensen. Zornpolitik. es 2720. 208 Seiten

Dirk Jörke. Die Größe der Demokratie. Über die räumliche Dimension von Herrschaft und Partizipation. es 2739. 283 Seiten

Ivan Krastev. Europadämmerung. Ein Essay. Übersetzt von Michael Bischoff. es 2712. 143 Seiten

Benjamin Kunkel. Utopie oder Untergang. Ein Wegweiser für die gegenwärtige Krise. es 2687. 246 Seiten

NF 1096/3/03.19

Bruno Latour. Das terrestrische Manifest. es-Sonderdruck. 136 Seiten

Philipp Lepenies. Die Macht der einen Zahl. Eine politische Geschichte des Bruttoinlandsprodukts. es 2673. 186 Seiten

Philip Manow
- Im Schatten des Königs. Die politische Anatomie demokratischer Repräsentation. es 2524. 171 Seiten
- Die Politische Ökonomie des Populismus. es 2728. 160 Seiten

Steffen Mau. Das metrische Wir. Über die Quantifizierung des Sozialen. es-Sonderdruck. 307 Seiten

Steffen Mau/Nadine M. Schöneck (Hg.). (Un-)Gerechte (Un-)Gleichheiten. es 2684. 208 Seiten

Lorenzo Marsili/Niccolò Milanese. Wir heimatlosen Weltbürger. es 2736. 280 Seiten

Markus Metz/Georg Seeßlen. Freiheit und Kontrolle. Die Geschichte des nicht zu Ende befreiten Sklaven. es 2730. 461 Seiten

Chantal Mouffe
- Agonistik. Die Welt politisch denken. es 2677. 214 Seiten
- Für einen linken Populismus. es 2729. 110 Seiten
- Über das Politische. Wider die kosmopolitische Illusion. es 2483. 169 Seiten

Heiner Müller. »Für alle reicht es nicht«. Texte zum Kapitalismus. es 2711. 389 Seiten

NF 1096/4/03.19

Jan-Werner Müller
- Verfassungspatriotismus. es 2612. 155 Seiten
- Was ist Populismus? Ein Essay. es-Sonderdruck. 159 Seiten

Oliver Nachtwey. Die Abstiegsgesellschaft. Über das Aufbegehren in der regressiven Moderne. es 2682. 264 Seiten

Neuer Antisemitismus? Fortsetzung einer globalen Debatte. Mit Beiträgen von Judith Butler, Dan Diner, Tony Judt, Matthias Küntzel, Moshe Zimmermann und anderen. es 2740. 494 Seiten

Claus Offe. Europa in der Falle. es 2691. 160 Seiten

Miltiadis Oulios. Blackbox Abschiebung. Geschichte, Theorie und Praxis der deutschen Migrationspolitik. es-Sonderdruck. 512 Seiten

Volker Perthes. Das Ende des Nahen Ostens, wie wir ihn kennen. Ein Essay. es-Sonderdruck. 144 Seiten

Heribert Prantl. Trotz alledem! Europa muss man einfach lieben. es-Sonderdruck. 93 Seiten

Katharina Raabe/Manfred Sapper (Hg.). Testfall Ukraine. Europa und seine Werte. es-Sonderdruck. 256 Seiten

Hanno Rauterberg. Wie frei ist die Kunst? Der neue Kulturkampf und die Krise des Liberalismus. es 2725. 141 Seiten

César Rendueles
- Soziophobie. Politischer Wandel im Zeitalter der Utopie. es 2690. 262 Seiten
- Kanaillen-Kapitalismus. Eine literarische Reise durch die Geschichte der freien Marktwirtschaft. es 2737. 300 Seiten

NF 1096/5/03.19

Carlo Strenger
- Abenteuer Freiheit. Ein Wegweiser für unsichere Zeiten. es-Sonderdruck. 122 Seiten
- Diese verdammten liberalen Eliten. Wer sie sind und warum wir sie brauchen. es-Sonderdruck. 180 Seiten
- Zivilisierte Verachtung. Eine Anleitung zur Verteidigung unserer Freiheit. es-Sonderdruck. 104 Seiten

William T. Vollmann. Arme Leute. Reportagen. es-Sonderdruck. 335 Seiten

Slavoj Žižek. Auf verlorenem Posten. es 2562. 319 Seiten

Gabriel Zucman. Steueroasen. Wo der Wohlstand der Nationen versteckt wird. es-Sonderdruck. 118 Seiten

Michael Zürn/Matthias Ecker-Ehrhardt (Hg.). Die Politisierung der Weltpolitik. Umkämpfte internationale Institutionen. es 2659. 412 Seiten

NF 1096/6/03.19